Fischland, Darß und Zingst

Die Halbinsel

Edition Temmen Reiseführer

Fischland, Darß und Zingst

Die Halbinsel

von Bernd F. Gruschwitz

mit 189 Abbildungen

Edition Temmen

Land und Leute
Geschichte
Unterwegs
Mit Rad und zu Fuß
Von A bis Z

Land und Leute

Geschichte

Unterwegs

Mit dem Rad und zu Fuß

Von A bis Z

Auf einen Blick

Infos und Tipps für Fischland, Darß und Zingst und die Umgebung

Land und Leute

Zwischen den Wassern
Zwei Hansestädte in Reichweite
Eine Landschaft wird geformt
Was sagt der Wetterfrosch zur Reisezeit
Bewohner, Besucher, gesellschaftlicher Wandel
Architektur
Die Kunst an der Küste
Festkalender

Willkommen an der Ostsee

Erleben Sie mit Ihrem Aufenthalt auf der Halbinsel Fischland, Darß und Zingst eine der ungewöhnlichsten Landschaften Deutschlands: Strände ohne Ende; eindrucksvolle Dünen; Deiche und Buhnen; sich ständig wandelnde Sandhaken, Windwatten und Nehrungen; Seebrücken, um über dem Wasser auf die See hinauszuspazieren; Gehölze und Wälder, die dem Wirken der Natur wieder überlassen sind; Salz- und Sumpfwiesen mit einer eigenen Flora; eine Kette von Bodden mit schilfigen Ufern und kleinen Häfen; geschützte Reviere mit heimischen Vögeln und in Scharen einfliegenden und zeitweilig rastenden Zugvögeln, darunter das Schauspiel der tanzenden Kraniche; Rot- und Schwarzwild in den Wäldern und Auen, zuweilen auch am Strand; Seeadler im Aufwind; und nicht zuletzt das abwechslungsreiche Farbenspiel von Wasser, Land und Himmel.

All dies hat vor über einem Jahrhundert die ersten Kur- und Badegäste angelockt und vornehmlich in Ahrenshoop bildende Künstler angezogen. Der Ort ist seither – wie sonst nur noch Barbizon, Worpswede oder Hiddensee – für seine Künstlerkolonie bekannt. Der Besucherstrom erreicht mittlerweile längst die südlich der Boddenkette gelegenen Dörfer und Städtchen wie die Bernsteinstadt Ribnitz-Damgarten oder das in jüngerer Zeit mit dem legendären

Vineta in Verbindung gebrachte Barth oder auch Bresewitz, Bodstedt, Saal und andere mit ihren tradierten Festen und Bräuchen.

Für diejenigen, die nach Tagen in der stillen Natur oder am weitläufigen Badestrand nach urbanem Leben lechzen, sind Ausflüge in die Seestädte Rostock und Stralsund im Programm. Beide erstrahlen im Glanz renovierter Pracht und neuer Anziehungspunkte.

Zwischen den Wassern

»… wie ein Traum im Atem der See«
Konrad Weiß

Fischland, Darß und Zingst bilden eine Halbinsel, deren drei Namen sich auf drei ehemals deutlich voneinander abgegrenzte Ostseeinseln beziehen, die seit über einem Jahrhundert vereint sind. Was die Namen bedeuten, ist wohl nur bei Fischland unstrittig. Der Name Darß soll auf das altslawische »darĉî« (= Dornstrauch) zurückgehen, sodass Darß wohl Dornenland oder Dornenort bedeuten würde. Andere behaupten, das slawische Wort »drazd« für Laubwald sei der Ausgangspunkt gewesen. Eine weitere Erklärung liefert die früher gebräuchliche Wendung, in der »von dem Lande Barth und der Insel darzu« die Rede war. Aus dem »darzu« soll der Name für den Darß entstanden sein. Wieder andere vermuten, weil die einstige Insel »dwars« (= quer) vor dem Festland lag, dass dieses niederdeutsche Wort zugrunde liegt. Zingst hinwiederum soll sich von »zeno« oder »seno« (= Heu) herleiten und also Heuland oder Heuort bedeuten.

Blick vom Leuchtturm am Darßer Ort auf den Weststrand

Boddenblick bei Wustrow und die Ostsee im Hintergrund

Fischland

Fischland im Westen reicht von der aus dem ehemaligen Permin gebildeten Boddenbucht südlich von Wustrow bis zum Grenzweg in Ahrenshoop. Permin und Loop – letzterer verlief in etwa auf einer gekrümmten Linie entlang dieses Grenzwegs zum Althagener Hafen – waren zwei Mündungsarme der Recknitz, die Ende des 14. Jahrhunderts von den Rostocker Kaufleuten zugeschüttet wurden, um den Zugang der konkurrierenden Hafenstädte Ribnitz und Barth zur Ostsee zu behindern. Sie sollen sich dazu eigener ausgedienter Hansekoggen als Füllmaterial bedient haben. Heute zählt man meist das südwestlich gelegene Vorland mit den Ortsteilen von Dierhagen bis hin zur Rostocker Heide zum Fischland dazu. In diesem Reiseführer wird das Ostseeheilbad Graal-Müritz mit einem Ausflug einbezogen. Ahrenshoop, dessen Ortsteile Niehagen und Althagen zu Fischland zählen, während wesentliche Teile vom eigentlichen Ahrenshoop historisch bereits zum Darß zählten, wird hier ebenfalls als Ganzes Fischland zugeschlagen. Die Recknitz und ihr Mündungsarm Loop (bzw. der Darßer Kanal oder der Grenzweg) markieren die historische Grenze zwischen den Herzogtümern Mecklenburg und Vorpommern. Diese Grenze war bis 2012 noch von Belang, als sie die Pommersche Evangelische Kirche von der in der »Nordkirche« aufgegangenen Evangelisch-Lutherischen Landeskirche Mecklenburgs trennte. Seither gehört jene auch zur Nordkirche, die sich nun von der dänischen bis zur polnischen Grenze erstreckt.

Darß

Der Darß reichte als Insel vom Loop (dem heutigen Grenzweg in Ahrenshoop) im Südwesten bis an den Prerowstrom im Osten. Dieser wurde zwei Jahre nach der verheerenden Sturmflut von 1872, die sogar Anrainerstädte jenseits des Boddens in Mitleidenschaft zog, durch einen Deich vom Meer abgeriegelt, sodass bei Prerow eine dauerhafte Landverbindung mit dem Zingst entstand. Neben Prerow an der Ostsee sind die am Bodden gelegenen Orte Born und Wieck mit ihrem vielgestaltigen Kulturprogramm bedeutsam. Neben den Stränden erfreut sich der geschützte Darßwald bei Wanderern, Radlern und Naturfreunden besonderer Beliebtheit. Der gesamte Nordwesten gehört zur Kernzone des »Nationalparks Vorpommersche Boddenlandschaft«, der 1990 noch von der letzten DDR-Regierung unter Naturschutz gestellt wurde.

Zingst

Das Ostseeheilbad Zingst ist der Hauptort der gleichnamigen Landzunge, die vom Prerowstrom im Westen bis an den einzig verbliebenen Meereszugang der Boddenkette zur Ostsee im Osten heranreicht. Teile des Osterwalds und die Sundischen Wiesen gehören zur Kernzone des ausgedehnten bereits erwähnten Nationalparks und dürfen ab dem Schlösschen an den Sundischen Wiesen nur noch zu Fuß oder per Rad auf ausgewiesenen Wegen erkundet werden. In Pramort ganz im Osten sind Aussichtspunkte, um die Vogelwelt zu beobachten. Die Hohe Düne in der Nähe darf nur zu Fuß angesteuert werden.

Südlich der Boddenkette

Wie die nördlichen Orte an der Boddenküste kleine Häfen und Zugang zum Bodden haben, so auch jede Ortschaft am südlichen Ufer. Besonders traditionsreich ist das kleine Bodstedt, das wie andere auch das Erbe der Zeesenboote pflegt. Hier sowie im benachbarten Fuhlendorf und den größeren Ortschaften Ribnitz-Damgarten und Barth legen regelmäßig Fähren an, um Wustrow, Althagen, Born, Wieck, Prerow und Zingst anzulaufen. Im Osten hat sich in Groß Mohrdorf ein Kranich-Informationszentrum etabliert und in der Umgebung findet man Beobachtungsstationen, bei denen sich zur Kranichrast Naturfreunde in großer Zahl einfinden. Die leicht gewellte Landschaft ist von Fahrradwegen durchzogen und ermöglicht naturnahe Touren durch eine Region mit vielen kleinen Überraschungen und Sehenswürdigkeiten, wie beispielsweise die Backsteinkirche in Saal oder die Galerie in alten Waggons am aufgelassenen Bahnhof von Bresewitz.

Ribnitz-Damgarten

Die Bernsteinstadt Ribnitz-Damgarten ist ein lokales Zentrum, das wegen seiner Museen, Backsteinbauten, Parks und seines Stadtbilds im Zentrum von Ribnitz einen Besuch wert ist. Die zugehörige Nachbarstadt Damgarten kann mit einer gotischen Kirche aus rotem Backstein und einem auf ehemaligem sowjetischen Militärgelände gelegenen Technikmuseum (in Pütnitz) aufwarten. Nach dem Besuch des Bernsteinmuseums in Ribnitz lädt eine Bernsteinmanufaktur im Gewerbegebiet von

Mecklenburg-Vorpommern in Zahlen – kurz vorgestellt

Mecklenburg-Vorpommern (MV) ist das nordöstlichste Bundesland der Bundesrepublik Deutschland. Der Name Mecklenburg leitet sich vom Ort Mecklenburg ab, was so viel wie »große Burg« heißt. Vorpommerns Name als Teil von Pommern geht auf das Slawische »po more« (= am Meer) zurück; Pommern ist also das Land am Meer. Mit einer Fläche von 23.186 qm ist MV das sechstgrößte Bundesland und damit fast zehnmal so groß wie das Saarland und etwa halb so groß wie Niedersachsen. Es hat rund 1,6 Millionen Einwohner und somit eine kleinere Bevölkerungszahl als Hamburg. Nur die Bundesländer Saarland und Bremen haben weniger Einwohner. Kein Bundesland ist dünner besiedelt. Hier teilen sich rund 70 Einwohner den Quadratkilometer. Allerdings kommen jährlich über sieben Millionen Touristen hinzu. Im Schnitt verweilen diese vier Tage. Der Anteil ausländischer Touristen beträgt rund 5 %, wobei an der Spitze Besucher aus den Niederlanden, Schweden und der Schweiz stehen. Die Landeshauptstadt ist Schwerin. Mit über 200.000 Einwohnern ist Rostock die größte Stadt des Landes. MV grenzt im Osten an Polen, im Süden an Brandenburg und im Westen an Schleswig-Holstein und Niedersachsen. Seine Ostseeküste, die es im Norden begrenzt, ist rund 350 km lang; wenn man allerdings den Küstenverlauf mit allen zum Meer offenen Bodden und Haffen einbezieht, kommt man je nach Quelle auf rund 1400 bis 2000 km. Es gibt drei Nationalparks und über 300 Naturschutzgebiete. Neben den Ostseestränden machen über 2000 Seen MV zu einem Wassersportparadies. An seiner Küste zählt man die meisten Sonnentage in Deutschland.

Damgarten dazu ein, sich näher mit der Bearbeitung und Gestaltung von Bernstein zu beschäftigen.

Barth

Das andere kleine Zentrum im südlichen Boddengebiet, Barth, ist eine traditionsreiche Stadt, deren Stadtbild einige sehenswerte Zeugen der Vergangenheit vorweisen kann. Neben dem weithin sichtbaren Kirchturm existieren noch ein Stadttor und ein Wasserturm. Am Hafen warten frischer und geräucherter Fisch auf den Genießer. Bleibt noch das Rätsel um Vineta! Wer ihm auf die Spur kommen will, erfährt das Wesentlche im Vineta-Museum im Stadtzentrum.

Zwei Hansestädte in Reichweite

Nicht jeder mag sich Tag für Tag mit Picknickkorb und Strandutensilien ans Meer begeben oder durch die – zugegeben – bezaubernde Natur radeln oder wandern. Für Genießer urbaner Lebensfreude sind in diesem Führer zwei Städte mit Kultpotenzial aufgenommen. Beide sind nach über zwei Jahrzehnten der Zugehörigkeit zur Bundesrepublik zu echten Hinguckern geworden, ohne dass sie ihre realsozialistische Vergangenheit gänzlich über Bord geworfen haben.

Rostock

Die ehemalige Hansestadt, in der eine der ersten deutschen Universitäten gegründet wurde, hat in ihren historischen Gebäuden und Plätzen das Flair einer die Zeiten überdauernden Weltläufigkeit bewahrt und mit modernen Umwidmungen oder Neugründungen seine Attraktivität erhöht. Für Musikliebhaber gehört es zu den besten Anlaufpunkten im Nordosten. Mit Warnemünde ist ihm ein Seebad der ersten Stunde vorgelagert, das immer einen Abstecher wert ist.

Stralsund

Was für eine attraktive Stadt! Nach dem die große Renovierungswelle weitgehend die Altstadt herausgeputzt hat, liegt sie wie ein funkelnder Edelstein zwischen den Wassern und man kann gar nicht genug Werbung für dieses städtebauliche Kleinod machen. Wie in Rostock hat sich der Reichtum der einstigen Hanse- und Handelsstadt in Bauwerken und in einem urbanen Ensemble von Straßenzügen niedergeschlagen, an denen man sich nicht sattsehen kann. Die UNESCO hat das genauso gesehen.

Eine Landschaft wird geformt

Die Oberflächenkosmetik der letzten Kaltzeit

Weite Teile der Erdoberfläche wurden und werden durch enorme Kräfte aus dem Erdinnern heraus gestaltet: Flüssiges Magma bahnt sich einen Weg durch die Erdkruste und lässt Vulkanketten aufschießen, bewegliche Erdplatten schieben sich an den Rändern übereinander und falten immense Gebirge auf. Von all dem scheint die Landschaft südlich der Ostsee weit entfernt. Vergleichsweise flach und fast ebenmäßig liegt sie unter dem hohen Himmel und wirkt so idyllisch wie am letzten Schöpfungstag oder, besser noch, am ersten Ruhetag des Herrn. Doch auch sie ist das Produkt langer Einwirkungen, weit bevor die Menschen in die Natur eingriffen. Während der letzten Kaltzeit, die rund 100.000 Jahre gedauert hat und die vor etwa 12.000 Jahren zu Ende ging, schoben sich gigantische Gletscher vom Norden Europas bis in die Norddeutsche Tiefebene vor, hobelten auf ihrem Weg nach Süden den Untergrund ab, transportierten das Abgehobelte nach Süden und hinterließen an ihren Auslaufpunkten lang gezogene Erd- und Geröllwälle, Endmoränen genannt. Da sich die Gletscher in wärmeren Perioden immer wieder zurückzogen, bevor sie in einer neuen Kältephase abermals in den Süden vorrückten, gibt es auf norddeutschem Boden mehrere solcher Erdanhäufungen. Dort, wo die Gletscher in großen Massen Schmelzwasser verloren, bildeten sich sogenannte Urstromtäler, in denen die Schmelzwasser als meist breite Flüsse nach Nordwesten durch das Nordseebecken, das noch weitgehend trocken lag, in den Atlantik abflossen. Die Fließrichtung entlang der Gletscherfront war dadurch vorgeben, dass nach Süden zu das Land ansteigt. Wo der Abfluss behindert wurde, entstanden Seen und Sümpfe.

Abgesehen von der ursprünglichen Formung des Grundgebirges, das sich in der Norddeutschen Tiefebene kaum bemerkenswert aufwölbt, bilden die Moränen und die unter Windeinfluss oder als Schwemmland modellierten Binnendünen die einzig nennenswerten Erhebungen. Einige der Endmoränen sind jedoch über 100 Meter hoch. Auffällig im kleineren Maßstab war den Menschen seit ihrem Eindringen in das vom Eis befreite Terrain noch eine andere Besonderheit. Wie vom Himmel gefallen, befanden sich überall auf der Fläche, die früher vom Eis bedeckt war, vereinzelte, häufig abgeschliffene Felsblöcke, von denen manche mehrere Tonnen schwer waren. Diese Findlinge genossen eine gewisse Verehrung, wurden gar für heilig gehalten und höhergestellte Stammesvertreter ließen sich in vorgeschichtlicher Zeit mächtige Grabstätten aus ihnen errichten. Diese Findlinge schließlich führten auch dazu, dass Skandinavienkenner im 19. Jahrhundert begannen, ihnen ihre vermuteten Herkunftsorte in Mittelschweden, auf den Åland-Inseln oder anderswo in Skandinavien zuzuordnen und sich schließlich ihr scheinbar unmotiviertes Vorkommen in Gegenden, die sich manchmal in über 500 km Entfernung vom Ausgangspunkt befanden, zu erklären. Diese Megalithe mussten folglich auf dem Rücken der Gletscher oder eingeschlossen im Eis beim Vorrücken der Eismassen in den Süden gelangt sein. Nach dem Abschmelzen des Eispanzers blieben sie einfach liegen, wohin sie das Eis befördert hatte. Skandinavisches Gestein fand sich so zahlreich auf der Halbinsel (wenn nichts anderes angegeben wird, ist mit der »Halbinsel« immer die Troika aus Fischland, Darß und Zingst gemeint), dass jeder, der etwas auf sich und gute Traditionen hielt, sein Haus oder sein Grundstück mit ihnen befestigte. Wie man an manchen neuen Gebäuden sehen kann, ist dieser Brauch noch nicht ganz aus der Mode gekommen.

Findlinge als Fundament

Panta rhei – Alles fließt

Der sanfte Wellenschlag des Ostseewassers ans seichte Ufer mag manchem, der dieses rührige Uhrwerk des Meeres entspannt im Urlaub genießt, als Sinnbild von Ewigkeit und Beständigkeit erscheinen. In Wirklichkeit ist dieser Wellenschlag die tickende Zeitbombe ständiger Veränderung. Richtig anschaulich wird dies, wenn Sturm und Meer sich zusammentun und mit Macht gegen die Küste anbrausen und anbranden.

In der Tat ist die Halbinsel in einem ständigen Wandel von Abtragung und Anlandung begriffen. Man nennt deshalb ihre meerseitige Küste Ausgleichsküste, weil die Abrasion an einer Stelle durch die Aggradation an anderer Stelle, wenn auch nicht eins zu eins, wieder ausgeglichen wird. Die übliche Strömung trifft vom Westen kommend auf Fischland, wird nach Nordosten abgelenkt und knabbert auf diesem Weg beständig und besonders bei Sturmfluten die Küste an. Dann brechen sogar Teile des Steilufers ab und werden mitgerissen. Das mitgeführte Schwemmgut, hauptsächlich Sand, lagert sich an der Nordspitze des Darß ab und lässt den Darß allmählich aufs Meer hinauswachsen. Da der ursprüngliche Inselsockel im Darßwald am Mecklenburger Weg noch zu erkennen ist, kann man gut zwischen altem (Altdarß) und neuem Land (Neudarß) unterscheiden. Die Weströmung setzt ihr Werk entlang des Nordstrandes von Darß und Zingst fort, sodass am östlichen Ende von Zingst die Halbinsel durch eine Landzunge aus Schwemmland zunehmend verlängert wird oder sich neue Inseln bilden, die aber ihrerseits ebenfalls diesem Prozess der Anlandung und Abtragung unterworfen sind. Bei der Anlandung des Schwemmmaterials werden manchmal auch Wasserflächen eingeschlossen, sodass in Ufernähe Seen und Sümpfe entstehen.

Der Weststrand verliert Sand und Land

Neuland- und Lagunenbildung am Darßer Ort

Küsten- und Naturschutz

Dem ständigen Küstenfraß und der Macht von Sturmfluten versucht der Mensch seit jeher, Paroli zu bieten, indem er die Küsten befestigt. Der ideale Schutz einer Küste besteht darin, dass sie einen breiten, flach auslaufenden Strand mit dämmenden vorgelagerten Hindernissen hat, sodass den von Strömung und Sturm getriebenen Wassermassen auf dem Weg zur Küste die Puste ausgeht und das Meer nur matt an die Dünen klatscht. Dieser Idealfall bedarf dennoch weiterer Maßnahmen, wie man an den flachen Stränden von Prerow oder Zingst ablesen kann. Dünen und Deiche müssen befestigt werden, indem man Sandfangzäune anlegt und systematisch widerstandsfähige Gräser wie den Strandhafer oder die Salzaster pflanzt, deren Wurzeln den Boden gegen Wellen und Wind festhalten. Ins Wasser rammt man im rechten Winkel zum Meeressaum und in nicht zu großem Abstand jeweils eine Reihe oder Doppelreihe kräftiger Holzpfähle, die dem Wasserschwall die Energie nehmen und gleichzeitig dafür sorgen, dass sich Sand an ihnen anschwemmen kann. Das Buhnenmaterial fällt, sofern heimisches Nadelholz verwendet wird, zunehmend dem Appetit einer im Volksmund Pfahlwurm genannten Muschel zum Opfer. Zertifiziertes Tropenholz und meist als nicht ästhetisch empfundene Betonpfähle sollen hier Abhilfe schaffen. Die prognostizierte Anhebung des Meeresspiegels (50 cm gelten als offizielle Vorgabe für Küstenschutzmaßnahmen) macht erforderlich, dass existente Deiche erhöht und auch zur Boddenseite hin ergänzt werden. Periodisch wiederholte Sandaufspülungen ersetzen verloren gegangenen Strand und verlangsamen den Abtragungsvorgang. Jede Maßnahme will gut überlegt sein, denn jeder Eingriff am Meeressaum verändert die Strömungsverhältnisse und kann dadurch vor Ort und andernorts für Effekte

Buhnen und abgestürzte Bunker

Gepflanzter Dünenschutz

Beweideter Boddendeich auf Zingst

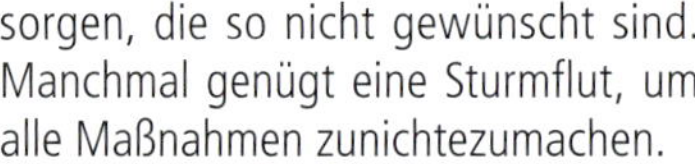

sorgen, die so nicht gewünscht sind. Manchmal genügt eine Sturmflut, um alle Maßnahmen zunichtezumachen.

Im Nationalpark möchte man der Natur ihren Lauf lassen. Bezüglich des Küstenschutzes heißt das, dass man die oben beschriebenen Vorgänge, die an einer Ausgleichsküste gang und gäbe sind, wohl beobachtet, aber nach Möglichkeit nicht eingreift. Zwar gibt es auch im Nationalpark befestigte Deiche und bepflanzte Dünen, aber auf Buhnen wird weitgehend verzichtet. Sondergenehmigungen erlauben, auf die naturgeschützen Inseln mit Salzwiesen Rinder zu verbringen, die durch ihre Tritte und ihr Grasen für deren Fortbestand als solche wesentlich sind.

Mare balticum – salziger als süß

Die Ostsee, die den Römern schon als mare balticum bekannt war, ist ein erdgeschichtlich gesehen junges Meer. Die Anfänge liegen 12.000 Jahre zurück und begannen mit dem Abschmelzen der bis über drei Kilometer dicken Eishaube über dem Norden Europas am Ende der letzten Kaltzeit. Mit diesem Abschmelzprozess ging wegen des abnehmenden Eisgewichts eine Hebung Skandinaviens und eine Senkung des südlichen Ostseeterrains einher, sodass das, was wie ein Binnensee aus süßen Schmelz- und Flusswässern begann, durch mehrmalige Öffnungen von Meerengen in Südschweden und auf der Höhe Dänemarks allmählich zu dem größten Brackwassermeer der Erde wurde, das es heute ist. Die Hebung Skandinaviens schreitet immer noch fort und beträgt jährlich 9 mm. Seit knapp 5000 Jahren besitzt die Ostsee in etwa den heutigen Wasserstand und grob umrissen auch die derzeitige Küstenlinie. Ausnahmen sind die Ausgleichsküsten. Vom Kattegat her strömt noch heute, besonders bei Weststürmen über der Nordsee und bei starken Südwestwinden über der

Der Nationalpark Vorpommersche Boddenlandschaft

Am 12. September 1990 hat die letzte Regierung der DDR die Schutzwürdigkeit der vorpommerschen Boddenlandschaft anerkannt und dieser Region den Status eines Nationalparks zuerkannt. Der Nationalpark erstreckt sich vom Darß bis nach Rügen und schließt neben großen Landgebieten Teile der umgebenden Ostsee und große Areale der Boddenkette mit Windwatten, Sandhaken und Inseln ein. Das Gebiet ist in zwei Schutzzonen unterteilt, wobei in Schutzzone I der Besucher an manchen Stellen zwar Zutritt haben kann, aber nur auf ausgewiesenen Wegen. Der Schutz zielt darauf ab, besonders die Brutplätze gefährdeter Vogelarten und die Rastplätze durchziehender Vögel wie die der Kraniche zu schützen. Bestandteil des Konzepts ist auch, die Vorgänge an der Ausgleichsküste, bei denen Land abgetragen und andernorts wieder angelandet wird, dem freien Spiel der Naturkräfte zu überlassen. Salzwiesen, die unter dem Einfluss der bäuerlichen Weidewirtschaft entstanden sind, sollen unter den dafür notwendigen Bedingungen erhalten werden, sodass hier weiterhin Kühe grasen dürfen, sobald die Küken der geschützten Vögel geschlüpft sind. Teile des Nationalparks (auf Zingst) sind ehemaliges Militärgelände, das der Öffentlichkeit nicht zugängig war. Dies hat durch die dort veranstalteten Schießübungen, einerseits, zu Zerstörungen geführt, andererseits aber auch zu unerwarteten Biotopen, weil es immer Perioden der Ruhe gab und weil nie das ganze Gelände genutzt wurde. Da noch Munitionsreste im Boden vermutet werden dürfen, gibt es hier einen zusätzlichen Grund, die Wege nicht zu verlassen.

Ostsee, salzhaltiges Nordseewasser ein und sorgt für einen höheren Salzgehalt und für eine Anreicherung mit lebensnotwendigem Sauerstoff. Die Nordsee hat abseits der Zuflüsse einen Salzgehalt von etwa 3,5 %. Die Ostsee hat dagegen in der Kieler Bucht etwa 1,5 %, im Zentrum 0,8 % und im Finnischen und Bottnischen Meerbusen gerade mal 0,1 bis 0,3 %. Der völlige Wasseraustausch mit dem Meerwasser der Nordsee dauert in der Regel 25 bis 40 Jahre. Aufgrund des ständigen Zuflusses von Süßwasser und Niederschlägen gehen Salinität und Sauerstoffgehalt des Ostseewassers nach jedem Wassereintrag aus der Nordsee wieder nach und nach zurück.

Der Zufluss von Nordseewasser erfolgt gemäß den Wetterlagen sehr unregelmäßig und wird durch spezielle Faktoren eingeschränkt. Zunächst kann

Die Ostseewellen schlagen an den Strand

das Nordseewasser durch die schmalen Öffnungen am Kleinen und Großen Belt und am Öresund nur in relativ geringen Mengen in die Ostsee eindringen. Da zudem das salzigere Nordseewasser schwerer ist als das Ostseewasser, sinkt es ab und wird durch diverse Schwellen am Meeresboden wie der Darßer Schwelle daran gehindert, frei unter der Süßwasserschicht einzuströmen. Zur Veranschaulichung sei darauf hingewiesen, dass die mittlere Tiefe der Ostsee (bei einer größten Tiefe von 459 Metern) 52 Meter beträgt, die Darßer Schwelle nördlich von Rostock aber nur 18 Meter unter der Wasseroberfläche liegt. An dieser Schwelle nimmt der Salzgehalt fast sprunghaft von rund 1,5 % auf etwa 0,8 % ab. Entsprechend niedrig ist auch der mit dem Nordseewasser eingebrachte Sauerstoffgehalt in der zentralen und östlichen Ostsee. Der allmählich sich herausbildende Mangel an Sauerstoff führt dort zur Zunahme von lebensfeindlichem Schwefelwasserstoff, sodass periodisch ganze Teile der Fauna und Flora verschwinden und innerhalb von etwa zehn Jahren eine Wasser- und Unterwasserwüste entsteht. Erst mit einem neuen kräftigen Schwall Nordseewasser – wie der von Ende 2014 – kann sich dieser Teil der Ostsee wieder regenerieren.

Ein das Eindringen des Nordseewassers begünstigendes Phänomen ist die Tatsache, dass die Ostsee ein auslaufendes Meer ist. Aufgrund der Niederschläge und der Zuflüsse steigt im Osten und Norden der Pegel der Ostsee auf rund 45 cm über dem Pegel des Skagerrak und bewirkt wie in kommunizierenden Röhren einen Druck, der die Becken der Ostsee in Richtung Nordsee überlaufen lässt. Während ihr Oberflächenwasser in die Nordsee abfließt, erzeugt das einen Sog, der das schwerere Nordseewasser unter dem ablaufenden leichteren Wasser in die Ostseebecken einströmen lässt, aber eben mit den oben beschriebenen Behinderungen. Die durch die Jahreszeiten wechselnden Temperaturunterschiede zwischen dem vom Golfstrom erwärmten Nordseewasser und dem der Ostsee modifizieren das Bild noch weiter. In der Regel dringt vor allem im Winter während großer Stürme das salz- und sauerstoffhaltigere Nordseewasser in bemerkenswertem Umfang in die Ostsee vor.

Von den Gezeiten mit Ebbe und Flut wird die Ostsee nur in geringem Maße bewegt. Der Tidenhub beträgt beispielsweise bei Warnemünde gerade einmal zehn Zentimeter.

Alleen, Rapsfelder und Salzwiesen

Flora

Die Flora der Halbinsel ist so reichhaltig, dass sie hier nur in Ansätzen angesprochen werden kann. Wer darüber hinaus interessiert ist, kommt nicht umhin, sich mit einem Bestimmungsbuch auszustatten oder die entsprechenden Informationen in den elektronischen Medien abzurufen. Einen anschaulichen Einstieg bietet auch der Besuch im Darß-Museum in Prerow, wo jeden Tag eine Kollektion frisch gepflückter und unterschiedlichster Blumen und Gräser mit erläuternden Beschriftungen bereitsteht.

Felder und Wiesen

Von wo auch immer man sich im Frühling der Halbinsel nähert, findet man weite Flächen des Landes in das grelle Gelb der Rapsfelder getaucht, die sich »wie ein großer See im goldenen Morgensonnenstrahl dehnen« (Fritz Reuter). Solche ausladenden Felder gab es also offensichtlich schon im 19. Jahrhundert. Heute haben neben Winterraps in erster Linie Winterweizen, Wintergerste und Mais den größten Anteil an den agrarischen Arealen.

Auf der Halbinsel selbst wechseln sich weitläufige Wiesen und Wälder mit ihrer je eigenen Flora ab. Die Wiesen haben durch Entwässerung, Bodenverbesserung und Düngung während der DDR-Zeit und auch schon früher ihren ursprünglich kargen Charakter verloren. Ungemäht geben ihnen mancherorts Sauerampfer und Mohn einen seltsamen braunen Schimmer mit roten Tupfen.

Eine rare Besonderheit des Graslandes sind die Salzwiesen, die nur knapp über der Wasserlinie liegen und deshalb immer wieder überspült werden können. Ihr Entstehen verdankt sich an

Bodden – Lagunen der südlichen Ostsee

Die Gewässer zwischen der Halbinsel und dem Festland werden Bodden genannt. Dieser niederdeutsche Name ist verwandt mit dem hochdeutschen »Boden«, dem englischen »bottom«, dem lateinischen »fundus« und dem französischen »fond« und soll wohl ein Gewässer mit flachem Grund oder Boden bezeichnen. Ursprünglich war der Küstenverlauf an der südlichen Ostsee durch große Ausbuchtungen und vorgelagerte Inseln bestimmt. Die Mündungsarme von Recknitz, Barthe und anderen Bächen ergossen sich in die Buchten und zwischen den Inseln ins Meer. Durch die von West nach Ost gerichtete Formung der Ausgleichsküste durch sogenannte Hakenbildung, die zur Verlandung führte (Haken sind Sandbänke), und die menschlichen Eingriffe zwischen Fischland und Darß und zwischen Darß und Zingst wurden die Buchten fast vollständig vom Meer abgetrennt. Die Öffnung am Ostende vom Zingst ist die einzig verbliebene Verbindung zur Ostsee, die ihrerseits Tendenzen zur Verlandung zeigt. Im Bereich der Bodden gibt es Inseln, die je nach Wasserstand und Windrichtung zeitweilig oder partiell überschwemmt werden. Die durchschnittliche Boddentiefe beträgt zwei Meter. Die tiefsten Stellen befinden sich mit 12 Metern im Zingster Strom, der die Insel Große Kirr von Zingst trennt, und mit 10 Metern im Bodstedter Bodden. Das südlich der Großen Kirr befindliche Fitt ist mit durchschnittlich 0,50 Metern das seichteste Gewäs-

ser. Ähnlich wie sich bei der Ostsee ein Wasseraustausch mit der Nordsee vollzieht, geschieht dies zwischen ihr und der Boddenkette. Hierbei fließt das leichtere, weil weniger salzhaltige Boddenwasser über dem schwereren am Grund einströmenden Ostseewasser ab. Der Salzgehalt wird im Boddenbereich in Promillewerten gemessen und ist naturgemäß im westlichen Saaler Bodden am niedrigsten. Die kontinuierlich gemessenen Werte an der Messstelle Zingst ergeben Schwankungen zwischen 1,1 und 9,9 ‰. Dieses schwach salzhaltige Wasser sorgt für eine Tierwelt, die eine reduzierte Artenvielfalt hervorbringt, dies aber reichlich, sodass der Fischfang in den Bodden jahrhundertelang ein lohnendes Unterfangen war. Es gibt noch immer 48 Fischarten, darunter 22 Süßwasserfische wie Brasse, Plötze und Zander und 21 Meereswasserfische wie Hering und Hornfisch. Die restlichen sind Wanderfischarten, die in beiden Wasserbeschaffenheiten zurechtkommen. Vor allem die Inseln in den Bodden sind bevorzugte Brutplätze für verschiedene Möwen- und Schwalbenarten. Die flachen Gewässer sind beliebte Rast- und Schlafplätze von Seevögeln. Überdüngung auf den Feldern, mangelnde Abwasserreinigung und Schadstoffeinleitungen durch Industriebetriebe haben in der Vergangenheit die Qualität des Boddenwassers, wie übrigens auch das der Ostsee, beeinträchtigt. Hier ist noch einiges zu tun.

Windflüchter hinter dem Weststrand am Darß

Mammutbäume im Osterwald

der Ostsee meist der Anlandung von Sand und ihr Erhalt der kontinuierlichen Nutzung durch Viehauftrieb, der eine weitere Verlandung und Überwucherung verhindert. Diese fast nur noch auf Inseln (Bülten) oder an wenigen Stellen am Boddenufer vorfindlichen Wiesen bilden eine eigene Flora aus mit an das Salzwasser angepassten Pflanzen. Zu diesen gehören die Strandaster, die Strandnelke und der Queller.

Der Queller ist eine fast tragisch zu nennende Pflanze. Er kann von allen Pflanzen den höchsten Salzgehalt ertragen und braucht das Salz auch. An salzarmen Stätten mickert er regelrecht vor sich hin. Dennoch ist die im Laufe seines einjährigen Lebens in ihm anwachsende Salzmenge im Herbst sein Tod. Nach dem Absterben setzt eine Pflanze bis zu 10.000 Samenkapseln frei, die erst beim Kontakt mit frischem Wasser zu keimen beginnen. Im Extremfall bleiben sie bis zu 50 Jahre keimfähig. Der Queller wird wegen seines Aussehens auch Wasserspargel genannt und seine salzig würzigen Spitzen sind roh oder blanchiert essbar. Einige Vögel schätzen seine Samen als Nahrung. Er firmiert auch unter dem Namen Glasschmelz oder Glasschmalz, weil seine sodahaltige Asche von Glasbläsern genutzt wurde, um den Schmelzpunkt der Glasmasse zu senken.

Zu den streng geschützten Pflanzen gehört die auf Dünen vorkommende Stranddistel. Sie ist vom Aussterben bedroht, weil sie früher in großer Zahl als beliebtes Souvenir in dauerhaft getrockneter Form zu Gestecken zusammengestellt wurde, um Kommoden, Fensternischen und Tischchen in bürgerlichen Wohnstuben zu schmücken.

Gehölze und Wälder

Auch in den Wäldern und Gehölzen findet man seltene geschützte Pflanzen, darunter die Orchideenarten Frauenschuh und Purpurknabenkraut. Im Ahrenshooper Holz hat sich die Stechpalme, die bis zu fünf Meter hoch werden

Sanddorn – der Vitaminspender in C-Dur

Ursprünglich kommt der Sanddorn aus Nepal. Der strauchartige Baum gedeiht auch auf kargen Böden und hat ein Wurzelwerk, das bis zu drei Metern tief in den Boden vordringt und seitlich eine Ausdehnung von bis zu zwölf Metern erreichen kann. Dadurch ist er ein Mittel, die Bodenerosion oder die Abtragung von Dünen zu bremsen. Er liebt lichte, sonnige Stellen und verschwindet wieder, wenn er vom Wald überschattet wird. Er hat weibliche und männliche Pflanzen. Die weiblichen bringen im Herbst Myriaden von orangefarbenen, beerenähnlichen Früchten hervor, die sich eng um die Zweige schmiegen. Diese halten sich den ganzen Winter über am Geäst, sodass sie den Vögeln in schwerer Zeit Nahrung geben. Der hohe Gehalt an Vitamin C, der den der Zitrusfrüchte um ein Mehrfaches übertrifft, stärkt die Abwehrkräfte und macht die Früchte in kalt zu Saft verarbeiteter Form für den Menschen zu einem wirkungsvollen Mittel gegen Erkältungen. Ob Vegetarier, wie es oft heißt, vom Sanddorn profitieren, weil er größere Mengen von Vitamin B12 enthält, das man sonst aus Fleisch bezieht, ist (noch) unklar. Sanddorn, auch als »Zitrone des Nordens« bezeichnet, ist zu einer Leitfrucht der Ostseeküste geworden und wird auch als Gelee, Marmelade, Mus, Tee oder Likör angeboten.

kann, in kleinen Ansammlungen ausgebreitet. Daneben gibt es Rotbuchen, Stieleichen, Schwarzerlen, Bergahorn und Ebereschen.

Das Charakteristische des Darßwaldes auf dem Neudarß sind seine Riegen und Reffen, d.h. seine von West nach Ost verlaufenden feuchten Senken und trockenen Dünenzüge. In den Riegen haben meist Erlen ihren Standort, auf den Reffen haben sich alte Bestände von Kiefern, Rotbuchen und Stieleichen erhalten. Birken wachsen sowohl in den Riegen als auch auf den Reffen. Die große Zahl an Rehen und Rotwild verhindert eine Verjüngung des Waldes ebenso wie der häufig undurchdringliche Bewuchs mit Adlerfarn. Teile des Areals sind von einem dichten Stangenwald aus Nadelhölzern durchbrochen, der ursprünglich als Nutzholz angepflanzt wurde.

Der Zingster Osterwald hat ähnlich wie der Neudarßwald Riegen und Reffe und eine ähnliche Flora. Er wird als wurzelechtes Regenmoor bezeichnet, wurde aber seit dem 17. Jahrhundert bis in die 1990er Jahre teilweise entwässert. »Wurzelecht« will besagen, dass an dieser Stelle kein früherer See oder eine frühere Lagune existierten und nur Regen, Schnee und Nebel dieses Moor

Wildschwein und Fuchs auf dem Darß

geschaffen haben. In einem Experiment, ob und wie sie hier wachsen, hat man vor rund 60 Jahren sechs Mammutbäume angepflanzt, die sich gut entwickelt haben. Ein jüngerer siebter ist mittlerweile hinzugekommen.

Fauna

Was da kreucht ...

Das auffälligste Landtier der Halbinsel ist der Rothirsch. Seine heutigen Bestände gehen auf die Einführung besonders geweihträchtiger Arten zurück, die dem Jäger kapitale Trophäen mit möglichst vielen Enden bescheren sollten. Seine Brunft im Herbst gehört zu den großen Naturschauspielen und erfüllt die Wälder und Lichtungen mit seinem Röhren und dem Krachen der Geweihe. Naturschützern gilt die hohe Zahl der Hirsche und der Rehe als unzuträglich für ein gesundes Gedeihen des Waldes. Die größte Population an Hochwild stellt der Damhirsch, der an seiner hell getüpfelten Decke erkennbar ist.

Die Zahl der Wildschweine ist ebenfalls sehr hoch. Sie dürfen deshalb außerhalb der Schutzzonen ganzjährig bejagt werden. Die Warntafeln an der Bäderstraße, die die ganze Halbinsel durchzieht, sind ernst zu nehmen, denn jederzeit kann eine Rotte Schwarzkittel oder können Reh und Hirsch plötzlich auf die Fahrbahn stürmen. In diesem Zusammenhang ist darauf hinzuweisen, dass auch der gefährdete Fischotter gern die Straße kreuzt und dabei oft zu Tode kommt. Einige seiner Wechsel sind – wie der zwischen Bresewitz und Pruchten – ausgeschildert und füglich zu beachten.

Zu häufigen harmlosen Begegnungen im Wald oder an den Dünen kommt es mit dem Fuchs. Er hat die Scheu vor den Menschen ziemlich überwunden und lässt sich schon aus wenigen Metern beobachten. Bei Dachs, Iltis, Stein- und Baummarder muss man schon etwas Glück haben. Ein Einwanderer aus dem Osten ist der Marderhund, der als Allesfresser weniger jagend als vielmehr sammelnd wie der Dachs unterwegs ist. Anders als der Waschbär kann er nicht klettern, sodass er Bodengelege ausnimmt. Er kann allerdings im Gegensatz zum Fuchs gut schwimmen und damit auch ruhenden Wasservögeln an ihren Schlafplätzen gefährlich werden. Sein einziger natürlicher Feind ist der Uhu, der sich Jungtiere greift. Ansonsten sind, sofern vorhanden, Luchs und Wolf seine Jäger. Er steht unter der erhöhten Aufmerksamkeit der Naturschützer und wird mittlerweile bundesweit bejagt. Wer einen anschaulichen Einstieg in die Beschäftigung mit der Tierwelt auf dem Darß sucht, sollte das Forst- und Jagd-Museum »Ferdinand von Raesfeld« in Born auf dem Darß aufsuchen. Die kompetente Leitung bleibt keine Antwort schuldig.

An Schlangen und Schleichen schlängeln sich giftige Kreuzottern, harmlose Ringelnattern und ebensolche Blindschleichen durch Sand, Unterholz, Sumpf und Gras. Die Kreuzkröte und der Kammmolch gelten als besonders schützenswert, weil ihre Populationen nur in Mitteleuropa vorkommen. Beim gleichermaßen zu schützenden Springfrosch handelt es sich um ein isoliertes Relikt, das sich seit einer Wärmephase nach der letzten Kaltzeit auf der Halbinsel und auf Rügen festgesetzt hat.

... und fleucht ...

Dem Laien erscheint die Vogelwelt an der Küste und den Bodden fast unüberschaubar. Neben mehreren Möwenarten und Schwänen, darunter durchziehende Zwerg- und Singschwäne, bevölkern Scharen unterschiedlichster Enten und Gänse das Uferröhricht und die Wasserflächen. Kecke Dohlen picken ebenso im Sand wie elegante Bekassinen. Graureiher und Kormorane beobachten wie erstarrt Untiefen und Buchten. Unter den Greifvögeln ist, neben dem Falken, dem Habicht, dem Roten Milan und dem Bussard, der Seeadler der wieder aufgepäppelte, aber scheue König der Küste. Seine Gelege werden besser als Staatsgeheimnisse gehütet.

Um den grauen Kranich hat sich mittlerweile fast so etwas wie ein Starkult entwickelt. Neben einer Population von

Seeadler präpariert und Graureiher live

rund 1000 Paaren, die das ganze Jahr über im Lande bleibt, fallen zweimal im Jahr rund 40.000 Kraniche im östlichen Boddenbereich ein, um auf ihrem Weg nach Skandinavien beziehungsweise auf ihrem Weg zu den Winterquartieren in Südspanien zu rasten. Um sie mit der nötigen Energie zu versorgen und die ansässige Landwirtschaft zu schonen, werden für sie ganze Felder als Futterplätze mit einem angemessenen Nahrungsangebot bereitgestellt und hergerichtet. Ein Kranichzentrum in Groß Mohrdorf, das man unbedingt aufsuchen sollte, informiert über alles, was man von diesen Gazellen der Vogelwelt weiß, und Dutzende Beobachtungsplattformen und -türme, darunter seit 2015 das Kranorama am Günzer See, ermöglichen einen meist distanzierten Blick auf die scheuen Geschöpfe. Teleobjektive und Ferngläser sind unverzichtbare Utensilien, denn näher als 300 Meter darf man ihnen nicht kommen.

... und schwimmt

An anderer Stelle wurde schon auf die Vielfalt der Fischwelt in den Bodden hingewiesen. Als kleines Kuriosum ist noch hinzuzufügen, dass sich dorthin manchmal auch ungewohnte und für die Fischer auch eher ungebetene Gäste verirren, Kegelrobben zum Beispiel. Ihr Fischhunger ist nicht gerade klein und wenn sie sich dann auch noch zum Bleiben entschließen, spricht man von ihnen wie von der unerwünschten Verwandtschaft. Im Prerowstrom sollen sich seit Längerem zwei von ihnen herumtreiben.

Fische im Natureum und Quallen im Ozeaneum

Auch in die Ostsee verirren sich ab und an Meeressäuger, die eigentlich in der Nordsee und dem Atlantik zu Hause sind. Gemeint sind große Wale. Aber sie bleiben nicht. Die einzige Walart, die in der Ostsee heimisch ist, sind Schweinswale. Sie sind mit rund 1,50 m Länge die kleinste europäische Walart. Noch im letzten Jahrhundert waren Schweinswale in der ganzen Ostsee zu Hause. Jetzt findet man sie nur noch an der dänischen Küste und vor Fischland, Darß und Zingst. Ihre Zahl ist rapide zurückgegangen und sie gelten als stark gefährdet. Je nach Quelle spricht man von rund 300 oder 600 verbliebenen Exemplaren. Sie können bis zu sechs Minuten abtauchen und eine Tiefe von rund 80 Metern erreichen. Da sie aber in der Regel bis zu viermal in der Minute Luft schöpfen müssen, macht ihnen die Verschmutzung der Wasseroberfläche mit Öllachen zu schaffen. Außerdem vertreibt sie der gewachsene lärmende Schiffsverkehr. Auch die Zahl der durch Beifang in der Fischerei verendeten Tiere ist ständig gestiegen. Hinzu kommen Vergiftungen durch das Einleiten von Chemikalien ins Meer, die auch zu einer Schwächung der Zeugungsfähigkeit der Schweinswale führen. Ihre individuelle Lebenserwartung ist in der Ostsee von möglichen 15 bis 20 Jahren auf acht Jahre gesunken.

Was sagt der Wetterfrosch zur Reisezeit

Wer die Sonne sucht, liegt an der Ostseeküste goldrichtig, meistens. Von Mai bis Juli scheint sie im Schnitt gute acht Stunden täglich. Im August sind es sieben und im September immerhin noch zwischen fünf und sechs Stunden. Der August ist allerdings auch der regenreichste Monat mit rund 60 bis 70 mm Niederschlag, was aber absolut gesehen nicht so sehr viel ist, zumal es dabei recht warm bleibt. Mit der Hälfte des Augustniederschlags ist der Februar der trockenste Monat im Jahr. Im Winter sinkt die Sonnenstundenzahl pro Tag auf durchschnittlich eine Stunde ab.

Die durchschnittlichen Höchsttemperaturen erreichen im Sommer rund 24°C, dabei wird es nachts im Schnitt nie kälter als 13°C. Die absolute Höchsttemperatur, die je an der Wetterstation Barth gemessen wurde, liegt bei 35,2°C, in Warnemünde sogar bei 36,9°C. Nicht zu unterschätzen ist ein beständig wehender Wind, der während eines Viertels der Zeit direkt von Westen her die Küste bestreicht. Südwesten, Süden und Osten sind die nächstfolgenden Hauptwindrichtungen. Wer in den gemäßigten Zonen Mitteleuropas Urlaub macht, weiß, dass man trotz der günstigen Mittelwerte immer etwas für kühles (oder regnerisches) Wetter im Gepäck haben muss, zumal für den Abend.

Die Wassertemperaturen der Ostsee fallen im Winter bis auf 2°C ab, liegen im Mai noch bei 11°C und erreichen schließlich im August 18°C. In ruhigen Flachwasserzonen und in den Boddengewässern können während eines kontinuierlich warmen Sommers auch Temperaturen um die 20°C erreicht werden.

Regenbogen über Bresewitz

In den Wintermonaten sind Stürme mit Windstärke 8 an der Küste keine Seltenheit und ebenso wenig Frost- und Schneetage. So wie mittlerweile ein Winteraufenthalt auf Sylt oder den anderen friesischen Inseln nichts Ungewöhnliches mehr an sich hat, so entwickeln Gäste allmählich auch ein Faible für einen von heftigem Wind begleiteten Spaziergang am Ostseestrand in der kalten Jahreszeit.

Die Hauptsaison aber ist eindeutig die Zeit während der Schulferien im Sommer. Wer den Besuchermassen aus dem Weg gehen möchte und es sich von der Urlaubsplanung her leisten kann, sollte den Mai und den Juni ins Auge fassen. Im September und spätestens im Oktober ist der Strandtrubel abgeklungen, dafür sorgen die Rotwildbrunft und der Kranichrummel für einen allerdings viel begrenzteren Besucherstrom. Im Frühjahr zieht die Kranichbalz noch einmal etliche Vogelfreunde an.

Bewohner, Besucher und gesellschaftlicher Wandel

Die geteilte Halbinsel

Fischland ist das Gebiet der Halbinsel, das historisch zu Mecklenburg gehört. Im Mittelalter standen Mecklenburg oder Teile davon wie Rostock kurzzeitig unter dänischer Lehensoberhoheit. Danach blieb das Land im Reichsverband, auch wenn Wismar und die Insel Poel den Schweden seit dem Dreißigjährigen Krieg bis 1803 als Brückenkopf auf deutschem Boden dienten.

Darß und Zingst sind die nordwestlichsten Regionen Pommerns bzw. Vorpommerns und gehörten ähnlich wie Wismar seit dem Westfälischen Frieden bis 1815 zu Schwedisch-Pommern. Da sie in dieser »Schwedenzeit« Reichslehen blieben, besaß der schwedische König durch sie Sitz und Stimme im immerwährenden Reichstag zu Regensburg.

Die Halbinsel gehörte aufgrund der schwierigen Bodenverhältnisse agrarisch zu den ärmsten Regionen Deutschlands. »Die Voll- und Halbbauern des Darßes und Zingstes verdienen diese Namen kaum, weil ihre Ackerwirthschaft (!) so viel wie gar nichts bedeutet. Ein Vollbauer hält gewöhnlich 4, ein Halbbauer 2 erbärmliche Pferde, um seinen größtentheils (!) noch erbärmlicheren Acker zu bestellen.« (August von Wehrs) Über Land war die Halbinsel zudem schwer zu erreichen, sodass sie als Naturschönheit bis um 1800 kaum eine Rolle im Bewusstsein der Zeitgenossen spielte. Über Fischland behauptete noch in der Mitte des 19. Jahrhunderts ein Albert Freiherr von Selb: »es [ist] arm an Allem, außer an Sand und Fleiß, am ärmsten an Reisenden; höchst selten, daß ein Wanderer oder gar ein Wagen es wagt, das Sandmeer des Fischlandes zu durchschneiden, und es mag leicht das unbesuchteste und unbemerkteste Ländchen des ganzen deutschen Vaterlandes sein.«

Fällen, Fangen, Räuchern, Schippern, Schmuggeln

Neben der Viehzucht mussten vor allem das Fällen und Transportieren von Bau- und Brennholz und der Heringsfang und die Heringsräucherei für Einkünfte sorgen, sodass die Bewohner »bei ihren geringen Bedürfnissen ein ehrliches, wenn auch oft kümmerliches Auskommen haben«. Viele Männer setzten auf die Schifffahrt und besonders in der Hochzeit der Segelschifferei brachten die Seeleute neben ihrer Heuer auch wertvolle Mitbringsel aus der Ferne mit, sodass sich der Lebensstandard in diesen Haushalten allmählich hob. »Man betritt das Haus eines reichen Schiffers, und wird von der innern Einrichtung, die oft fast Eleganz zeigt, lebhaft überrascht, indem man hier alles findet, was zu einer wohlhabenden bürgerlichen Haushaltung gehören würde.« In den Häusern der Kapitäne und Steuermänner waren »unverfälschte französische und spanische Weine, Rum, Porter, Zucker, Kaffee, Thee (!), Chokolade (!), Citronen (!), holländischer, englischer und schwedischer Käse, Hamburger Rindfleisch u.s.w.« (A. v. Wehrs) keine Seltenheit.

Da das Großherzogtum Mecklenburg erst 1867/8 dem Deutschen Zollverein beitrat, ergaben sich (wie schon zur

Frische Wäsche an der Boddenseite in Ahrenshoop

Schwedenzeit und der Zeit der napoleonischen Kontinentalsperre) lukrative Betätigungen jenseits der Legalität, sprich: Wer über ein Boot oder Schiff verfügte, war in Gefahr, sich der Schmuggelei schuldig zu machen. Und es soll tatsächlich zwischen dem mecklenburgischen Ribnitz und dem preußischen Darß auf Teufel komm raus geschmuggelt worden sein. Der niederdeutsche Roman »De Darßer Smuggler« des in Wieck geborenen Autors Johann Segebarth (1833–1919) weiß in volkstümlichem Humor davon zu berichten.

»Isenbahner«, »Sommerfremde« und Künstler

An der Ostsee, aber einige Meilen weiter westlich, nahm etwas seinen Anfang, das heute der Region noch immer seinen kräftigen Stempel aufdrückt. Samuel Gottlieb Vogel (1750–1837),

Professor für Medizin an der Universität Rostock, sah das Baden im Meer als heilsam für »sehr viele Schwachheiten und Kränklichkeiten« an. Herzog Friedrich Franz I. von Mecklenburg-Schwerin ließ sich von ihm überzeugen und 1793 in Heiligendamm das erste Seebad Deutschlands errichten. Von da an, anfangs noch spärlich, wurde es für Adel, Offiziere und das betuchte Bürgertum besonders in Preußen und Hamburg zur Mode, statt sich in Karls- oder Marienbad zur Kur einzufinden, an die Ostsee zu fahren. Es dauerte allerdings mehrere Jahrzehnte, bis auch die Halbinsel von den Erholung Suchenden entdeckt wurde.

Im Jahr 1881 soll die Ribnitzer Malerin Anna Gerresheim (1852–1921) das erste Mal in Wustrow gemalt haben. Im Jahr darauf besuchte sie Ahrenshoop und beschloss, sich dort niederzulassen. 1892 baute sie hier ein Haus. Ihre beiden malenden Schwestern folgten ihr. Im Jahr 1882 tauchte auch der Kröpeliner Maler Carl Malchin (1838–1923) in Wustrow und Ahrenshoop auf und begann, die Landschaft auf Leinwand zu bannen. Anna Gerresheim und er gelten deshalb als Auslöser der Ahrenshooper Künstlerkolonie, selbst wenn beide ohne einen solchen Plan die Halbinsel besuchten. Der Aufschwung als Künstlerort wurde durch den Maler Paul Müller-Kaempf (1861–1941) aus Oldenburg beschleunigt. Nach seinem ersten Besuch 1889 kehrte er immer wieder und baute 1892 ebenfalls sein Haus. Er gründete 1894 in Ahrenshoop die Malschule St. Lukas (Unterricht und Vollpension für 100 RM pro Monat) und ab da begann der Ort vor Malern und vor allem vor Malerinnen zu wimmeln.

Einen bedeutenden Aufschwung erfuhren die Besucherzahlen durch eine bessere Verkehrsanbindung. Zunächst geschah das durch Fahrgastfähren über den Bodden. Als schließlich am 1. Dezember 1910 die Darßbahn von Barth bis Prerow eröffnet wurde, begann sich der Tourismus der Bessergestellten auf der Halbinsel durchzusetzen. Es war der erste Schritt zu einem Massenphänomen. Egal ob jemand mit dem Zug oder sonst wie auf die Halbinsel kam, für die Einheimischen hießen diese »Sommerfremden« durch die Bank »Isenbahner«, auch noch nachdem Ende der 1920er Jahre die erste moderne Autostraße aus Beton von Ribnitz bis Wustrow ausgebaut wurde. Die »Fischlandchaussee«, wie die Bäderstraße zunächst hieß, wurde 1959/60 vollendet und verband nun alle Orte der Halbinsel von Ribnitz bis Barth. Für die Orte, deren Mitte sie durchquert, wird sie besonders im Sommer auch als Fluch gesehen.

Eine besondere Art von Gästen waren privilegierte Jäger. Wie schon unter deutschen Fürsten und der schwedischen Herrschaft blieb der Darß ein beliebtes Jagdrevier. Im Kielwasser der Künstler fand sich Eitel Prinz von Preußen mit Gemahlin ein und ließ sich eine Jagdhütte im Darßwald bauen. Diese Tradition setzte Hermann Göring während des Dritten Reiches fort. Seine Behausung wurde nach dem Zweiten Weltkrieg von den Sowjets dem Erdboden gleichgemacht. Auch die Parteibonzen der DDR, allen voran Verteidigungsminister Heinz Hoffmann, pflegten hier, abgeschirmt vom staatstragenden Volk, auf die Jagd zu gehen. Auch ihre Unterkünfte am Darßer Ort wurden beseitigt. Eine Jagdhütte an der Buchhorster Maase blieb.

Strandburgen und Textilfreiheit

In der Weimarer Republik kamen arrivierte Künstler wie George Grosz, aber meist nicht, um zu bleiben. Einem wie Grosz behagte das Strandgebaren der bürgerlichen Sommergäste sowieso nicht: »Und die Burgen am Strande, was sich da austobt [...] an tüchtiger Gesinnung! Enorm: kommen die Brüder nun her, um eigentlich mal aus dem Dreck auszuspannen und sich's wohl sein zu lassen und zu erholen – nein, sofort wird ein politisches [...] Bekenntnis abgelegt [...]: ›Heil Hitler‹, ›Trutzburg‹, ›Juda verrecke‹, ›Deutschland erwache‹, ›Braunes Haus‹, [...] alle politischen Schlagworte findest Du vor. Natürlich nur die rechten, versteht sich. [...] Fehlt noch – und dahin kommt's sicher – daß man durch [...] Hosennaht-Gruß diese Kultbauten ehren muß.« (Brief an Eduard Plietzsch, 1931) Noch 1950 behauptete Bertolt Brecht in seinem Arbeitsjournal über Ahrenshoop: »es ist eine reine nazigegend, und nicht viel ist geschehen bisher; es gibt zu wenige ansatzpunkte.« Diese Brechtsche Behauptung

Nur nackt – und sonst nichts

wird insofern etwas relativiert, als sich gerade in Ahrenshoop und in benachbarten Gemeinden Künstler wie Gerhard Marcks, deren Werke unter das »Entartet«-Verdikt der Faschisten subsumiert wurden, in einer Art innerer Emigration das Dritte Reich überstehen konnten.

Für die Zeit der DDR merkte der oben bereits zitierte Brecht an: »als domäne des kulturbunds ist die gegend aber im sommer besucht von leuten, die der neuen regierung ziemlich direkt angehören.« Da dieser neuen Regierung fast nichts verborgen blieb und es viele Strandurlauber gab, die auch nichts verbergen wollten, kam es zum Intermezzo der von Staats wegen ernsthaft gestellten

»Schämen Sie sich nicht, ...?«

Über das Nacktbaden in der DDR wird gern folgende Anekdote erzählt: Als der Kulturbeauftragte, Dichter und Verfasser der DDR-Hymne Johannes R. Becher 1951 am Ostseestrand spazieren ging, kam eine reife Frau, im besten Alter und wie die Natur sie geschaffen hatte, aus dem Wasser. Becher stellte sie und fuhr sie reichlich ungalant an: »Schämen Sie sich nicht, Sie alte Sau?« Die unmittelbare Reaktion der derart angefauchten Dame ist nicht bekannt. Kurze Zeit später hatte Becher in Berlin die Laudatio auf die Schriftstellerin Anna Seghers zu halten. Ihr sollte der Nationalpreis der DDR verliehen werden. Unter Genossen duzte man sich. Also begann er: »Liebe Anna, ...«, worauf Anna Seghers ihn lächelnd unterbrach und öffentlich korrigierte: »Für dich immer noch die alte Sau.«

Frage nach der gesellschaftspolitischen Einschätzung des Nacktbadens. Die Nacktbader behaupteten sich gegen zögerlich wieder ad acta gelegte Einwände der kulturellen Führungsspitze. Als die neue freiheitliche westdeutsche Prüderie nach der Wende an die Strände gespült wurde, kam es noch einmal zu einem Aufwallen in dieser Frage, weil angeblich genaue Reglementierungen vermisst wurden. Jetzt sind die Strände in der Regel jeweils ausgewiesen, auch für nackte Hunde gibt es Areale.

Goldgräberstimmung

An der Ostseeküste der DDR wurden vor dem Volksaufstand des 17. Juni 1953 mit der »Aktion Rose« reihenweise Eigentümer von Hotels und Unterkünften unter dem Vorwand, sie seien politisch unzuverlässig, enteignet, damit der Staat mit ihren Fremdenzimmern und auf ihrem Grund und Boden eine eigene Beherbergungsmaschinerie in Gang setzen konnte. Viele der Betroffenen entschieden sich daraufhin zur Flucht in den Westen. Etwa ab Mitte der 1955er Jahre durfte eine Elite aus Funktionären, Wissenschaftlern, Künstlern und Ärzten in Ahrenshoop am Hohen Ufer und anderswo an der Küste Sommerhäuser bauen. Im Großen und Ganzen blieb der Charakter der Ortschaften jedoch erhalten, wenn auch von verschiedenen Seiten wie schon in der Bauphase, als sich die frühen Maler einnisteten, Kritik laut wurde. Die Landschaft, die teilweise schon im Dritten Reich mit Rodungen, Entwässerungsmaßnahmen und Einebnungen agrarisch nutzbar gemacht werden sollte, wurde größeren Eingriffen unterzogen, denn die Nöte einer den Mangel reproduzierenden Planwirtschaft schienen es erforderlich zu machen, selbst die Salzwiesen zu höchster Produktivität aufzudüngen. Vielen Kiefern des Darßwaldes, 300.000 an der Zahl, wurde ein Fischgrätenmuster eingeritzt, um Harz für den Export abzuzapfen. Die militärischen Übungen auf dem Ostteil von Zingst bis hin zur Hohen Düne von Pramort wurden schon erwähnt.

Mit der Wende kam eine ganz neue Dynamik in die dörflichen Verhältnisse. Plötzlich wurde offenbar, dass rund die Hälfte bis drei Viertel der DDR-Bürger auf der Halbinsel, die über ein Grundstück oder ein Haus verfügten, mit Restitutionsansprüchen aus dem Westen rechnen mussten, selbst wenn sie über Verträge verfügten, die in der DDR als rechtmäßig angesehen wurden. Manchmal kamen die Ansprüche sogar aus mehreren Richtungen, denn die jüdischen Erben eines beispielsweise in den 1930er Jahren von NS-nahen Arisierern an sich gerissenen Hauses hielten sich selbstverständlich für mindestens so berechtigt wie die Nachkommen dieser Arisierer. Da welkte den Einheimischen, die die Stätten ihrer Kindheit und Jugend räumen mussten, manche Blüte der versprochenen blühenden Landschaften. Manche der neuen Investoren und ihrer politischen Steigbügelhalter stellten sich unter blühenden Landschaften – außer in einem Werbeprospekt vielleicht – keine Wiese mit Blumen vor, sondern ein Areal, auf dem, wo vorher ein Einfamilienhaus auf weitläufigem Gelände stand, nun locker zwölf oder mehr Wohneinheiten hochzuziehen gingen. Oder sie fragten sich, was sollte an der unverstellten Weite des Landes schön sein, wenn man dort keinen Reibach machen konnte. Der Beispiele südlich und nördlich des Boddens gibt es mittlerweile einige, auch wenn sich manche Bürgerinitiative tapfer dagegen wehrt. Der Satz von Arno Schmidt »Das Verlässlichste sind Naturschönheiten« gilt halt nur, solange diese nicht beseitigt sind.

Rohrdachdecker bei der Arbeit

Architektur

Ein Schilfdach über dem Kopf

In den ärmlichen Anfängen auf der Halbinsel bauten sich die ansässigen Kleinbauern – wie es hier heißt – rohrgedeckte Katen. Das waren schlichte Fachwerkhütten oder -häuser mit niedrigen Wänden, die mit einem hohen spitzen Giebel überdacht waren. Im Fachwerk der Wände wurden die Zwischenräume mit Holzgeflechten ausgefüllt, die mit einer Mischung aus Lehm und Stroh beworfen und abgedichtet wurden. Das Fundament bildeten meist Findlingssteine, die den Bauten Halt im sandigen oder moorig weichen Untergrund gaben. Anders als das in Niedersachsen seit dem 13. Jahrhundert übliche, verwandte niederdeutsche Hallenhaus hatten sie meist kein großes Tor an der Stirnseite, sondern einen nicht allzu hohen Eingang an der Längsseite. Unter dem Reetdach waren Mensch und Vieh untergebracht und auch all die bäuerlichen Utensilien, die für den kümmerlichen Ackerbau notwendig waren. Außerdem bewahrte man unter demselben Dach die Früchte des Feldes und das

Das Café Namenlos mit kunstvoller Rohrdachkonstruktion

Ahrenshooper Idylle hinter der Düne

für den Winter erforderliche Viehfutter auf. Das Vieh bestand, wenn es hoch kam, aus ein, zwei Milchkühen, ein paar Schweinen, Hühnern, Gänsen und Enten oder nur ein paar Ziegen und Schafen. Pferde, die auf einen gewissen Reichtum hinweisen, waren eher selten und erforderten ein größeres Gebäude oder einen zusätzlichen Stall.

Büdnerhäuser

Als im 18. Jahrhundert eine Landflucht und die Auswanderung nach Übersee einsetzten, versuchten die Feudalherren den ärmeren bäuerlichen Untertanen das Bleiben dadurch schmackhaft zu machen, dass man ihnen kostenfrei (und für zwei Jahre auch abgabenfrei) einen Hektar Landes zur Kultivierung anbot und dazu, ebenfalls gratis, die Materialien, um darauf ein Büdnerhaus (von Bude/Hütte) errichten zu können. Dieses Häuschen war in der Regel quadratisch und hatte meist das Tor an der Stirnseite. Anfänglich waren auch hier Mensch und Tier unter einem Krüppelwalmdach versammelt. Das Vieh war im vorderen Teil des Hauses untergebracht, die Küche und die Wohnräume im hinteren Teil. Erst als den Büdnern der Besitz von Pferden erlaubt wurde, wurden Anbauten oder zusätzliche Gebäude zur Notwendigkeit.

Anders als zunächst den Büdnern wurden den sogenannten Häuslern im 19. Jahrhundert nicht verboten, ein zusätzliches Handwerk auszuüben, um die dürftigen Einkünfte aus der Landwirtschaft aufzubessern. Bei ihren Häusern war von vornherein eine Werkstatt, je nach Gewerke, im Haus oder in einem weiteren Gebäude vorgesehen. Beispiele für solche, ähnliche oder weitere Haustypen, die es nur noch selten in alltäglicher Nutzung gibt, kann man im **Freilichtmuseum Klockenhagen** (www.freilichtmuseum-klockenhagen.de) rund fünf Kilometer westlich von Ribnitz sehen.

Der Wohlstand zieht ins Wohnhaus der Kapitäne ein

Mit dem steigenden Wohlstand, den sich die Anwohner vor allem in der Seefahrt erwarben, begannen sie, ihre Häuser mit Backsteinen zu verblenden oder sie gleich aus Backstein aufzumauern oder manchmal gar weiß verputzte Steinhäuser zu errichten. Kapitäne konnten es sich auch leisten, die Giebeldächer mit Ziegeln zu decken, was teurer war, aber die unmittelbare Brandgefahr verringerte. Die Repräsentation des eigenen Erfolgs wurde den Wohlhabenden zunehmend zum Anliegen. Schaugiebel wurden mit Giebelzeichen versehen, die häufig zwei über den Giebel hinausragende Holzsilhouetten von sich kreuzenden Pferdeköpfen darstellten.

Während die einfacheren »Matrosenhäuser« meist nur eine einflügelige Tür aufwiesen, leisteten sich die Kapitäne gern Doppelflügeltüren und ließen sie mit Schnitzereien oder Malereien verzieren. Die sogenannten Darßer Türen, die man in Prerow, Born, Wieck und mittlerweile auch sonst auf der und rund um die Halbinsel findet, erfuhren in den 1930er Jahren einen neuen Aufschwung. Der Prerower Künstler Theodor Schultze-Jasmer begann damit, die Reliefs der zu restaurierenden Türen mit leuchtenden Farben anzumalen. Diese Farben gelten als charakteristisch für den Ort Prerow, denn sie geben das strahlende Gelb der Sonne und des Sandes, das dunkle Blau des Meeres, das Weiß der Wolken und das Grün des Waldes wieder. (Wofür das Rot steht, wäre eine Nachfrage wert.) Mittlerweile gehört es zum guten Ton, auch einen Neubau mit Darßer Türen

Darßer Tür in Prerow

auszustatten. Neben traditionellen Seefahrer-, Bauern- und Pflanzenmotiven werden alle erdenklichen Symbole benutzt, die den Wunsch nach Glück, Gesundheit, Nachwuchs, Reichtum, Liebe und Freude ausdrücken sollen. Ab und zu gibt es noch eine besondere Türart, die Klöntür oder wie es bei Uwe Johnson heißt: die Snackdoer. Durch das Öffnen der oberen Türhälfte ermöglicht sie dem Bewohner, im Haus zu bleiben und dennoch mit dem Briefträger oder anderen Passanten ohne weitere Umstände zu plauschen. Eine schöne Auswahl an typischen Türen kann man sich im Prerower Heimatmuseum anschauen.

Angemessenes Bauen

Seitdem die Halbinsel als Sommerfrische und Sehnsuchtsort auf die Landkarte gesetzt ist, wurde der Wunsch nach einer temporären oder permanenten Bleibe von denjenigen, die sich das

Backsteinarchitektur

Mit der Besiedlung des Ostens durch deutsche Kolonisten und der Christianisierung der bereits ansässigen slawischen Bevölkerung wurden neue Kirchen gebaut und Klöster gegründet. Die anfänglichen Baustoffe Holz und Feldstein wurden um die Mitte des 12. Jahrhunderts ergänzt oder ersetzt durch Backstein. Der gebrannte Lehm war als Baustoff im Römischen Reich gebräuchlich geworden, wurde aber nach dem Untergang des Imperiums in den Regionen nördlich der Alpen kaum mehr verwendet. Der gewachsene Bedarf nach einem leicht zu beschaffenden, massenhaft erzeugbaren und vielseitig verwendbaren Baustoff brachte den Backstein hier wieder ins Spiel. Anfangs kamen wohl Baumeister aus der Lombardei und dem Piemont, wo die römische Tradition des Bauens mit Backstein nie unterbrochen wurde, und brachten ihr Wissen und ihr Können ein. Recht schnell wurden sie durch einheimische Meister abgelöst.

Zur Herstellung der Backsteine wurde eine oben und unten offene rechteckige hölzerne Form benutzt, die zunächst ins Wasser getaucht und innen mit Sand ausgekleidet wurde. Der bereitgestellte Lehm wurde in Handarbeit in diese Form gepresst, die selbst auf einem mit Sand bestreuten Tisch auflag. Der Sand diente dazu, das Anbacken des Lehms an der Unterlage und der Form zu verhindern. Mit einem Streichbrett oder einem Streichdraht wurde der Lehm an der oberen Öffnung der Form glatt gestrichen und ebenfalls mit Sand bestreut. Je nach Beschaffenheit des Lehms musste der erzeugte Rohling noch eine Zeit lang an der Luft trocknen, bevor er gebrannt wurde. Ein versierter Ziegelstreicher, wie der Hersteller des Rohlings genannt wurde, schaffte in der Stunde rund einhundert Rohlinge. Bei einem durchaus üblichen Arbeitstag von zwölf Stunden kamen so pro Arbeiter über tausend Ziegeln zustande.

Je nach Temperatur und Dauer des Brennens und je nach Lage des einzelnen Ziegelsteins im Brennofen ergaben sich unterschiedliche Färbungen der Backsteine. Diese Unterschiede wurden oftmals genutzt, um Muster an den Wänden entstehen zu lassen. Hinzu kam, dass man durch das abwechselnd rhythmische

Längs- bzw. Querlegen der Backsteine die Wände nicht nur versuchte zu stabilisieren, sondern auch zu schmücken. Durch das mehrfarbige Glasieren der Steine konnten besonders schöne Wirkungen erzielt werden. Plastische Effekte wurden entweder dadurch erreicht, dass man ganze Backsteinreihen quer verlegte und überkragen ließ oder dass man bestimmte Steine, vor allem bei Kapitellen, schon vor dem Verlegen in eine gewünschte Form brachte und ein Symbol, eine Arabeske, eine biblische Szene oder einen Kopf aus ihnen modellierte. Der bei jedem Brennen anfallende Ausschuss wurde als Füllmaterial im Mauerkern verwendet.

Obwohl es Beispiele für romanische Backsteinbauten gibt, kam der alte neue Werkstoff besonders in der Gotik zu einer noch heute faszinierenden Blüte. Von Lübeck über Wismar, Rostock und Stralsund bis ins Baltikum kam es zu beeindruckenden Kathedralen. Die Kirchen der Dörfer und die Kapellen der Klöster standen dem nicht nach. Als die Bürger durch den Handel im Rahmen der Hanse reich geworden waren, entstanden nicht nur prächtige Rathäuser aus Backstein, siehe das von Stralsund, sondern auch repräsentative Bürgerhäuser an den zentralen Plätzen und Straßen. Wer heute über Land fährt, ob auf der Halbinsel oder südlich des Boddens, kann feststellen, dass fast jeder Ort und jedes Dorf über eine stattliche Backsteinkirche verfügt. Die Beispiele reichen von Wustrow und Prerow über Barth, Bodstedt, Saal und Lüdershagen bis Damgarten und Ribnitz.

leisten können, nach und nach immer häufiger realisiert. Abgesehen von den mit staatlicher Macht abgeschirmten Jagdhäusern, die sich Privilegierte und Amtsträger aller Regime nach Gutdünken an die schönsten Stellen der Küste und in den Darßwald platzieren ließen, wogegen außer manchem verstohlenen Murren wenig auszurichten war, wurde die private Bautätigkeit zu einem Gegenstand der ständigen öffentlichen Begutachtung. Die zugrunde liegende Frage war, wie zu bauen sei, damit das geliebte Landschaftsbild erhalten blieb. Die Künstler, die sich als Erste in den Dörfern oder an deren Rändern niederließen, bauten durchaus nach eigenem Gusto beispielsweise in der Art des Jugendstils und nicht nach den bäuerlichen Vorbildern. Erst der 1909 gebaute Kunstkaten versuchte ein Beispiel zu geben, wie man behutsam und angelehnt an die dörflichen Gebäude bei Neubauten vorgehen könnte.

Noch heute lodern die Gemüter auf, wenn es um diese Frage des angemessenen Bauens geht. Das große Hotel in Ahrenshoop beispielsweise gilt einigen als durchaus akzeptabel, aber ein zweites dieser Art und dieses Ausmaßes würde ihnen missfallen. Sowohl südlich des Boddens als auch auf der Halbinsel selbst gibt es bauliche Gestaltungen, die einerseits mit modernen Mitteln Rohrdachhäuser in die Landschaft setzen, die durchaus dem ersten Anschein nach der Tradition verpflichtet sind, die andererseits aber in ihrer Reihung und ihrer Gleichförmigkeit trotz der farblich manchmal grellen Unterschiede einen Stein des Anstoßes bilden. Man sieht ihnen in ihrer Verkleidung noch den Zweckrationalismus an, der gerade die Romantiker unter den Einheimischen und ihren städtischen Verbündeten stört. Es ist manchmal so, als ob sich alles in der Frage des Bauens auf den Gedanken zuspitzt: Kann man diese Gegend nicht einfach in Ruhe lassen, wo überall sonst schon alles verbaut wird.

Die Kunst an der Küste

Die Frage nach der Schönheit

Die ersten Berichte, die Reisende, die das Abenteuer im noch Unbekannten suchten, über die Halbinsel verfassten, geben nicht nur wieder, was man dort erleben und erspähen konnte, sondern auch welche Vorstellungen die Verfasser von einer ästhetisch reizvollen Landschaft im eigenen Kopf mit sich herumtrugen. Zunächst zählte für die wenigsten diese in ihren Augen unwirtliche, fast abweisende Einöde auch nur ansatzweise zu den Traumzielen. Es bedurfte schon der um sich greifenden Industrialisierung und der massiven Verstädterung, die angesichts der einhergehenden Zerstörungen der Landschaft und der Verwahrlosung in den Armenvierteln nicht jedermanns Begeisterung hervorriefen, bis die Sucher nach einem wahrhaftigen Leben in dörflicher Schlichtheit und nach einer unberührten Natur an der Küste Mecklenburgs und Pommerns fündig wurden. In Ahrenshoop, mehr als in Wustrow und in den anderen Orten der Region, die bereits eine Art Seebäderbetrieb kannten, sahen Künstler eine von den Fortschritten der Zivilisation verschont gebliebene, abgeschiedene Idylle, die ihren Vorstellungen von wünschenswerter Authentizität nahekam und deren von ihnen empfundene ursprüngliche Schönheit sie für wert befanden, mit künstlerischen Mitteln festzuhalten.

Die Rede von der Künstlerkolonie

Vor der vorletzten Jahrhundertwende kamen so viele Künstler auf Besuch nach Ahrenshoop oder ließen sich hier und in der Umgebung nieder, dass man bald von einer Künstlerkolonie sprach. Von einer Schule, im Sinne eines gemeinsamen künstlerischen Konzepts, war, auch wenn manche der Künstler miteinander befreundet waren und ihre Vorstellungen austauschten, nicht die Rede. »Das Ideal der meisten Maler in Mecklenburg und Vorpommern lag in dieser Zeit stärker im Reiz der Landschaft selbst und nicht mehr im ursprünglichen Streben [...] nach gemeinsamer künstlerischer Äußerung oder künstlerischer Verwandtschaft wie noch in Worpswede.« (Wolf Karge) Selbst eine erste gemeinsame Ausstellung (oder Ausstellungsstätte) kam nicht vor 1909 zustande, als man den Kunstkaten errichtete.

Einzelne Künstler gründeten bald nach ihrer Ankunft Malschulen, die fast ausnahmslos Frauen anzogen. Das lag daran, dass im Kaiserreich an den Kunstakademien zunächst keine Frauen zugelassen waren, sodass eine solche private Malschule ihnen die einzige Möglichkeit bot, eine Ausbildung als Künstlerin zu erhalten und damit eine solche nachzuweisen. Die jeweiligen Malschulen, die auch den Zweck hatten, dem Künstler oder Leiter der Schule ein finanzielles Standbein zu verschaffen, da sich von der reinen Kunst nur schwerlich leben ließ, brachten ihren Elevinnen die ästhetischen Vorstellungen des lehrenden Künstlers nahe, sodass hier im Idealfall gewisse Entwicklungslinien vom Lehrer zur Schülerin feststellbar sind. Zu einem erkennbaren Ahrenshooper Stil kam es quasi auch hinter dem Rücken der Maler nicht.

Auffällig ist allerdings, dass sich die Künstler – nicht im Malstil – aber in der Auswahl der Motive nur wenig unterschieden. »Die weiträumige flache Ebene im strahlenden Licht des Nordens mit den niedrigen Erhebungen der Dünen, den kleinen Katen und den gebeugten Windflüchtern bleiben für alle Malergenerationen bestimmend.« (Ruth Negendank) Man genoss es, dass »nirgends ein öder Nützlichkeitsbau« (Paul Müller-Kaempf) zu sehen war. Vermutlich hätte man ein solches Gebäude, sofern vorhanden, auch nicht gemalt. Das Meer, häusliche Innenansichten und Porträts von Einheimischen bildeten zumindest anfangs kein vorrangiges Motiv und kamen vergleichsweise selten vor. Die deutlichste, aber eben auch sehr abstrakte Gemeinsamkeit bestand darin, dass fast ausnahmslos alle Künstler, obwohl sie in ihrer Ausbildung von der Akademiemalerei herkamen, Anhänger der Malerei unter freiem Himmel bei natürlichem Licht waren. Manchmal, so heißt es, seien so viele Malerinnen und Maler auf Motivsuche unterwegs gewesen, dass es sogar zu Eifersüchteleien um die besten Malplätze und Perspektiven gekommen sei. Die Periode, die gemeinhin in der Rückschau als die Zeit der Künstlerkolonie angesprochen wird, kam mit dem Ersten Weltkrieg bereits zu ihrem Ende. Der kolportierte Mythos dieser Ära hat in der Folge jedoch bis heute immer wieder Künstler und

Kunstliebhaber nach Ahrenshoop und in die anderen Ortschaften der Halbinsel geführt.

Der Bekanntheitsgrad der Künstler

Wer außerhalb Mecklenburg-Vorpommerns in seiner eigenen Erziehung einen Zeichenunterricht genossen hat, der kunstgeschichtliches Wissen miteinbezog, wird nur in den seltensten Fällen auch nur einen der führenden Namen aus der Frühzeit Ahrenshoops kennengelernt haben. Die Sezessionisten von Berlin, München und Wien, die Worpsweder Maler und Malerinnen, »Brücke«, »Blauer Reiter« und »Scholle«, alle sind sie deutlich präsenter in den Feuilletons der führenden deutschsprachigen Tages- und Wochenzeitungen als die erste Garde Ahrenshooper Maler, als da sind: Anna Gerresheim, Carl Malchin, Eva Stort, Paul Müller-Kaempf, Oskar Frenzel, Friedrich Grebe, Friedrich Wachenhusen, Hugo Richter-Lefensdorf und Elisabeth von Eicken, um nur die wichtigsten Vorreiter zu nennen.

Vor allen anderen war Paul Müller-Kaempf in seiner Epoche durchaus berühmt und, wie man heute sagen würde, gut vernetzt. Ihm und seiner ersten Malschule ist es auch zu verdanken, dass sich der Geheimtipp Ahrenshoop in Künstlerkreisen herumsprach. Auch war er (zusammen mit Theobald Schorn) maßgeblich daran beteiligt, den Kunstkaten aus der Taufe zu heben. Das Beispiel eines anderen Künstlers zeigt, wie existenziell man sich der Kunst verschrieben hatte. Als Hugo Richter-Lefensdorf 1904 mitgeteilt wurde, dass seine Werke in diesem Jahr anders als in den Jahren zuvor zur Berliner Ausstellung nicht zugelassen würden, war er so enttäuscht und verzweifelt, dass er seinem Leben ein Ende setzte.

Wer sich alles einfand

Zu den bekannteren Künstlern, die noch vor dem Ersten Weltkrieg auf der Halbinsel Station machten, gehören Erich Heckel (»Brücke«), Alexei Jawlenski und Marianne von Werefkin (beide »Blauer Reiter«), die 1911 in Prerow den Sommer verbrachten. Heckel war mit Sidi Riha (bürgerlich Milda Georgi), einer Tänzerin, gekommen, die bald darauf seine Frau werden sollte. Im selben Jahr kam die Malerin Dora Koch-Stetter zum ersten Mal nach Ahrenshoop. 1927 ließ sie sich schließlich in Althagen nieder und wohnte hier bis zu ihrem Lebensende. Ihr Ehemann war der auch bei Kindern durch seine »Häschenschule« beliebte Zeichner, Graphiker, Karikaturist und Schriftsteller Fritz Koch-Gotha.

Nach dem Großen Krieg war Alfred Partikel einer der ersten Maler, die sich ein Atelier in Ahrenshoop einrichteten. Sein Lebensende ist in ein Mysterium gehüllt, denn der 57-Jährige ist 1945 in den Wirren des Kriegsendes vom Pilzsammeln aus dem Ahrenshooper Holz nicht zurückgekehrt. Auch seine Leiche blieb verschollen. Sein Freund, der Bildhauer Gerhard Marcks, der sich nach der Machtübernahme durch die Faschisten und der Diffamierung seiner Kunst als »entartet« nach Niehagen zurückgezogen hatte, vermutete zunächst, dass Partikel von herumstreifenden sowjetischen Soldaten erschossen worden sein könnte. Dem steht gegenüber, dass es die Sowjets waren, die einen Suchtrupp über die ganze Halbinsel ausschwärmen ließen, ihn zu finden. Als weitere Möglichkeit

Ein Museum schafft Erinnerung

Wer sich ein eigenes Bild von der Qualität der Gemälde der Ahrenshooper Künstler machen will, kommt nicht umhin, das Museum zu besuchen, das den Gral der Künstlerkolonie in einem ausgezeichneten Konvolut von über 700 Werken hütet und der Öffentlichkeit zugänglich macht. Das **Kunstmuseum Ahrenshoop** (Weg zum Hohen Ufer 36, Tel. 038220-66790, www.kunstmuseum-ahrenshoop.de, April–Okt., tägl. 11–18, Nov.–März, Di-So 10–17 Uhr) zieht dabei einen weiten Bogen von den Anfängen der Künstlerkolonie bis zur Jetztzeit. Es ist dem Museum zu verdanken, dass scheinbar auf ewig verklungene Künstlernamen wieder mit den Werken ihrer Träger ins Bewusstsein zurückgeholt werden. Die unaufdringliche abstrakte äußere Eleganz des modernen Gebäudekomplexes, in dem man die Grundform von Katen erkennen kann, wird im Innern noch übertroffen, denn in den Sälen herrschen ideale Lichtverhältnisse, um die ausgestellten Werke eingehend begutachten und genießen zu können.

wurden ertappte Wilderer verdächtigt. Die Nachforschungen blieben ohne Resultat. Am Strandweg beim Kunstkaten setzte Gerhard Marcks seinem Freund einen schlichten Gedenkstein.

Aus dem benachbarten Umland kam in den 1920ern auf die Halbinsel als Besucher der seinerzeit national und international renommierteste Künstler Mecklenburgs, der in Güstrow beheimatete Bildhauer Ernst Barlach. Sein Engel, »Der Schwebende«, mit Käthe Kollwitzens Antlitz gehört zu den Ikonen deutscher Kunst des 20. Jahrhunderts. Anlocken ließen sich auch die Maler und Zeichner George Grosz, Max Pechstein, Karl Schmidt-Rottluff und Lyonel Feininger. Der wohl prominenteste Besucher überhaupt war der Wissenschaftler und Nobelpreisträger Albert Einstein. Die bekanntesten Literaten, die sich hier einfanden, waren Bertolt Brecht, Anna Seghers und Arnold Zweig. Letzterer war als anfänglicher Zionist nach Palästina ausgewandert, hatte dort den antiarabischen Nationalismus der jüdischen Siedler kritisiert und bekam im Heiligen Land keinen Fuß mehr auf den Boden. Gerhard Hauptmann war nur kurz in Wustrow, fühlte sich aber nicht recht angenommen.

Nach dem Zweiten Weltkrieg war der Dichter der DDR-Hymne und Kulturfunktionär Johannes R. Becher ein ständiger Sommergast. So locker wie sein Strandgedicht klingt (»Sonne, Wind und Wellengang,/Kinder ziehn den Strand entlang«), war er dann doch nicht drauf. Die FKK-Freunde waren ihm eine Zeit lang ein Dorn im Auge. Die in der DDR bekannten, wenn auch dort nicht immer von der Obrigkeit geliebten Autoren, Brigitte Reimann und Uwe Johnson, schicken ihre Protagonisten an den Strand oder auf den Bakelberg. Reimanns Franziska hasste bereits nach zwei Tagen »ein Kurhotel, in dem die Gäste nach Titel und Wagentyp eingestuft wurden und wo man sich für jede Mahlzeit umzukleiden pflegte«. Bei Johnson lässt sich hingegen Gesine Cresspahl ganz nebenbei mit dem bescheidenen Superlativ vernehmen: »Das Fischland ist das schönste Land in der Welt.«

So ähnlich muss es auch ein Autor empfunden haben, der in der DDR ein literarisch anspruchsvoller Bestsellerautor war, den im Westen aber nur die wenigsten zur Kenntnis genommen haben: Wolfgang Schreyer. Er ließ sich mit seiner Familie in Ahrenshoop nieder und hat eine lesenswerte, kenntnisreiche und gut recherchierte Wendetrilogie (»Unabwendbar«, »Nebel«, »Das Quartett«) im verschlüsselt bezeichneten Künstlerort als Kriminalroman vorgelegt. Seine exotischen Thriller erlaubten den DDR-Bürgern vor der Wende, sich auch in jene fernen Länder zu versetzen, die zu besuchen ihnen aus politischen Gründen verwehrt wurde.

Victor Klemperer, Alfred Kantorowicz, Stephan Hermlin, Günther Weisenborn und der Autor der »Heiden von Kummerow«, Ehm Welk, waren, um nur noch einige wenige zu nennen, auch schon da gewesen. In seinem Tagebuch hat Victor Klemperer festgehalten, dass man kurz nach dem Krieg als Gast noch hungerte. Alfred Katorowicz wollte erst mal nur schlafen, aber da waren auch schon die Mitglieder des Kulturbundes der künftigen DDR anwesend und wollten tagen. Es kamen so viele Bekannte und weniger Bekannte, dass man sie alle gar nicht erwähnen kann. Und auch er war da, Ingo Schulze, der immerhin noch nach dem Jahr 2000 einen praktizierenden Maler im Ort entdeckte. Dieser trug orangefarbene Hosen und skizzierte eifrig, was er sah. Das ist vielleicht ein guter Tipp für den eigenen Aufenthalt. Einfach mal selber zu Bleistift und Pinsel greifen.

Festkalender

Januar

Neujahr: Neujahrstauchen und Anbaden in Ahrenshoop, Prerow und Wustrow

Februar

1. Hälfte: Bernsteinwoche in Prerow

Traditioneller Maskenball in Born

3. Samstag: Fastnachtstonnenabschlagen in Born

Ostern

Ostersamstag: Fischländer Strandgalopprennen in Wustrow

Ostersamstag: Osterfeuer in Ahrenshoop

Ostern: Osterfeuer und Ostertauchen in Prerow

Ostern: Klaviertage in Zingst

April

Zur Regatta versammelt

letzter Sonntag: Darßer Spinn-Marathon in Prerow
letzter Sonntag: Darß-Marathon in Wieck

Mai

1. : Anbaden an der Seebrücke in Zingst
1. Wochenende nach Himmelfahrt: Seebrückenfest in Prerow
Ende: Internat. Regattatage in Zingst
Ende: Rhododendronfest in Graal-Müritz
Ende Mai/Anfang Juni: Umweltfotofestival in Zingst

Pfingsten

Töpfermarkt in Prerow

Juni

Anfang: Tonnenabschlagen in Barth
1. Wochenende: Kinderfest in Ahrenshoop-Althagen
2. Samstag: Kinderfest in Born
2. Wochenende: Bernsteinfest in Ribnitz-Damgarten
(Vor-)letztes Wochenende: Hafenfest mit Zeesenbootregatta in Zingst
4. Sonntag: Tonnenabschlagen in Wieck
4. Wochenende: Jazz-Fest in Ahrenshoop
Ende des Monats: Sommersonnenfest in Wustrow
Mittsommernachtsfest in Prerow
letzter Sonntag: Zingster Deichlauf

Juli

Internationales Folkloretanzfest in Ribnitz-Damgarten
Seebrückenfest in Graal-Müritz
Anfang: Hafenfest in Born
1. Samstag: Zeesenbootregatta in Wustrow
ab 15. (4 Wochen): Mittelalterspektakel Dierhagen Dorf

2. Wochenende: Tonnenabschlagen in Wustrow
2. Hälfte: Darßer Drachenbootrennen in Prerow
3. Wochenende: Zeesenbootregatta in Dierhagen Dorf
3. Sonntag: Tonnenabschlagen in Ahrenshoop
letzter Samstag: Hafenfest in Wustrow
letzter Samstag: Strandfest in Prerow
4. Wochenende: Hafenfest in Dierhagen Dorf
4. Wochenende: Strandfest in Ahrenshoop
4. Wochenende: Tonnenabschlagen in Prerow
Ende: Tonnenabschlagen in Klockenhagen
Juli/August: Darßer Festspiele in Wieck
Juli/August: Hafenfest am Prerowstrom

Tonnenabschlagen in Born

Juli/August: Vineta-Festtage mit Theater am Hafen in Barth

August

1. Samstag: Kunstauktion in Ahrenshoop
1. Wochenende: Sommerfest im Damgartener Hafen
1. Wochenende: Segel- und Hafentage mit Zeesenbootregatta in Barth
1. Sonntag: Tonnenabschlagen in Born
2. Samstag: Flutlicht-Tonnenabschlagen in Dierhagen Dorf
2. Sonntag: Seemannskirchenfest in Prerow
2. Wochenende: Hafenfest in Ribnitz-Damgarten
3. Samstag: lange Nacht der Kunst in Ahrenshoop
3. Wochenende: Kunstmagistrale in Zingst
4. Montag: Feuerfest in Zingst
letztes Wochenende: Seebrückenfest mit Kunstmarkt in Wustrow
letzter Samstag: Oldtimer-Sterntreffen in Prerow
letztes Wochenende: Museumsfest in Prerow

September

1. Hälfte: Kunstmarkt in Prerow
1. Wochenende: Zeesenbootregatta in Bodstedt
2. Samstag: Konzertreihe »Naturklänge« in Wustrow
2. oder 3. Freitag/Samstag: Fest der Moorgeister in Graal-Müritz
2. Wochenende: Nationalparktage in Wieck
2. Wochenende: Shantychor-Treffen in Zingst
3. Wochenende: Althäger Fischerregatta mit Hafen- und Handwerkerfest
Ende: Lichterfest im Hafen in Barth

Salsatanzen an der Zingster Seebrücke

Sept./Okt.: Darßer Naturfilmfestival in der Darßer Arche

Oktober

Anfang: Nationalparktage in Zingst

Anfang: Ostsee-Staffel-Marathon in Dierhagen-Neuhaus

2. Wochenende: Nationalparklauf in Prerow

Dezember

Freitag vor dem 1. Advent: Lütten Wiehnacht in Zingst

1. Adventswochenende: Adventsmarkt in Zingst

Zweiter Weihnachtsfeiertag: Weihnachtstauchen in Zingst

Ergänzungen und Veränderungen siehe im Netz unter:
www.fischland-darss-zingst.de/veranstaltungen
bzw.
www.fischland-darss-zingst.net/veranstaltungen

Barther Hafenfest und Kunsthandwerksmesse in Wustrow

Geschichte

Chronologischer Überblick

Vorzeit und Antike

Ab **8000 v. Chr.**: Nach dem Zurückweichen des Eises der letzten Kaltzeit dringen nomadisierende Sammler, Jäger und Fischer bis an die Ostseeküste vor. Sie lassen sich sommers an Seen und Flüssen in Zelten aus Fellen nieder, jagen vornehmlich Rentiere und folgen ihnen im Winter in südlichere Regionen. Sie kennen Einbaum, Bohrer, Beil, Pfeil und Bogen und stellen über 30 Spezialwerkzeuge aus Stein, Holz, Horn, Knochen, Elfenbein, Sehnen und Bast her. Der Hund wird Begleiter des Menschen.

Ab **3000 v. Chr.**: Erste Ansiedlungen von Viehzüchtern und Ackerbauern, Herstellung von Keramiken (Trichterbecherkultur) und gewebter Kleidung, Errichtung von Großsteingräbern.

Ab **1800 v. Chr.**: In der Bronzezeit Bestattungskultur mit Hügelgräbern für Ranghohe. Bronzene Erzeugnisse gelangen durch den Handel an die Ostsee. Später eigene Bronzegießereien.

Ab **600 v. Chr.**: In der Eisenzeit zunächst Einfuhr von eisernen Gegenständen, bis schließlich Raseneisenerz, das auf feuchten Wiesen direkt unter der Grasnarbe gefunden wird, vor Ort verhüttet werden kann. Einsatz von Holzpflügen mit eiserner Pflugschar.

Um **115 v. Chr.**: Aus dem Oderraum brechen Kimbern und Teutonen zu ihrer über ein Jahrzehnt dauernden Wanderung durch das römische Imperium auf, bevor sie 103 und 101 v. Chr. endgültig besiegt werden.

Um **80** v. Chr.: Römer benutzen zum ersten Mal den Begriff »Germanen« für Stämme am Rhein und westlich davon, ohne Genaueres über Herkunft und Zugehörigkeiten zu wissen.

Zeitenwende: Auf der Halbinsel (damals noch drei Inseln) und auf Rügen sind ostgermanische, südlich des Boddens elbgermanische Stämme sesshaft.

Ab **200**: Klimaveränderungen, Missernten, die Attraktion des Römischen Reiches und der Hunneneinfall in Mitteleuropa (375) lösen eine über mehrere Jahrhunderte dauernde Völkerwanderung aus, während der die germanischen Stämme an der südlichen Ostsee ihre Siedlungsgebiete aufgeben. Warnen und Nordsueben verlassen als letzte die Region.

Mittelalter

Um **600**: Beginn der Besiedlung der südlichen Ostseeküste durch slawische Stämme, darunter die Obodriten (oder Abodriten) in Mecklenburg, die Ranen auf Rügen und die Wilzen (oder Liutizen) in Vorpommern. Bau von Wall- und Burganlagen wie die Hertesburg zwischen Prerow und Zingst. Zahlreiche Ortsnamen verweisen auf eine slawische Herkunft (wie Born, Bresewitz, Damgarten, Graal, Müritz, Prerow, Ribnitz, Wustrow und Zingst).

789: Feldzug Karls des Großen gegen die Wilzen, um die Reichsgrenze im Nordosten zu sichern. Die »heidnischen« slawischen Obodriten (seit 780 Vasallen des Frankenkönigs) und Sorben beteiligen sich als Verbündete Karls. Der Wilzenherrscher Dragowit wird tributpflichtig und muss Geiseln stellen.

798: In der Schlacht an der Schwentine besiegen die Obodriten mit fränkischer Unterstützung die Sachsen. Jene sollen das Frankenreich gegen die Dänen schützen, wechseln aber in der Folge als Vasallen zwischen dem fränkischen und dem dänischen König hin und her.

928/29: Unterwerfung der Obodriten und Wilzen durch König Heinrich I. Unter dem Einfluss des deutschen Königs Heinrich I. werden erste Obodritenfürsten Christen, um sich der Unterstützung der deutschen Könige gegen konkurrierende Herrscher zu versichern und dem eigenen Stamm eine höhere Legitimation zu präsentieren.

955: In der Schlacht an der Raxa erneuert Kaiser Otto I. seine Oberhoheit über aufständische slawische Stämme.

Um **962**: Ibrahim ibn Jaqub, ein vermutlich jüdischer Reisender aus dem moslemischen Andalusien, berichtet von einem Dorf Mecklenburg, dessen obodritischer Herrscher sich an Bedeutung mit den Herrschern von Polen und Bulgarien messen könne.

983: Beim Aufstand von Slawen (und Dänen) wehren sich die slawischen Liutizen erfolgreich gegen ihre Christianisierung und Einbeziehung in den deutschen Herrschaftsbereich. Die Obodriten plündern Hamburg. Für mehr als 100

Jahre bleibt die christliche Missionstätigkeit in Pommern erfolglos.

Um **1124**: Beginn der Christianisierung Pommerns durch Bischof Otto von Bamberg (»Schutzpatron der Pommern«).

1147: Im Wenden- oder Slawenkreuzzug Heinrichs des Löwen und Albrechts des Bären wird erreicht, dass Obodriten und Wenden ihr Christentum zu erneuern bereit sind, dass untergegangene Bistümer wieder gegründet werden und dass der Einfluss der sächsischen Fürsten gestärkt wird. Das Land wird nicht verwüstet und die »Heiden« werden als künftige christliche Untertanen Heinrichs und Albrechts weitgehend verschont.

Ab **1158**: Endgültige Unterwerfung der slawischen Fürsten in Mecklenburg durch Heinrich den Löwen. Die Verwaltung übernehmen sächsische Ministeriale. Beginn der Gründung von Dörfern und Städten in unmittelbarer Nähe slawischer Ortschaften durch deutsche Siedler, meist Händler und Handwerker, aber auch Bauern – mit Kenntnissen und Techniken fortschrittlicher Landwirtschaft – und Geistliche. Die Mehrzahl kommt aus dem niederdeutschen Raum, weshalb die Dialekte an der südlichen Ostsee Formen des Niederdeutschen ausbilden. Bis auf kleinere Sprachinseln wird Deutsch zur allgemeinen Landessprache, auch der ursprünglich slawischen Bevölkerung.

1160: Bei einer Strafaktion Heinrichs d. L. wird Niklot, der Fürst der Obodriten, getötet. Auf ihn bzw. auf seinen Sohn Pribislaw als Stammvater ihres Adelsgeschlechts berufen sich die Herzöge und Großherzöge von Mecklenburg, die bis zum Ende des Zweiten Kaiserreiches 1918 nahezu ununterbrochen an der Macht bleiben.

1164: Nach einem niedergeschlagenen Aufstand in Mecklenburg erkennen die Pommernherzöge Kasimir I. und Bogislaw I. die Oberhoheit Heinrichs des Löwen an.

1184: In den slawischen Ostseeländern übernimmt der dänische König Knut IV. die Oberhoheit anstelle des vom Kaiser entmachteten Heinrichs des Löwen und nennt sich König der Dänen und Slawen.

1218: Heinrich Borwin I., obodritischer Fürst zu Mecklenburg und zu dieser Zeit Vasall des Dänenkönigs, erteilt der deutschen Siedlung Rostock das lübische Stadtrecht, mit dem den Händlern auch Zollfreiheit gewährt wird.

1234: Der slawische Fürst Wizlaw I. von Rügen, Vasall des dänischen Königs, erteilt Stralsund vermittelt über Rostock das lübische Stadtrecht mit Zollfreiheit und Fischereiprivilegien.

Um **1275**: Der Städtebund der Hanse (Anfänge seit 1150) hat sich unter der Führung Lübecks mit 30 größeren und über 100 kleineren Städten zur wichtigsten Handelsmacht in Nordeuropa entwickelt. Stralsund und Rostock sind nach Lübeck die wichtigsten Handelszentren an der Ostsee. Die Marienkirche zu Lübeck wird zum Vorbild des Kirchenbaus der Backsteingotik im Nordosten.

1292: Deutsche Zisterziensermönche erwerben von Wizlaw II. von Rügen die

Der Schwedernkönig Gustav Adolf

Insel Zingst, machen sie urbar und ziehen Siedler an.

1312: Heinrich von Mecklenburg macht sich die Hansestädte Wismar und Rostock untertan, scheitert aber an Stralsund.

1323–1331: Gründungsphase des Klarissenklosters in Ribnitz. Außerhalb der Stadt erhält es die Einkünfte aus der Landwirtschaft und einer Stuterei in Dierhagen Dorf, dazu vier Hufen Waldes in Müritz mit Weiderechten bis zur Ostsee und das Fischland bei Wustrow.

1363–1389: Albrecht III. von Mecklenburg wird schwedischer König.

1370: Im Frieden von Stralsund wehrt die Hanse den Angriff des dänischen Königs auf ihren Handel und ihre Vormachtstellung in der Ostsee ab und erlangt das Mitbestimmungsrecht über die Nachfolge auf dem dänischen Thron. Das 14. Jahrhundert gilt als die Blütezeit der Hanse. Im 15. Jahrhundert erreicht sie mit ihrem Handel bis Island und Portugal ihre größte räumliche Ausdehnung.

Um **1390**: Als Mittel der Konkurrenz zwischen der Hanse und den adeligen Territorialherren und der Konkurrenz letzterer untereinander werden Kapitäne mit Kaperbriefen ausgestattet, die ihnen erlauben, – in den Augen der Hanse jenseits der Legalität – für ihre Territorialherren (oder zunehmend auf eigene Rechnung) Handelsschiffe zu überfallen und deren Fracht zu konfiszieren. Anfangs sind unter den Anführern der seeräuberischen Vitalienbrüder oder Likedeelers (»Gleichteiler«) verarmte Mitglieder des mecklenburgischen Adels, die so ihre Kasse aufbessern. Die Herkunft des berühmtesten Vitalienbruders, Klaus Störtebecker, ist jedoch ungewiss. Die Bekämpfung der Seeräuber führt auch zu Zwietracht unter den Hansestädten, weil einige verdächtigt werden, geraubtes Hansegut auf- und weiterzuverkaufen.

Zwischen **1392** und **1400**: Verdämmung der beiden Ostseezugänge Permin und Loop zu beiden Seiten der Insel Fischland, um die Konkurrenz der Handelshäfen Ribnitz und Barth zu behindern, durch hanseatische Kaufleute aus Rostock und Stralsund mit ausgedienten Koggen. Zingst bleibt weiterhin Insel.

1497: Große Sturmflut, die auf der Halbinsel 5000 Menschen das Leben gekostet haben soll.

Neuzeit

1517: Thesenanschlag Luthers in Wittenberg gilt als Beginn der Reformation in Europa.

1523: Beginn reformatorischer Predigten durch Christian Ketelhot und Johann Kureke in Stralsund.

1531: Reformation in Rostock.

1534: Reformation in Pommern.

1549: Reformation in Mecklenburg.

1578: Festlegung der Grenzen auf dem Zingst zwischen Stralsund, Barth und der Gemeinde Zingst.

1585–88: Druck einer ersten niederdeutschen Bibel in Barth infolge der Reformation.

1600–1750: Adelige Grundbesitzer reißen nach und nach bäuerliches Land an sich und bauen große Gutsherrschaften auf, sodass bis zu 70 % des Terrains zu Großgrundbesitz wird. Viele der ehemals freien und halbfreien Bauern werden zu Leibeigenen gemacht.

1618–48: Im Dreißigjährigen Krieg werden viele Menschen umgebracht und ganze Dörfer und Städte verwüstet. Durch Seuchen, Hunger und Mord wird die Bevölkerung an der Ostseeküste auf bis zu einem Sechstel der Vorkriegsbevölkerung reduziert.

1625: König Christian von Dänemark greift aufseiten der Protestanten, Englands, Frankreichs und der Generalstaaten gegen die kaiserlichen Truppen in den 30-jährigen Krieg ein.

Stralsunder Grenzstein im Osterwald

1628: Die kaiserlichen Truppen unter Tilly und Wallenstein vertreiben König Christian von Dänemark aus Mecklenburg und Pommern. Stralsund kann aufgrund eines Bündnisses mit Schweden gegen Wallenstein bestehen.

1630: König Gustav Adolf von Schweden landet mit über 13.000 Soldaten in Pommern, um aufseiten der Protestanten gegen die kaiserlichen Truppen zu kämpfen.

1648: Im Westfälischen Frieden, der den 30-jährigen Krieg beendet, werden Vorpommern und die Odermündung an Schweden abgetreten. Das gilt auch für die Insel Poel und Wismar. Völkerrechtlich gehören die Territorien von da an zu Schweden, obschon sie lehensrechtlich beim Heiligen Römischen Reich bleiben. Der schwedische König erkennt den

Kaiser formell als Lehensherr an und erhält Sitz und Stimme im Reichstag. Vorpommern und Wismar werden militärstrategisch zu machtvollen Vorposten Schwedens auf dem Kontinent ausgebaut. In Vorpommern waren ständig 2–3000 schwedische Soldaten präsent.

1669: Letzter Hansetag und danach die sich vollziehende Auflösung der Hanse als Städtebund. Die Macht und Konkurrenz der Territorialstaaten und die Verlagerung des Welthandels auf die transatlantischen Routen sind die Ursachen.

1692–1709: In einer »Landesmatrikel« erfasst die schwedische Verwaltung das gesamte Terrain und den gesamten Besitz ihrer deutschen Provinzen. Dieses Dokument ist erhalten geblieben und stellt eine wesentliche Quelle zur Erfassung der dortigen gesellschaftlichen und wirtschaftlichen Verhältnisse dar.

1701: Nach Erbstreitigkeiten teilt sich das Herzogtum Mecklenburg gemäß des vom Kaiser vermittelten Hamburger Vergleichs auf in ein Herzogtum Mecklenburg-Schwerin und ein zweites namens Mecklenburg-Strelitz. Beide werden 1815 zu Großherzogtümern erhoben.

1715–20: Dänemark besetzt die schwedischen Besitzungen an der südlichen Ostseeküste.

1720: Nach dem Großen Nordischen Krieg verliert Schweden die östlichen Teile Vorpommerns an Brandenburg-Preußen. Stralsund wird Hauptstadt dieses Neuvorpommerns. Wismar und Rügen bleiben schwedisch. Dänemark bleibt außen vor.

1740–1870: In dieser Hochzeit der Segelschifffahrt entstehen vor allem an den Ufern des Boddens zahlreiche Werften und Reedereien. Die Bewohner der Halbinsel sind gesuchte Seeleute und Kapitäne und bringen von ihren Fahrten einen ansehnlichen Wohlstand in ihre Familien. In mehreren Ortschaften werden private Ausbildungsstätten für angehende Seefahrer gegründet.

1770: Aufhebung der Folter in Mecklenburg, die bis dahin das unerlässliche legale Mittel war, um einem nicht geständigen Angeklagten ein Geständnis abzuringen, da ein solches erst seine Bestrafung zuließ.

1777: Letzter Hexenprozess in Mecklenburg endet mit dem Tod der Angeklagten auf dem Scheiterhaufen. Seit 1336 haben rund 4000 Prozesse in Mecklenburg zu etwa 2000 vollstreckten Todesurteilen wegen Hexerei geführt.

1803: Wismar und die Insel Poel kommen wieder zu Mecklenburg durch einen auf 99 Jahre ausgelegten Pachtvertrag, von dessen Verlängerung Schweden 1903 absieht.

1806: Schweden beschließt Aufhebung der Leibeigenschaft in Neuvorpommern.

1807–10 und **1812–13**: Besetzung Neuvorpommerns durch napoleonische Truppen.

1809: Der eigenmächtige Versuch des Ferdinand von Schill, eine Erhebung gegen Napoleon auszulösen, endet mit dem Tod des preußischen Majors durch eine Gewehrkugel in den Straßen Stralsunds.

1815: Neuvorpommern wird nach dem Wiener Kongress preußisch durch einen Ringtausch mit Dänemark, das stattdessen Lauenburg erhält.

1820: Nach jahrzehntelangem Vorlauf rechtliche Aufhebung der Leibeigenschaft in Mecklenburg, was aber nicht sofort zur faktischen Aufhebung führte.

1866: Beitritt der Herzogtümer Mecklenburg-Strelitz und Mecklenburg-Schwerin zum Norddeutschen Bund.

1871: Beide mecklenburgischen Herzogtümer werden Bestandteil des Zweiten Deutschen Kaiserreichs.

1872: Große Sturmflut an der Ostsee mit Überschwemmungen auch in der Region südlich des Boddens. Daraufhin zwei Jahre später Verdämmung des Prerowstroms, sodass vom Bodden nur noch östlich von Zingst Zugang zur Ostsee besteht.

Ferdinand von Schill

Ab **1870**: Auf der Halbinsel tauchen die ersten Badegäste in einer Zahl auf, die jeden Ort animiert, eine touristische

Die Entwicklung der Segelschifffahrt, vorgestellt im Zingster Heimatmuseum

Mahnmal für die alliierten Offiziere des Kriegsgefangenenlagers Stalag Luft I Barth

Infrastruktur zu planen und zu errichten, zumal die Blütezeit der einträglichen Segelschifffahrt vorbei ist und der Anschluss an die Dampfschifffahrt mangels ausreichenden Kapitals nicht gelingt.

1910: Die Bahnstrecke nach Barth wird bis Zingst und Prerow ausgebaut und erhöht schlagartig die Zahl der Feriengäste. (1945 werden die Schienen demontiert und als Reparationsleistung in die Sowjetunion verbracht. Im ehemaligen Bahnhof in Prerow ist heute ein Hotel.)

1913: In Zingst entsteht das erste Familienbad. Bis dahin war es schicklich für Damen und Herren, getrennt zu baden.

1918: Abschaffung der adeligen Herrschaft in Deutschland und damit die Abdankung der Obodriten in Mecklenburg und der Hohenzollern in Pommern (und Preußen).

1921: Die Haushalte auf dem Fischland bekommen elektrischen Strom.

1929: Einweihung des ersten Teilstücks der Fischlandchaussee aus Beton.

1934: Mecklenburg-Strelitz und Mecklenburg-Schwerin werden zu einem Bundesstaat zusammengefasst.

1937: Im östlichen Teil von Zingst auf den Sundischen Wiesen richtet die Wehrmacht ein Schulungsgelände für Flugabwehreinheiten ein und einen Bombenabwurfplatz. (In der Folge wird das Gelände auch von der Volksarmee und der Bundeswehr genutzt. Nach 1990 wurde es in den Nationalpark integriert.)

1945: Hinterpommern kommt nach dem Zweiten Weltkrieg unter polnische Verwaltung. Vorpommern wird mit Mecklenburg vereint und taucht im Namen des Landes nicht auf.

1950: Zingst wird an das Trinkwassernetz angeschlossen.

Ab **1947**: Wiederaufnahme des Badebetriebs an der Ostseeküste durch staatliche Organisationen. Ahrenshoop entwickelt sich zum Urlaubszentrum für Künstler, Intellektuelle und Kulturfunktionäre.

1952: Das Land Mecklenburg wird im Rahmen einer Gebietsreform in die DDR-Bezirke Schwerin, Rostock und Neubrandenburg aufgeteilt.

1953: Im Laufe der »Aktion Rose« werden Grundeigentümer und Hotelbesitzer mithilfe von an den Haaren herbeigezogenen Anschuldigungen enteignet, um dem FDGB (staatliche Gewerkschaft) der DDR Gelände und Räumlichkeiten für seine Ferienorganisation zur Verfügung zu stellen.

1954–56: FKK-Verbot an den Stränden der DDR, das danach auch wegen des Widerstands der Strandbesucher zunehmend aufgeweicht und schließlich ad acta gelegt wurde.

1959: Ahrenshoop erhält die erste Wasserleitung.

1960: Die Bäderstraße (»Fischlandchaussee«) verbindet durchgehend alle wichtigen Orte der Halbinsel mit Ribnitz und Barth.

1990: Gründung des Nationalparks Vorpommersche Boddenlandschaft durch die letzte DDR-Regierung.

1991: Die drei Bezirke Schwerin, Rostock und Neubrandenburg werden nach der Wende zum Bundesland Mecklenburg-Vorpommern vereint.

Mahnmal für die Zwangsarbeiter der Heinkel-Flugzeugwerke

Seither: Sanierung vieler Altbauten (»blühende Landschaften«), aber auch »Abwicklung« lieb gewonnener Institutionen (Beispiel Seefahrtschule Wustrow). Mancherorts Goldgräberstimmung, manchmal auch Gegeninitiativen (Born).

»Für die Heimat« – Schriftzug auf einem Panzer der 1994 abgezogenen Roten Armee

Unterwegs

Unterwegs auf Fischland
Zwei Abstecher nach Süden
Ein Ausflug in die Hansestadt Rostock
Unterwegs auf dem Darß
Unterwegs auf Zingst
Ein Ausflug in die Hansestadt Stralsund

Unterwegs auf Fischland

Das Fischland konzentriert auf schmalem Terrain einen lang gestreckten sandigen Ostseestrand, der im Rücken stellenweise eine Steilküste von knapp 20 Metern Höhe hat, aber auch flache, eingedeichte oder ungeschützte Abschnitte kennt, dazu eine gewundene Boddenküste mit zwei Häfen und die beiden malerischen Hauptorte Wustrow und Ahrenshoop. Dazwischen sind Wiesen und Weiden, kleinere Gehölze, Gärten und Gehöfte. Die höchste Erhebung ist der Bakelberg mit 17,9 Metern auf der Höhe von Niehagen in der Mitte zwischen Wustrow und dem Hauptort von Ahrenshoop. Vom Bakelberg hat man den Blick auf beide Wasserflächen. Bis auf ein großes Hotel in Ahrenshoop und etliche weitere moderne Gebäude strahlt die Bebauung in den Ortschaften und an ihren Rändern einen Hauch von ländlicher Idylle aus. Fischland ist vom grauen Asphaltband der Bäderstraße in nordsüdlicher Richtung durchzogen und hat an und zwischen beiden Küsten Fahrrad- und Reitwege, auf denen sich die Region gut erkunden lässt.

Ins südliche Vorland nach Dierhagen

Wenn man vom Westen mit dem Auto kommend bei Altheide von der meist viel befahrenen B 105 nach Norden abbiegt, gelangt man ins südliche Vorland, das historisch nicht zum Fischland gehört, aber gerne dazu gezählt wird. Die Bäderstraße (Chausseestraße oder auch Fischlandchaussee) führt durch Klockenhagen und Körkwitz Hof in das aus mehreren Ortsteilen bestehende Dierhagen, zu dem auch Körkwitz Hof gehört (Körkwitz Dorf jedoch ist Ortsteil von Ribnitz). Östlich der Bäderstraße am Bodden liegen Dändorf und Dierhagen Dorf und westlich an der Ostsee Neuhaus, Dierhagen Strand und Dierhagen Ost. Insgesamt wohnen in Dierhagen über 1500 Menschen. Seit 1998 darf es sich offiziell Seebad nennen.

Dierhagen Dorf

Die Region, das weiß man aus Werkzeugfunden, wurde schon in der Steinzeit vor 7000 Jahren von Menschen aufgesucht. Dierhagens aktenkundige Anfänge gehen auf die Zeit zu Beginn des 14. Jahrhunderts zurück. Der 1311 erstmals erwähnte Ort war die Gründung deutscher Siedler, die vermutlich, folgt man dem Ortsnamen, zunächst der Viehzucht zugewandt waren. »Dier« (oder »deer«) steht für Tier und »hagen« für (Tier-)Gehege oder für einen umfriedeten Wald. Dierhagen bestand aus einem landwirtschaftlichen Gehöft und einer Stuterei (Gestüt). Es wird vermutet, dass Pferdezucht schon in slawischer Zeit hier üblich war und dass möglicherweise die hier gezogenen Pferde dem Heiligtum auf der Insel Swante Wustrowe zugeführt wurden, als Opfergabe für Gott Swantewit. Aus dem Jahr 1585, als Dierhagen dem Klarissenkonvent in Ribnitz zugeschlagen war, ist jedenfalls überliefert, dass zwei Hengste und 58 Stuten zum Besitz gehörten.

Odin und seine Schar auf dem Dierhäger Themenpfad

Nach dem 30-jährigen Krieg gelang es den Überlebenden des Dorfes, einen Pachtvertrag mit ihrem Fürsten abzuschließen, der ihnen erlaubte, bis 1840 der Leibeigenschaft zu entgehen bzw. weitgehend frei wirtschaften zu können. Die Fischerei und die Seefahrt, einschließlich der Piraterie, gehörten lange Zeit zu den wichtigsten Einnahmequellen im Ort. Bis rund 1880 verdienten viele Männer gutes Geld in der Segelschifffahrt. Eine Spezialität war die Fischräucherei, mit der man den Fisch haltbar machen und einen höheren Preis erzielen konnte. Ambulante Fischhändler machten sich auf den Weg zu potenziellen Kunden und verkauften ihre Ware in Ribnitz und den umliegenden Ortschaften. 1853 wurden zehn Gehöfte und 42 Schiffer- und Büdnerhäuser ein Raub der Flammen. Der Großbrand zerstörte das halbe Dorf, sodass bis auf die Kirche und einige Kapitänshäuser viel von der historischen Bausubstanz verloren ging.

Nach dem Niedergang der Segelschifffahrt und seit Beginn des letzten Jahrhunderts begannen sich, wie heute auch noch, Pensionen um Sommergäste zu kümmern. Hotels blieben selten. Dierhagen Dorf ist immer noch ein ruhiger Ort. Viele Touristen kommen allerdings nur hierher, um sich quasi im Vorbeigehen an der großen Kreuzung der Bäderstraße im großen Einkaufszentrum »Fischlandtor« mit Lebensmitteln zu versorgen. Wer es lieber regional und bunt will, geht während der Saison dienstags und freitags auf den Sommerfrische-Markt am kleinen Hafen. Dieser Hafen ist im Übrigen ein beliebter Anlaufpunkt für Wassersportler. 2002 wurde er ausgebaut zum Wasserwanderrastplatz mit 54 Liegeplätzen. Gleich nebenan ist ein Surfrevier.

Dändorf

Es gibt Vermutungen, wonach Dändorf, wie der Name andeutet, Anfang des 14. Jahrhunderts von Dänen gegründet wurde. Im 18. Jahrhundert erlangte es den ersten nennenswerten Reichtum, weil Städte wie Wismar oder Schwerin auf herzoglichen Befehl ihren Salzbedarf nur aus Bad Sülze decken durften und Dändorf zum wichtigsten Umschlaghafen avancierte. Auf Prahmen oder Flachbooten wurde das Salz die Recknitz abwärts in den Bodden zum Hafen von Dändorf geschippert. Dort wurde es auf Fuhrwerke umgeladen und über Land an den Strand zum sogenannten Salzloch bei Neuhaus verfrachtet. Dort brachten wiederum Leichter das Salz zu den wartenden Yachten, die die Salzladung nach Wismar beförderten. Die Gewinne aus dieser Gütertransitfunktion blieben im Dorf. Weil die Salzstraße in Dändorf dem ständigen Fuhrverkehr vor allem bei feuchtem Wetter nicht gewachsen war, wurde sie vom Hafen an bis zum damaligen Dorfrand mit Steinen befestigt. Sie kann noch heute benutzt werden, auch wenn es auf ihr etwas holpert.

Dändorf nahm im 19. Jahrhundert, in der Blütezeit der Segelschifffahrt, einen sogar noch größeren Aufschwung. Es galt als reichstes Dorf Mecklenburgs und sandte zusammen mit Dierhagen 71 Segelschiffe aus. 1800 waren es nur vier und in Dierhagen acht gewesen. Die Mitglieder einer weitläufigen Familie legten in der Regel zusammen und ließen ein Schiff bauen und ausstatten. Je nach prozentualem Anteil oder, wie es hieß, je nach dem Part an der Einlage wurde der Gewinn, den das Schiff mit seiner Fracht erzielte, verteilt. Verluste

Ein Weiher am Wegesrand

bei dieser Partenreederei waren eher selten, weil die Seefahrer bäuerlicher Herkunft ihre Schiffe sehr solide führten und dafür bekannt waren, dass sie im Dienst so gut wie keinen Alkohol konsumierten. Eine private Schifffahrtsschule, in der erfahrene Veteranen der Seefahrt lehrten, nutzte die Winterzeit, um angehende Kapitäne aus der Region auf ihr Patent vorzubereiten. Das vom Großherzog »mein Golddorf« genannte Dändorf war jedoch nach 1870, als die Dampfschifffahrt zur Hochform auflief und begann, die Meere zu beherrschen, nicht mehr konkurrenzfähig und konzentrierte sich ab 1900 auf den Fremdenverkehr. Die steinerne Salzstraße und einige Kapitänshäuser aus der Zeit davor stehen unter Denkmalschutz.

Neuhaus

Der Name des Ortsteils ist darauf zurückzuführen, dass 1588 ein Erbpachthof gegründet und als »neue Bude« bezeichnet wurde. Bereits 1605 wird in Ribnitzer Dokumenten ein »Bawhuse to den nygen huse«, also ein Gebäude zu Neuhaus erwähnt. Dieses Alter sieht man dem Ort kaum an, denn er ist mittlerweile ein Produkt des letzten Jahrhunderts und des Tourismus. Entlang der Dünen, deren höchste mit 13 Metern angegeben wird, wurde 1907 ein erstes Hotel namens »Gustav Adolf« errichtet. An dessen Stelle haben sich der **Hotelkomplex »Dünenmeer«** (Birkenallee 20, Tel. 038226-5010, www.duenenmeer.com) und in der Nähe ein großer **Zeltplatz** (Birkenallee 10, Tel. 038226-539930, www.camping-neuhaus.de) angesiedelt.

Südlich von Neuhaus beginnt das Naturschutzgebiet »Ribnitzer Großes Moor«, das sich bis nach Müritz erstreckt. Es ist ein Regenmoor, dessen Anfänge auf das Ende der letzten Kaltzeit vor rund 11.000 Jahren datiert werden konnten. In der vergleichsweise jüngsten Vergangenheit ist es durch Torfabstich und Entwässerung zu zwei Dritteln verlandet. Der Torfabbau fand rund 300 Jahre von 1652 bis 1953 statt, obwohl es bereits 1939 unter Schutz gestellt worden war. Durch 29 Staudämme und Überläufe ist man dabei, den Mooranteil wieder zu erhöhen. Im nördlichsten Ausläufer, dem Neuhäuser Moor, gibt es einen rund 500 Meter langen, befestigten Rundweg zu Moorteichen. Er bietet einen anregenden kleinen Vorgeschmack auf das, was es an Landschaften, Pflanzen und Tieren im Moor zu erleben gibt. Ansonsten ist das große Moor durch markierte Wanderwege und einen Exkursionspfad mit erklärenden Hinweistafeln erschlossen und stellt neben dem Strandvergnügen ein erholsames Erlebnis für den an der Natur interessierten Gast dar. In einem **Informationszentrum »Wald und Moor«** in Neuheide (Ribnitzer Landweg 3, Tel. 038206-14444, www.moorinfo.ribnitz-damgarten.de) kann man sich anhand einer Ausstellung umfassend informieren und Führungen buchen.

Dierhagen Strand

Östlich der Verbindungswege zwischen Neuhaus und Dierhagen Strand befindet sich mit dem Dierhäger Moor ein weiteres Naturschutzgebiet. Dieses Moor, in dem nachweislich wie im großen Moor Kraniche brüten und Kreuzottern sich sonnen, ist nicht durch Wege erschlossen und darf auch nicht betreten werden. Dierhagen Strand kannte vor den Fremden allein Natur und Einsamkeit. Um 1910 begann man mit der Bauland-

Teich im Neuhäuser Moor

erschließung für den Badetourismus. Umgeben und durchzogen von Kiefern und Birken, besteht der Ort weitgehend aus Ferienunterkünften, Hotels, einem **Campingplatz** (Ernst-Moritz-Arndt-Straße 1a, Tel. 038226-80778, www.ostseecamp-dierhagen.de) und der üblichen touristischen Infrastruktur. Der Strand ist der Hauptttrumpf.

Im Süden von Dierhagen Strand befindet sich das **Strandhotel »Fischland«** (Ernst-Moritz-Arndt-Straße 6, Tel. 038226-520, www.strandhotel-fischland.de). Es war zu DDR-Zeiten Gästehaus für Regierungsmitglieder und Diplomaten. Nach der Wende wurde es umgebaut und hat auch schon die deutsche Bundeskanzlerin zu seinen Gästen gezählt. Frau Dr. Merkel kennt Dierhagen Strand schon seit ihrer Kindheit, denn sie hat als Tochter des Pastors Horst Kasner im damaligen Erholungsheim der evangelischen Kirche Haus »Waldesruh« ihre Ferien verbracht. In Dierhagen Strand residiert die Kurverwaltung für ganz Dierhagen im **Haus des Gastes** (Ernst-Moritz-Arndt-Straße 2, Tel. 038226-201, www.ostseebad-dierhagen.de), dort wo das größte Ferienheim an der Ostseeküste unter der Ägide des FDGB seit 1957 etabliert war.

Dierhagen Ost

Dierhagen Ost wurde 1928 ursprünglich als Strandbad für Ribnitz angelegt. 1959 erhielt es den irritierenden Beinamen »Ost« – einen Kompass scheint man dabei nicht benutzt zu haben – und wurde mit dem übrigen Dierhagen verbunden. Hotels sind in dem lang gezogenen Ortsteil eher selten, meist handelt es sich um kleinere Unterkünfte. Es gibt auch einen **Campingplatz** (An den Stranddünen, Waldweg 5, Tel. 038226-80492, www.campingplatz-ennen.de). An manchen Stellen erinnert die Ansammlung von Anwesen stark an eine Laubenpieperkolonie, einschließlich seiner sub- und popkulturellen Ästhetik. In Dierhagen Ost endet der in Neuhaus beginnende zu Dierhagen gehörende gut sieben

Kilometer lange Sandstrand. Nördlich von Dierhagen Ost beginnt das eigentliche Fischland.

Fischland

Der Name Fischland für das nun nach Norden folgende Terrain wurde erst ab dem 16. Jahrhundert gebräuchlich. Vorher sprach man noch immer, obwohl die Insel bereits gegen Ende des 14. Jahrhunderts ihren Inselstatus verloren hatte, von Swante Wustrowe mit seiner slawischen Bezeichnung, was auf Deutsch so viel wie Heilige Insel heißt. Bekanntlich hatten die beiden Hansestädte Stralsund und Rostock, angeblich um die Piraterie zu bekämpfen, die beiden Gatts, Permin und Loop, südlich und nördlich von Swante Wustrowe durch das Versenken unbrauchbar gewordener Schiffe verlanden lassen. Die Piraterie hörte dadurch zwar nicht auf, aber sowohl Ribnitz als auch das am Bodden gelegene Dorf Wustrow mit seinem Hafen waren dadurch aus dem Wettbewerb genommen und durften von da an nur noch kleinere Fischbrötchen zubereiten.

Die ursprüngliche, runde Inselform lässt sich bei der Anfahrt auf Wustrow gut nachvollziehen, denn dort, wo der Ort liegt, der nun allein den slawischen Namen trägt, nachdem er vorher wegen der einzigen Kirche auf Fischland schlicht Kirchdorf hieß, befindet sich mit 2,5 Kilometern die breiteste Stelle Fischlands. Am nördlichen Ende vor Ahrenshoop verengt sich der Landstreifen auf 800 Meter, wird aber bei Weitem nicht so schmal wie kurz vor Wustrow, wo er rund 100 Meter breit ist.

Wustrow

Wustrow ist mit über 1300 Einwohnern die größte Ortschaft auf Fischland. Es gibt in diesem Rundling kein eigentliches Dorfzentrum, sondern eher eine

Blick von der Seebrücke auf den Strand von Wustrow

Dorfachse. Als solche kann man die großzügig angelegte Strandstraße ansehen. Im rechten Winkel dazu verläuft im östlichen Teil des Ortes die Ernst-Thälmann-Straße, wie die Bäderstraße im Ort heißt, aber sie ist, trotz einiger Läden und Cafés, vor allem Durchgangsstraße. Die Häuser aus unterschiedlichen Epochen verleihen Wustrow eine interessante Mischung, ohne dass die Kohärenz des Ortes zu sehr darunter leidet. Besonders sehenswert ist die gewundene Neue Straße östlich der Durchgangsstraße. Fast jedes Anwesen setzt farbige Akzente, sei es durch den Backstein der Häuser, sei es durch bemalte Türen und Fensterläden oder sei es mit einem blühenden Vorgarten oder aber mit alldem zusammen. Manche Türen sind in einen oberen und einen unteren Flügel unterteilt, sodass man klönen kann, ohne den Gesprächspartner hereinzubitten oder selbst vor die Türe treten zu müssen, kommunikative Klöntüren eben. Moderne Gebäude sind meist dezent eingepasst. Bereits 1880 hat sich ein gemeinnütziger Verein gebildet, um den Ort zu einem Seebad zu entwickeln. Eine frühe Folge war eine regelmäßige Fährverbindung nach und von Ribnitz. In der Vergangenheit hat es ähnlich wie Ahrenshoop immer wieder Künstler und Schriftsteller angezogen. Einige von ihnen liegen auf dem Friedhof begraben.

Kirche auf heidnischem Hügel

Wenn man sich auf der Bäderstraße Wustrow vom Süden her nähert, sieht man schon von Weitem sein Wahrzeichen, den ziegelroten Zeigefinger des christlichen Gottes, auf dem Hügel eines ehemaligen, in christlicher Diktion gesprochen, heidnischen Heiligtums. Es war vermutlich dem slawischen Gott mit den vier Gesichtern, Swantewit, geweiht. Der Sage nach sei der Hügel von einem Reiter auf einem Schimmel in einer Nacht aufgehäuft worden und die Vermutung liegt nahe, dass dies die slawische Gottheit Swantewit selbst war. Sicher ist, dass die Erhebung, auf der die Kirche steht, künstlich mit fremder Erde aufgeschüttet wurde. Das haben Bodenproben ergeben. Da man lange von der Heiligen Insel sprach, wird es auch ein Heiligtum gewesen sein und nicht nur das Teilstück eines Ringwalls um das slawische Dorf. Unheilig mutet an, dass bis zum Verbot 1777 in mecklenburgischen Kirchen Gott vom Prediger auf der Kanzel angerufen werden durfte, auf dass er, bitte schön, ein Schiff am Strand kentern ließe, damit sich die fromme Gemeinde in den Besitz der Beute bringen könne. Strandgut gehörte rechtlich den Strandräubern, auch wenn sie sich selbst nicht so bezeichnet hätten.

Die neogotische Backsteinkirche in Wustrow

Die evangelische Kirche ist neogotisch und wurde 1873 eingeweiht. Eine etwa 600 Jahre alte aus Stein errichtete Kirche, die an dieser Stelle gestanden hatte, war baufällig geworden. Eine Tauffünte mit Lilienornamenten aus dem schwedischen Gotland stammt aus der ehemaligen Kirche und ist bald 700 Jahre alt. Im Innenraum erinnern hängende Schiffsmodelle als sogenannte Votivgaben an die seefahrerische Vergangenheit des Ortes. In der Blütezeit der Segelschifffahrt waren rund 240 Wustrower Segelschiffe auf allen Weltmeeren unterwegs. Die neue Orgel aus Dresden wurde 1971 installiert und erklingt im Gottesdienst und bei regelmäßig stattfindenden Konzerten. Vom Turm in 18 Metern Höhe hat man einen guten Rundumblick auf den kleinen Hafen, den Saaler Bodden, auf Wustrow selbst und auf die Ostsee. Zu einem Ort in der Nähe gibt es einen besonderen Bezug, denn der Rundgang auf dem Kirchturm wurde zeitweise von Nautikschülern für Übungen in ihrem künftigen Metier benutzt.

Navigare necesse est!

Der im Augenblick, wie es scheint, dem Verfall preisgegebene Gebäudekomplex im Süden des Ortes ist der angesprochene Bezugspunkt. Es handelt sich dabei um die ehemalige Seefahrtschule Wustrow, die in ihrer fast 150-jährigen Geschichte über 13.000 Bootsmänner und Kapitäne ausgebildet hat. Bevor 1846 die erste staatliche Navigationsschule Mecklenburgs gegründet wurde, gab es für angehende Seeleute bereits in den Wintermonaten seit 1813 Privatstunden durch erfahrene Schiffer (Kapitäne) im Ort. 1849 wurde schließlich auf dem Stegberg ein Gebäude fertiggestellt, das dem aufgetretenen Platzmangel Abhilfe schuf. Während der DDR-Zeit wurde die Schule weiter ausgebaut mit Aula, einem neuen 28 Meter hohen Turm mit Kommandostand, Seminar- und Laborräumen und einem Wohnheim für mindestens 200 Studenten. 1969 wurde sie zur ersten universitären Hochschule für zivile Schiffsoffiziere und Kapitäne im deutschsprachigen Raum fortentwickelt und galt wie das gesamte Bildungswesen im technischen Bereich der DDR als weltweit vorbildlich. Doch dies nützte der Institution nach der Wende wenig. 1992 wurde der Unterrichtsbetrieb endgültig eingestellt und 95 Beschäftigte wurden entlassen. Trotz immer wieder aufkeimender Gerüchte über neue Nutzungsmöglichkeiten hat sich seither fast nichts getan, d.h. etwas schon. Wie man bei einem Gang um das verrottende Gebäude unschwer erkennen kann, wurden in den späten 1990ern Gebäudeteile abgerissen, sodass es noch trostloser aussieht.

Zwischen Kirche und Schifferwiege, einem der ältesten Wohnhäuser Wustrows, in dem eine Hebamme gewohnt haben soll, die vielen späteren Schiffern das Licht der Welt erblicken half, dort zwischen beiden also führt die Hafenstraße hindurch zum kleinen Hafen. Gleich daneben ist ein großer Parkplatz. Im Hafenbecken sind neben anderen Wasserfahrzeugen sogenannte Zees- oder Zeesenboote zu Hause oder zu Gast. Mit ihnen wurde bis 1986 Fischfang betrieben und sie dienen heute den Sommerfrischlern, die sich gerne geruhsam über den Bodden schippern lassen wollen. Weil Störtebecker hier vor Anker gegangen sein und Schmuggelware feilgeboten und verkauft haben soll, wird der Hafen in alten Schriften auch als Störtebecker-Hafen bezeichnet

In der Barnstorfer Kunstscheune

Eine Scheune für die Kunst

Die Hafenstraße geht in den Barnstorfer Weg über und ist zu Beginn auch per Auto befahrbar. Dieser Weg führt zur **Kunstscheune Barnstorf** (Hufe 4, Tel. 038220-201, www.kunstscheune-barnstorf.de, tägl. 10–13 und 15–18 Uhr in der Sommersaison ab Pfingsten). Sie ist aufgrund ihrer exquisiten Ausstellungen zu einer Institution der Wustrower Kunstszene geworden. Regionale, nationale und internationale Künstler werden hier einem kunstsinnigen Publikum vorgestellt. Die Scheune bietet dazu den passenden Rahmen. Wenn man über die Kunstscheune hinaus weitergeht, stößt man bald auf einen Findling, der den Ankerplatz der Wustrower Zeesenboote im Jahr 1743 markiert. Auf dem Rückweg kann man über einen Schlenker am Kuhleger zu einem havarierten dänischen Zweimaster gelangen, der nach seiner Strandung 1965 aufgedockt und in ein **Hotel mit Restaurantbetrieb** (Hotelschiff Stinne, Am Kuhleger 13A, Tel. 038220-336, www.hotelschiff-stinne.de) umgewandelt wurde. In der Nähe am Kuhleger 21 steht das »Runenhaus«, ein Katen, der in der Franzosenzeit von 1806 bis 1813 dem Schmuggel diente. Während der Kontinentalsperre wurde hier Schmuggelgut zwischengelagert und verkauft. Ab und zu wurden auch junge Männer, die nicht in der französischen Armee dienen wollten, hier versteckt, um sie anschließend auf dem unwegsamen Darß in Sicherheit zu bringen. Das Runenhaus war später der Wohnsitz des Künstlerehepaars Holtz.

Weitere bemerkenswerte Häuser

An der Westseite der großen Hauptstraße steht das **Haus des Gastes** (Ernst-Thälmann-Straße 11, Tel. 038220-251, www.ostseebad-wustrow.de, tägl. 10–17 Uhr). Es ist im ehemaligen Kaiserlichen Postamt aus dem Jahre 1895 untergebracht und steht unter Denkmalschutz. Der Backsteinbau hat an seiner Südseite eine Berliner Ecke, das heißt, die Kante des Gebäudes wurde abgeflacht

Der Wustrower Hafen am Bodden

Das Wappen des Reichspostamtes

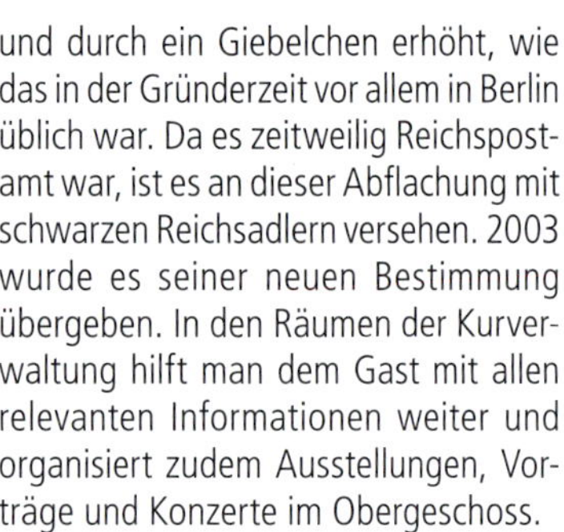

und durch ein Giebelchen erhöht, wie das in der Gründerzeit vor allem in Berlin üblich war. Da es zeitweilig Reichspostamt war, ist es an dieser Abflachung mit schwarzen Reichsadlern versehen. 2003 wurde es seiner neuen Bestimmung übergeben. In den Räumen der Kurverwaltung hilft man dem Gast mit allen relevanten Informationen weiter und organisiert zudem Ausstellungen, Vorträge und Konzerte im Obergeschoss.

Geht man in der Parkstraße nach Westen, stößt man auf das Hedwig-Woermann-Haus mit der Nummer 6. Es ist gut erkennbar durch das Giebelkreuz mit echten Pferdeköpfen. Das Hochdielenhaus ist über 200 Jahre alt und hat als eines der wenigen das große Feuer von 1869 überstanden; und das nur, weil jemand rechtzeitig wassergetränkte Segel über das reetgedeckte Haus geworfen hat. Bis zu ihrem Tod 1960 wohnte die Malerin Hedwig Woermann in dem auch Haus »Storchennest« oder »Storchenhaus« genannten Anwesen. In einem Anbau hatte sie ihr Atelier. Es ist mittlerweile ein nach ökologischen Prinzipien grundsaniertes Haus und dient Wohnzwecken.

Eine Straße mit Charakter ist die Neue Straße. Sie hat eine Reihung schöner Bauern- und Schifferhäuser, die zum Teil erst nach dem großen Feuer von 1869 erbaut wurden. In dieser Straße, die östlich in etwa parallel zur Hauptstraße verläuft, befindet sich das **Fischlandhaus** (Neue Straße 38, Tel. 038220-80465, www.ostseebad-wustrow.de/kunst-entdecken/fischlandhaus, Mo – Fr 9 – 16, Sa 10 – 14 Uhr). Das mindestens 200 Jahre alte Hochdielenhaus hat ein Krüppelwalmdach und Wände aus neu gestaltetem Fachwerk. Es beherbergt eine Bibliothek für Einheimische und Gäste und seit einigen Jahren auch einen Veranstaltungsraum für Lesungen und Konzerte. Außerdem werden hier bis zu drei gut kuratierte Ausstellungen im Jahr organisiert, wie z.B. kürzlich mit Werken der Künstlerin Hedwig Woermann (1879 – 1960) aus Hamburg. Folgt man der Neuen Straße nach Norden, gelangt

»De Hüppers un Springers«

Besonderes Aufsehen erregte ab dem Sommer 1919 die staatlich geprüfte Gymnastiklehrerin und Tanzpädagogin Dora Menzler. Sie hatte sich an der Strandstraße ein Haus mit großem Garten gekauft, um im Garten und am Strand ihre Kurse abzuhalten. Bei diesen Sommerkursen im Ausdruckstanz bewegten sich ihre erwachsenen Schülerinnen klassisch gewandet oder ganz nackt, um eine natürliche Körperlichkeit in freier Entfaltung zu erleben. Die Einheimischen nahmen diese »neue Mode« gelassen hin und nannten die Damen mit einem leichten Kopfschütteln, aber ohne besonderen erotischen Unterton, »De Hüppers un Springers«. Ganz so lapidar sah das Dora Menzler allerdings nicht. Ihr »Nackttanz« war theoretisch unterfüttert und sollte dazu dienen, dem Menschen die »Berufsverkrüppelung zu lösen und ihm die verloren gegangene Gesundheit, Harmonie und Würde wieder zu geben«. Als Frau ihrer Zeit und zwischen Reformpädagogik und öffentlicher Moral in der Zwickmühle, propagierte sie, dass nur Erwachsene und gefestigte Menschen nackt tanzen sollten. Auch »Tänze oder tänzerische Bewegungen, die eine Gefühlssteigerung in sich schließen, sollte man nicht ausführen lassen«. Dora Menzler wurde in Jever geboren und ein Elternteil war jüdisch. Es scheint verbürgt, dass sie noch zwischen 1935 und 1937 ihre Sommerkurse in Wustrow abgehalten hat. Sie überlebte das Dritte Reich, weil ihre Schülerinnen sie ab 1944 versteckten. 1951 wurde Dora Menzler in Wustrow begraben.

man auf den Friedhof, auf dem neben Schiffern und Künstlern die Schriftstellerin Käthe Miethe (1893–1961) begraben liegt. In ihrem Fischland-Buch kann man nachlesen, wie es dort in der ersten Hälfte des 20. Jahrhunderts zuging und was sie an Fischland schätzte.

Die Ortsachse

Die Strandstraße ist die Ost-West-Achse des Ortes. An ihr stehen einige der solideren Kapitänshäuser, aber auch das ehemalige Zollhaus (Nr. 30) aus dem Jahre 1863. Sie führt zur 240 Meter langen und 1993 errichteten Seebrücke. In vier Metern über dem Meeresspiegel hat man einen guten Blick auf die benachbarten Strände mit ihren Küstenschutzanlagen und aufs Meer hinaus. Nach Süden hin erkennt man ein Industrierelikt der DDR, ein fast 30 Meter hohes Windkraftrad, das das erste seiner Art im SED-Staat war. Es wurde 1989 errichtet und tut mit einer Leistung von bis zu 200 kW noch immer brav seinen Dienst. In der Nähe der Seebrücke, etwa 150 Meter vom Strand entfernt, befindet sich die Seenotstation von 1905. Auch sie wird noch immer benötigt und benutzt. Der Wustrower Seenotdienst wurde 1847 gegründet, arbeitete eng mit der Seefahrtschule zusammen und war der erste in Mecklenburg-Schwerin. In der Nähe ist ein Sommerkino in einem Zelt eingerichtet. Dort guckte man schon zu DDR-Zeiten Filme der DEFA und andere. Der westliche Abschnitt der Strandstraße wird im Sommer häufig für Märkte und andere Freiluftveranstaltungen genutzt.

Ahrenshoop

Ahrenshoop war geografisch und historisch geteilt. Als der Darß noch Insel war, erstreckte sich seine Südküste entlang des Grenzgrabens und des heutigen Grenzwegs. Der Meeresarm, der »de Loop« oder auch Darßer Kanal genannt wurde, verlief mitten durch das heutige Ahrenshoop und blieb Jahrhunderte hindurch auch nach der Verlandung die Grenze zwischen Pommern und Mecklenburg. Nördlich des Grenzwegs erinnert der Weg »Am Strom« an ein Überbleibsel des Darßer Kanals, der bis ins 18. Jahrhundert immer mal wieder, insbesondere nach Sturmfluten und Dünendurchbrüchen, Wasser führte. Nach dem Zweiten Weltkrieg verlor diese Grenze ihre Bedeutung. Vermutlich sehen das eingefleischte Traditionalisten anders. Seit 1950 ist Ahrenshoop zu einer Gemeinde aus dem eigentlichen Ahrenshoop, Niehagen und Althagen zusammengefasst.

Skulpturen im Garten der »Buhne 12«

Sein Flair bezieht der Ort aus dem exzellenten und abwechslungsreichen kulturellen Angebot, den kultivierten Gästen, die eigens wegen dieses Angebots anreisen, und ganz besonders seiner Vergangenheit als Künstlerkolonie, die an allen Ecken und Enden spürbar wird. Dieses erfreuliche Zusammenwirken wäre natürlich gar nicht entstanden, wenn der Ort und die umgebende Natur und Landschaft nicht diese Anziehungskraft auf Künstler und feinsinnige Menschen gehabt hätten. Rund 70.000 Gäste, davon ein Fünftel aus Berlin, kommen im Jahr nach Ahrenshoop, das selbst rund 700 Einwohner zählt. Der Besucherzuspruch löst in der Tourismusbranche freudigen Optimismus aus. Doch die Bautätigkeit ruft auch warnende Stimmen auf den Plan. So die des Kurdirektors: »Das Baugeschehen hält unvermindert an und manch ein Investor zerstört das, was er einst, als er kam, so sehr an Ahrenshoop geliebt hat.« Vor allem die Verdichtung im Ort verändert den einst großzügigen dörflichen Charakter. Dazu kommt die Bebauung von Freiflächen, die den Eindruck einer in Deutschland seltenen landschaftlichen Weite und räumlichen Unbegrenztheit zunehmend eintrübt und zertrümmert.

Im Zentrum des lang gestreckten eigentlichen Ahrenshoop befindet sich die für alle drei Ortsteile zuständige **Kurverwaltung** (Kirchnersgang 2, Tel. 038220-6666-10/29, www.ostseebad-ahrenshoop.de, Hauptsaison Mo–Fr 9–18, Sa und So 10–15, Nebensaison Mo–Fr 9–16, Sa 10–15 Uhr) in einem traditionell rohrgedeckten Gebäude.

Niehagen

Wenn man von Wustrow kommt, ist Niehagen der erste Ortsteil von Ahrenshoop. Dem Namen nach zu urteilen, ist es eine deutsche Gründung ebenso wie Althagen. Vermutlich musste Wald gerodet werden, um Platz für beide Ortschaften zu schaffen. Es liegt östlich der Bäderstraße am Bodden, ohne jedoch einen ausgebauten Hafen zu besitzen. Als Ahrenshoop zum Künstler-Eldorado avancierte, gehörten die Katen Niehagens und die umgebende Landschaft schnell zu den gesuchten Motiven. Der bekannteste Resident war Gerhard Marcks (1889–1981). Er baute sich in den 1930er Jahren eine Büdnerei zum Atelier aus und zog sich 1943, nachdem sein Berliner Wohnsitz mit Atelier und einem Teil seiner Werke im Bombenhagel zerstört wurde, dorthin zurück. Der Weg zu seinem Haus ist heute nach ihm benannt.

Zwei Galerien am Weg zum Kiel halten die künstlerische Tradition des Ortes aufrecht. Die **Galerie Lardon** (Weg zum Kiel 16, Tel. 038220-668535, www.lardon-media.com) war die erste Fotogalerie in Ahrenshoop und hat sich darüber hinaus einen Namen mit dem Verkauf von Weinen gemacht, die auf Weingütern prominenter Schauspieler, Regisseure und Künstler gezogen werden. Neben den Weinen von Francis Coppola, Gérard Depardieu und Brad Pitt sind aber auch Weine darunter, die einfach nur gut schmecken. Die **Galerie Schnepel III** (Weg zum Kiel 2, Tel. 038220-679575, www.galerie-schnepel.de), ein paar Häuser weiter, hat sich dem Kunsthandwerk verschrieben und bietet Erzeugnisse aus vierzehn Ländern unter dem Motto »Marokko bis Osteuropa« an. Man kann dort auch wohnen und Teile des Mobiliars, die einem zusagen, kaufen.

Althagen

Althagen ist die letzte Ortschaft vor dem Darß und war der Grenzort zu Pommern. Das aus der Zeit um 1660 stammende, dem Darß am nächsten stehende Dornenhaus war deshalb auch als Zollhaus genutzt worden. Wo Zölle verlangt werden, weiß man, wird auch geschmuggelt, zumal wenn der Ort über einen Hafen verfügt. Der Hafen von Althagen liegt wie der Ort am Bodden. Doch um 1770 herum begann der Dorflehrer Christian Cyrus wie ein Buchgelehrter anhand eines holländischen Manuals Fischer und Bauern des Ortes, die es wollten, mit den Grundlagen der großen Seefahrt vertraut zu machen. Später trat ein Steuermann in seine Fußstapfen, sodass Althäger Jungs bald an verantwortlicher Stelle Segelschiffe über die Weltmeere dirigierten.

An der Nutzung des bereits erwähnten **Dornenhauses** (Bernhard-Seitz-Weg 1, Tel. 038220-80963, www.dornenhaus.de) lässt sich in abstracto fast die ganze historische Entwicklung des Ortes nachvollziehen, denn bald war es das Haus eines Seefahrers. Als die Zeit des Bädertourismus anbrach, wurde es Unterkunft. In der Zeit der DDR war es Kulturbundhaus, das so illustre Gäste wie Helene Weigel und Bertolt Brecht beherbergte. Heute ist es Galerie und in einem angeschlossenen Keramikatelier kann man Töpferarbeiten im blau-weißen Fischlanddesign erwerben.

Althagen war vom Anfang der Künstlerkolonie Ahrenshoop an sowohl als Motiv als auch als Wohnort im Fokus der zugereisten Maler. Das vielleicht auffälligste Bild über den Ort, »Das rote Haus in Althagen«, ist von Dora Koch-Stetter. Sie gehörte bereits zur zweiten Generation der Ahrenshooper Kunstszene. Vor ihr hatten sich schon Maler wie Heinrich Schlotermann, Carl Friedrich Koch und Hugo Jaeckel in Althagen niedergelassen. Dora Koch-Stetter und ihr Ehemann, der Illustrator Fritz Koch-Gotha, bezogen ein Haus an der Fulge 3, wo sie in den Notzeiten des Zweiten Weltkriegs den Garten umrüsten mussten, damit er zur Selbstversorgung taugte.

Die Berliner Schriftstellerin Käthe Miethe war die Tochter des Pioniers der Farbfotografie Adolf Miethe. Er schenkte ihr eine Büdnerei in Althagen, wo sie bis zu ihrem Lebensende wohnte. Käthe Miethe ist die vielleicht bekannteste Chronistin des Lebens, der Bräuche und der Eigentümlichkeiten des Fischlandes. Wer das Fischland besser kennenlernen will, sollte auf ihr Buch zurückgreifen. In ihrem Fischland-Buch weist sie auf eine sonst schon fast vergessene Malerin der ersten Stunde hin, auf Eva Stort, die eine Schülerin von Max Liebermann war. Sie soll schon im Sommer 1882 in Ahrenshoop auf Motivsuche unterwegs gewesen sein und würde somit als Mitentdeckerin der malerischen Idylle gelten.

Am Althäger Kliff, das man über den Käthe-Miethe-Weg nach Westen erreicht, sieht man im Südwesten Bunkerteile am Strand liegen. Es sind die Reste eines ehemals mit Radar ausgestatteten Küstenüberwachungsbunkers, der in den späten 1950er Jahren für die NVA gebaut und etwas zurückgesetzt oben auf dem Steilufer errichtet wurde. An ihm kann man ablesen, wie dramatisch die Abrasion an dieser Stelle vorangeschritten ist. Wenn man eine der Treppen zum Strand hinuntersteigt und auf den oberen Rand des Kliffs zurückblickt, erkennt man Löcher in der Wand. Sie stammen von Uferschwalben, die sich über einen Meter lange Niströhren graben. Wenn die Herbst- und Winterstürme gegen die Küste anrennen, sind die Schwalben im Süden. Für sie war wichtig, dass die Röhren einen Sommer lang gehalten haben. Eine lokale Bürgerinitiative denkt da weiter. Sie fordert wirksame Küstenschutzmaßnahmen, weil sie fürchtet, dass in absehbarer Zeit ihre Heimat von der Ostsee geschluckt sein wird.

Das pommersche Ahrenshoop

Das eigentliche pommersche Ahrenshoop wird 1271 das erste Mal als vermutlich dänischer »Hof eines Arne« (oder Arens) erwähnt. Vermutlich lag der Ortskern etwas nördlicher als der heutige. Angesichts der kaufmännischen Erfolge der Hansestädte versuchte der Pommernherzog Bogislaw VI. Ahrenshoop 1390 zu einem Seehandelshafen auszubauen und entsprechend zu befestigen. Aus dem Loop sollte ein durchgängig schiffbarer Kanal werden, daher auch der Name Darßer Kanal in manchen Quellen. Das herzogliche Unterfangen wurde, wie schon bei Wustrow, auch hier durch die unmittelbaren Konkurrenten Rostock und Stralsund vereitelt. Ahrenshoop und sein Zugang zum Meer wurden zerstört und der Ort fiel in ein historisches Koma. Als die neuen schwedischen Herren Jahrzehnte nach dem 30-jährigen Krieg 1696 ihre deutschen Besitzungen vermaßen und den vorhandenen Bestand ermittelten, notierten sie gerade mal zwei Wohnstätten auf Ahrenshooper Grund. Wer es in der Umgebung überhaupt zur Kenntnis nahm, nannte es »dat povere Dörp«, das arme Dorf.

Man weiß allerdings, dass spätestens um 1800 herum der gewachsene Ort einige Händler aus dem Sächsischen anzog, die Jahr für Jahr eingepökelten Hering einkauften und den Fischern des Ortes dabei ein Einkommen von rund 3000 Talern verschafften. 1880 nach dem kurzen Aufschwung durch die einträgliche Segelschifffahrt sind 160 Einwohner vermerkt. Abgeschieden, von vielen jungen Männern verlassen, die in Hamburg oder Bremen auf Schiffen oder Werften anheuerten, nur von Sandwegen durchzogen, wurde der Ort von den ersten Künstlern entdeckt.

Die Maler kommen

Paul Müller-Kaempff und Oskar Frenzel stießen 1889 bei einer Wanderung, von Wustrow kommend, unvermutet auf den Ort und hielten ihn für das gesuchte ländliche Künstlerparadies. Zunächst fanden sie Unterkunft und Bewirtung bei »Mutter Schumacher«. Paul Müller-Kaempff ließ sich 1892 auf selbigem Grundstück ein Haus bauen. Die Schwestern Gerresheim, die sogar noch früher auf der Halbinsel unterwegs waren, entschlossen sich, ganz zu bleiben, und bauten hier ebenfalls ihr neues Heim. Der organisatorisch umtriebige Paul Müller-Kaempff errichtete bereits 1894 das **Haus Sankt Lukas** (Dorfstraße 35, Tel. 038220-6940, www.kuenstlerhaus-lukas.de) mit Malschule und Internat für ein Dutzend, später bis zu 50 Gästen. Heute stehen dort Stipendienplätze für angehende Künstler vor allem aus Nord- und Nordosteuropa zur Verfügung.

Mit der Gründung des Kunstkaten 1909 durch Paul Müller-Kaempff und Theobald Schorn erhielten die Künstler des Ortes eine erste gemeinsame Ausstellmöglichkeit für ihre Schöpfungen. Zugleich sollte die traditionelle Bauweise des Gebäudes vorbildlich sein für alle folgenden Neubauten im Ort. Doch dem folgten künftige Bauherren nur bedingt. In den 1920ern kamen neben

Die erste Galerie der Künstlerkolonie

den Künstlern überwiegend Musiker, Schriftsteller, Regisseure und Schauspieler von Theater und Film. Eine Art Bohème, genauer noch, eine vorrangig Berliner Bohème, nistete sich sommers in Ahrenshoop ein. Die Szenelokale waren zunächst der Dorfkrug (heute Künstlerquartier und **Restaurant »Seezeichen«**, Dorfstraße 22, Tel. 038220-6797-0, www.seezeichen-hotel.de), dann das **Café »Namenlos«** (Dorfstr. 44, Tel. 038220-6060, www.hotel-namenlos.de). 1923 gründeten Martha Wegscheider und und ihr Partner, der Graphiker und Maler Hans Brass, die **»Bunte Stube«** (Dorfstraße 24, Tel. 038220-238, www.bunte-stube.de, Mai–Okt. Mo–Sa 10–18, So 13–17 Uhr, in der Nebensaison eingeschränkte Öffnungszeiten). Sie wurde 1929 in Bauhausmanier umgestaltet, etwa so wie sie sich noch heute mit ihrem runden Türmchen präsentiert. Hier konnte und kann man vom guten Buch über den aparten Kunstgegenstand bis zum schicken Accessoire und Kleidungsstück Besonderes für den gehobenen Geschmack erstehen. Ahrenshoop wurde von einem Hauch gepflegter Urbanität durchzogen.

Im Dritten Reich bescheinigte Hans Brass, der sich auch in der Gemeindeverwaltung engagierte, dem Ort eine gewisse Toleranz, wenngleich bereits 1933 Hitler zum Ehrenbürger ernannt und die Dorfstraße in Adolf-Hitler-Straße umgetauft wurde. Ahrenshoop wurde kein »Kraft-durch-Freude«-Bad wie andere und zog viel Naziprominenz an. Unter den Künstlern im Ort gab es Systemkonforme, aber auch Verfemte, die Unterschlupf fanden. Ab 1935 war der Ort für jüdische Badegäste gesperrt. Die jüdische Malerin Edla Charlotte Rosenthal musste 1940 ihr Anwesen in Althagen verkaufen, wurde deportiert und ermordet. 1944, als der Tourismus zum Erliegen kam, wurden Flüchtlinge in die leeren Unterkünfte einquartiert.

Eine Institution mit langer Tradition

Sie überstiegen mit etwa 700 Personen die Zahl der verbliebenen Einheimischen. Bereits im Frühsommer mussten sie aber Ahrenshoop wieder verlassen, weil die Versorgung der Bevölkerung im Ort nicht gewährleistet werden konnte. Nach der Konsolidierung der Verhältnisse kam die intellektuelle Prominenz des Kulturbundes der DDR und reklamierte den Ort als Erholungs- und Begegnungsstätte für die neue sozialistische Geisteselite.

Eine erste Kirche

Am Fuß des 14,6 Meter hohen Schifferbergs unterhalb des Friedhofs wurde 1951 die neue Schifferkirche geweiht. In der atheistischen DDR war sie einer der ersten Kirchenneubauten. Der junge und experimentierfreudige Architekt Hardt-Waltherr Hämer (1922–2012) hatte sie entworfen und mit den Gemeindemitgliedern auch selbst Hand angelegt. »Gustav« Hämer machte sich später einen Namen in der behutsamen Sanierung alter Stadtviertel, z.B. in Berlin, und war zeit seines Lebens in Ahrenshoop an jeder Umgestaltung der Schifferkirche beteiligt. Sie ist in Form eines umgedrehten Bootskörpers, der nach oben spitz zuläuft, gestaltet.

Kanzel, Taufständer und Altarwand im Innern wurden von der einst ansässigen Künstlerin Doris Oberländer-Seeberg (1903–89) aus dem Holz einer mächtigen Pappel geschaffen, die wegen der Kirche gefällt worden war. Die Kanzel aus dem Stamm der Pappel hat die Künstlerin mit den Symbolen der vier Evangelisten versehen. Die Namen aller Täuflinge, die seit der Einweihung der Kirche hier getauft wurden, ließ man in die Taufschale eingravieren. Die vier Votivschiffe, die von Kapitän Heinrich Voss angefertigt wurden, tragen die Bezeichnungen der christlichen Tugenden: Glaube, Hoffnung, Liebe und Frieden. Neben dem Kirchenschiff befindet sich seit 2005 in einer modernen

Die Schifferkirche am Schifferberg

Klassische Anklänge auf dem Ahrenshooper Friedhof

Andeutung eines Campanile das Geläut aus drei Glocken. Neben Gottesdiensten wird der Kirchenraum für Konzerte, Lesungen und Vorträge genutzt. Auf dem Friedhof ruhen Kapitäne, Künstler und andere Dahingeschiedene. In einem der Gräber schlafen die modernen Wiedergänger von Philemon und Baucis ihren ewigen Schlaf.

Das Luxushotel

Zwischen Schifferberg und Dorfstraße erstreckt sich an badehistorischer Stätte das **Fünf-Sterne-Luxushotel »The Grand«** (Schifferberg 24, Tel. 038220-6780, www.the-grand.de). Stilistisch lehnt sich seine Architektur an den Aufbau eines riesigen Kreuzfahrtschiffes an und man blickt von seinen Räumlichkeiten und Terrassen weit über den Deich auf die Ostsee hinaus. An der Stelle errichtet, wo das einstige Kurhaus und das noch frühere Hotel »Bogislav« standen, ist es mehr als eine Luxusherberge mit Edelrestaurant, Bar und Café. Während der Ahrenshooper Filmnächte, die alljährlich im September stattfinden (2016 zum 12. Mal), ist »The Grand« mit seinem Kursaal zugleich Aufführungsstätte und glanzvoller Rahmen für die Preisverleihung. Dass sich die eingeladenen Stars hier wohlfühlen, versteht sich von selbst.

Stechpalmen unter Naturschutz

Wer sich auf der Dorfstraße weiter nach Norden begibt, gelangt zum ausgeschilderten Zugang des Ahrenshooper Holzes. Es handelt sich dabei um ein 54 Hektar großes bewaldetes Areal mit sumpfigen Stellen, das seit 1961 als Naturschutzgebiet ausgewiesen ist. Man darf es nur auf einem Weg betreten, der zugleich der Rückweg ist. Das Abweichen von diesem Weg ist nicht gestattet. Das Gehölz ist sich weitgehend selbst überlassen und wirkt wie ein Urwald, in dem man sich gegen herabfallende Äste vorsehen muss. Es hat die größte Ansammlung wild wachsender Stechpalmen (Ilex) in den neuen Bundesländern. Ilex ist gut an den dunkelgrün glänzenden, lorbeerartigen, stacheligen Blättern zu erkennen. Im Ahrenshooper Holz verlor sich die Spur des 1945 bei Kriegsende verschollenen Malers Alfred Partikel.

Facettenreiche Kunst in klaren Räumen

Ein Kunsttempel und EuroArt

Am ganz anderen Ende des Ortes an der Bäderstraße in Richtung Althagen wurde 2013 das Kunstmuseum Ahrenshoop (s.S. 41) eröffnet. Wenn man weiß, dass 270 Künstler und mehr seit den Anfängen der Künstlerkolonie in der einen oder anderen Form mit Ahrenshoop in Berührung kamen, dann freut man sich über diesen besonders gelungenen neuen Kristallisationspunkt der Ahrenshooper Kunstgeschichte. Dazu passt, dass die Gemeinde Ahrenshoop ein rühriges Gründungsmitglied von EuroArt ist. Bei EuroArt handelt es sich um ein Netzwerk von mittlerweile rund 70 Künstlerorten in 21 europäischen Ländern, die im regen Austausch miteinander stehen. Im Norden Deutschlands ist selbstredend Worpswede dabei, in Mecklenburg-Vorpommern gehören Schwaan und Hiddensee dazu.

Schweben im Angesicht der Steilküste

Strand und Hohes Ufer

Geht man am Kunstmuseum auf dem Weg zum Hohen Ufer auf die Ostsee zu, lässt man zur Rechten (nördlich des Wegs) den sprichwörtlichen »Millionenhügel« liegen. Er erstreckt sich bis zum Grenzweg. Zu DDR-Zeiten nutzten hochrangige Genossen ihre Privilegien und bauten sich »Datschen« der etwas großzügigeren Art. Am Steiluferweg ist etwas Vorsicht geboten. Man sollte nicht bis zur Abbruchkante vortreten, denn es besteht die Gefahr, mit abbröckelndem Erdreich in die Tiefe gerissen zu werden. Wendet man sich am Steilufer nach rechts (also nach Nordosten), gelangt man zur **»Buhne 12«** (Grenzweg 12, Tel. 038220-232, www.diebuhne.de, Di – So 12 – 22 Uhr). Hier hat man einen der schönsten Ausblicke in Ahrenshoop und kann zugleich eine verfeinerte pommersche Küche zu moderaten Preisen genießen. Auch über Kaffee, Kuchen und Eis an einem sonnigen Nachmittag im Garten kann man, um einen hochgestimmten Berliner Gast zu zitieren, »nicht meckern«.

Um zum Strand zu gelangen, benutzt man die ausgewiesenen Strandzugänge. Der Strand von Ahrenshoop hat keine Seebrücke, was den Eindruck einer unberührten Küstenlinie verstärkt. Wenn die Ostsee vom Wind nicht gerade bis an die Dünen oder die Steilküste gepeitscht wird, kann man sowohl nach Wüstrow unterhalb der Steilküste als auch zum Weststrand vor dem Darß erholsame Strandspaziergänge unternehmen. Kitesurfer genießen ihren Sport in der Nähe der Wasserbrecher südwestlich des Ortskerns.

Zwei Abstecher nach Süden

Bevor die Erkundung der Halbinsel in Richtung Darß weiter nach Norden fortgesetzt wird, folgt hier noch der Vorschlag für zwei Ausflüge in den Süden: Der eine bewegt sich entlang der Ostseeküste und endet im Seeheilbad Graal-Müritz; der andere führt in die Doppelstadt Ribnitz-Damgarten und bietet sowohl sehenswerte Gebäude als auch zwei Museen, wie sie unterschiedlicher nicht sein können, dazu eine gläserne Manufaktur, in der das organische »Gold des Nordens« zum schmückenden Accessoire wird, und darüber hinaus noch Erholsames und Kulinarisches.

Graal-Müritz und die Liebe der Literaten

Um nach Graal-Müritz zu gelangen, kann man mit dem Rad an jeder möglichen Stelle auf den Ostseeküsten-Radweg einschwenken und an der Küste über Ahrenshoop, Wustrow und Dierhagen nach Süden fahren. Wer das Auto benutzen muss oder will, fährt auf der Bäderstraße nach Süden bis Klockenhagen und biegt dort nach Westen in Richtung Graal-Müritz ab. Wer mit der Bahn aus Richtung Rostock oder Stralsund kommt, steigt bei Rövershagen um und gelangt direkt zum Bahnhof in Graal.

Die Einheimischen wundern sich

Die Bewohner von Müritz und Graal fragten sich in den Anfängen des Seebädertourismus kopfschüttelnd, was die Großstädter hier an der Ostseeküste eigentlich wollten. Ihnen waren romantische Anwandlungen bezüglich ihres alltäglichen Umfelds noch ziemlich fremd. Doch die Fremden liebten die wilde Dünenlandschaft an der See mit ihrem endlosen »steinfreien« Strand. Weil anfangs das Baden noch als gefährlich und mit Misstrauen angesehen wurde und zudem familienunfreundlich mit separaten Badeanstalten für Damen und Herren organisiert war – einfach ins Meer laufen, gehörte sich nicht, das machten nur Spanner, wie man vermutete –, genossen viele Naturfreunde Spaziergänge in der Rostocker Heide, die trotz ihres Namens ein Wald war und noch immer ist.

1851 verloren sich erste Badegäste in Müritz, obwohl es weder Pensionen noch Hotels gab. Man mietete sich bei Fischern oder Bauern ein und brachte für den Sommer einen ganzen Hausstand mit. Dort, wo heute das **Rathaus** (Ribnitzer Str. 21, Tel. 038206-81111, www.gemeinde-graalmueritz.de) steht, wurde 1880 das Hotel »Anastasia« errichtet. Es war das erste, dem bald weitere folgen sollten. Dennoch mieteten sich auch später noch Sommergäste bei Privatleuten ein. Ein Beispiel dafür ist die Familie des Schriftstellers Hans Fallada, die viermal in Folge von 1906 bis 1909 bei einem Büdner einkehrte, weil man sich ein Hotel, das pro Tag mit Vollpension um die 5 RM kostete, nicht leisten konnte. Hans Fallada, der mit bürgerlichem Namen Rudolf Friedrich Wilhelm Ditzen hieß, war damals zwischen 13 und 16 Jahren alt. Er wohnte mit seinen Eltern und Geschwistern in Graal, das anders als Müritz noch im Windschatten des Fremdenverkehrs ruderte. Das Haus des Büdners gegenüber der heutigen Gaststätte »Deutsches Haus« existiert nicht mehr.

Für Wellness und Sport ins Aquadrom

Ein Mann mit Eigenschaften

In Graal gab es auch zu Falladas Jugendzeit bereits das **Waldhotel**, das noch immer als Hotel und Restaurant betrieben wird (Parkstr. 5, Tel. 038206-14175, info@waldhotel-ostsee.com). Hier mietete sich 1906 die Malerin Martha Marcovaldi mit ihren beiden Kindern Annina und Gaetano ein. Im Zug und beim Umsteigen in Rövershagen war die dunkelhaarige Schönheit dem angehenden Schriftsteller Robert Musil aufgefallen. Er folgte ihr und mietete sich kurzerhand ebenfalls im Waldhotel ein. Fünf Jahre später ging die 1906 noch mit einem Italiener verheiratete Frau mit ihm die Ehe ein. Nach seinem Tod gab sie den letzten Band seines unvollendeten Lebenswerks »Der Mann ohne Eigenschaften« heraus.

Auch der Rostocker Schriftsteller und Chronist Walter Kempowski weiß von der ehestiftenden Wirkung von Graal-Müritz zu berichten. Seine Eltern sind sich am 15. August 1913 auf der Seebrücke begegnet und obwohl sich die 17-jährige Grethe de Bonsac aus Hamburg über den 15-jährigen Karl Kempowski aus Rostock mit dem seltsamen mecklenburgischen Dialekt zunächst lustig machte, wurden die beiden später ein Paar.

Kafka und Diamant am Strand

Und von einer weiteren Liebe ist zu berichten. Der letzten Liebe im letzten Sommer seines Lebens begegnete Franz Kafka am Strand von Müritz, ohne es noch zu ahnen. Dora Diamant ist dort auf ihn und seine Schwester mit ihren Kindern aufmerksam geworden. Am Freitag, dem 13. Juli 1923, besuchte der schwer an Tuberkulose erkrankte Strandgänger das Jüdische Volksheim »Haus Kinderglück«, in dem vorwiegend jüdische Kinder aus Berlin die Sommerferien verbrachten. Er hatte schon von der Stiftung gehört und war zum Abendessen geladen, um sich zu informieren und umzusehen. Er war von der 19-jährigen Dora Diamant, die gerade in der Küche Dienst hatte, so bezaubert, dass er sie täglich besuchte und kurz darauf erwog, sie zu ehelichen. Die Eltern Doras waren streng religiös, er weniger, weshalb die elterliche Erlaubnis schwierig zu erlangen war. Schließlich starb Kafka im Beisein seiner treuen Freundin bereits im nächsten Jahr, noch bevor er 41 Jahre alt werden konnte. Dora Diamant widersprach später den Behauptungen, Kafka sei schwierig und neurotisch gewesen, und bezeichnete ihn als einen Menschen mit einem heiteren, humorvollen und umgänglichen Wesen. Das Jüdische Volksheim und die Unterkunft Kafkas an der Strandstraße 12, die Pension »Glückauf«, existieren nicht mehr. Im Heimatmuseum bewahrt man spärliche Relikte auf.

Eine Literaten-Unterkunft ein paar Häuser weiter existiert allerdings noch, wenn auch unter neuem Namen. In der Strandstraße 16 verbrachte der 15-jährige Erich Kästner einen kurzen Sommer in der Pension »Meeresblick«. Doch dann setzte, wie er schreibt, der Tod »den Helm auf. Der Krieg griff zur Fackel. Die apokalyptischen Reiter holten ihre Pferde aus dem Stall.« Hastig verließen seine Familie und alle anderen Feriengäste nach der Mobilmachung am 1. August 1914 »das schönste Ostseefleckchen«, wie Alfred Kerr Graal-Müritz nannte, um zu Hause auf die Anordnungen des Kaisers zu warten. Heute heißt die **Pension »Villa Martha«** (Strandstraße 16, Tel. 038206-79751, info@villamartha.net). An Kästners Aufenthalt erinnert nicht nur eine Tafel, sondern auch eines seiner Werke, denn der Roman »Emil und die drei Zwillinge« spielt im fiktiven Korlsbüttel, das dem realen Müritz abgeschaut ist.

Wandel und Wende

Die wilde Dünenlandschaft, hinter der sich Graal und Müritz einst versteckten, wurde nach Versuchen im Labor 1965 mit Bulldozern eingeebnet, weil man meinte, herausgefunden zu haben, dass ein flaches Profil die Küste besser gegen Sturmfluten und Wind schützt. Die gewachsene historische Bausubstanz, die den Charme der beiden Ortsteile ausmachte, wurde in der DDR-Zeit weitgehend vernachlässigt, nachdem auch hier die »Aktion Rose« die Privateigentümer enteignet hatte. Nach der Wende wurden weitere Gebäude plattgemacht, wogegen der Denkmalschutz auf ziemlich verlorenem Posten stand. So wirkt das Doppeldorf auf den ersten Blick seltsam inkohärent. Das eingestreute Grün mildert den Eindruck. Die Plattenbauten aus DDR-Zeiten sind aufgehübscht. Mit dem **Aquadrom** (Buchenkampweg 9, Tel. 038206-87900, www.aquadrom.net) besitzt Graal-Müritz seit 2004 eine Wellness-Oase, die man gut besuchen kann, nicht nur wenn es mal regnen sollte.

Seine beiden besten Trümpfe sind jedoch nach wie vor der ellenlange Strand und die Nähe zur Rostocker Heide. Beides, die Meernähe und die Waldnähe, ergeben eine Luft, die das Prädikat Seeheilbad voll rechtfertigt. Die Strandpromenade entlang des Dünenkamms wurde nordöstlich der 1993 neu errichteten Seebrücke durch künstlerisch bemerkenswerte Skulpturen angereichert. Tafeln machen den unkundigen Besucher mit markanten Vertretern aus Fauna und Flora der Ostsee bekannt. Südwestlich der Seebrücke kommen Informationen über ökologische Aspekte hinzu.

Pflanzenfreunde sollten sich spätestens im Frühsommer einfinden, denn

Zur Erinnerung an Rosa Luxemburg

dann blüht, duftet und summt es im kostenlos zugänglichen Rhododendron-Park hinter dem **Heimatmuseum** (Parkstraße 21, Tel. 038206-74556, www.graal-mueritz.de/heimatmuseum, Jan – März Mi, Fr, So 15 – 18, April – Dez. Di, Do 9 – 12 und 15 – 18, Mi, Fr 15 – 19, Sa und jeden 2. So im Monat 15 – 18 Uhr). Auf einer Fläche von fast fünf Hektar erfreuen die rund 60 Arten der etwa 2500 Azaleen- und Rhododendron-Büsche die Besucher und kitzeln ihre Sinne. Ein Pavillon, der ganzjährig genutzt wird, lädt zu Konzerten, Lesungen und Vorträgen ein. Im Sommer ist er zum Park hin offen, im Winter sitzt man gemütlich hinter Glas. Das erwähnte Heimatmuseum ist ebenfalls gratis (freiwillige Spende) zu besichtigen und dokumentiert das lokale Geschehen seit dem 14. Jahrhundert bis heute, einschließlich der Aufenthalte von Malern und Schriftstellern im Ort.

Das gesellschaftliche Leben in Form von Kunsthandwerksmärkten und ähnlichen Veranstaltungen findet in der unmittelbaren Nähe der 350 Meter aufs Meer hinausreichenden Seebrücke statt. Dort trifft man sich auch in einer Reihe von Lokalen bei Kaffee und Kuchen oder zum Essen. Daneben ist eine Musikmuschel, die zu Konzerten und anderen Aufführungen die Feriengäste anlockt. Die Kurstraße zwischen dem Waldhotel und dem Haus des Gastes, der **Touristeninformation** (Rostocker Straße 3, Tel. 038206-7030), ist eine nette kleine Shoppingzeile mit einer Bank in der Mitte für den Geldnachschub, einigen Lokalen und einem gut sortierten Buchladen. Außerdem befindet sich dort das **Haus Grahl** (Kurstraße 25, Tel. 038206-77358, kontakt@hausgrahl.de), das trotz der Modernisierungen einen Hauch der alten Bäderarchitektur aus den 1890er Jahren in unsere Zeit gerettet hat.

Den zuständigen Behörden des aufstrebenden »Weltbads«, wie eine Figur in Rudolf Presbers Graal-Müritz-Roman »Haus Ithaka« vom Doppeldorf überschwänglich und zukunftstrunken spricht, kam der Name der Rosa-Luxemburg-Straße, die zur Seebrücke führt, offensichtlich als Altlast vor und man benannte sie nach der Wende in »Zur Seebrücke« um. Der schmächtigen, gehbehinderten Intellektuellen, die während des Ersten Weltkriegs für ihren Mut, gegen einen Krieg mit vermutlich mehr als 17 Millionen Toten öffentlich aufzutreten, ins Gefängnis kam und kurz nach dem Krieg durch reaktionäre Offiziere zu Tode geschunden und als Leiche im Landwehrkanal entsorgt wurde, hat man stattdessen ein Plätzchen am Rande der Straße reserviert und eine Kopfplastik nach ihrem Bilde gestiftet.

Mit verblüffender Offenheit hat man dazu festgehalten, dass die Umbenennung »aus wirtschaftlichen Erwägungen« heraus erfolgt sei. In der ehemaligen Sommerbleibe des Autors Rudolf Presber, die wie der Roman Haus »Ithaka« hieß, ist heute die **Bäderbibliothek** (Fritz-Reuter-Straße 17, Tel. 038206-77241, bibliothek-graal@web.de) untergebracht, auf dass sich der Badegast Herz und Hirn durch Lesen bilden möge.

Ribnitz-Damgarten – die Bernsteinstadt

Von Fischland her erreicht man die Doppelstadt mit dem Auto über die Bäderstraße und biegt bei Körkwitz nach Osten ab. Wenn man die Nähe der Straße mit dem Fahrrad weitgehend vermeiden will, radelt man entweder auf dem Ostseeküstenradweg bis Neuhaus und fährt von dort Richtung Körkwitz nach Osten oder man quert die Bäderstraße bei Dierhagen Dorf und erreicht Körkwitz über Dändorf. Ab Körkwitz folgt man dem Fahrradweg neben der Straße.

Ribnitz-Damgarten liegt beiderseits der Mündung der Recknitz am Ribnitzer See, der seinerseits der südlichste Ausläufer des Saaler Boddens ist. In der Vergangenheit gehörten Ribnitz zu Mecklenburg und Damgarten zu Pommern. An der Brücke über die Recknitz, die einstmals die Grenze bildete, erinnern Stierkopf und Greif als Wappentiere Mecklenburgs und Pommerns an die früher getrennten Herrschaftsbereiche. Die Städtenamen sind beide slawischen Ursprungs. Ribnitz leitet sich von »ryba« oder »riba« (Fisch) ab, bedeutet also Fischort und hat wohl mit dem Fischreichtum des Boddens zu tun. Damgarten ist eine aus »damgor« entwickelte Eindeutschung, die auf »dam« (Eiche) und »gora« (Berg) zurückgeht, also Eichenberg. Die beiden Städte wurden 1950 administrativ zu einer Stadt vereint. Sie sind aber nicht erkennbar zusammengewachsen, sodass sie der Besucher als räumlich getrennt wahrnimmt. Die Bevölkerung der Doppelstadt umfasst etwas mehr als 15.000 Einwohner, wobei Ribnitz die größere, belebtere und somit urbanere von beiden ist.

Ribnitz

Wenn man von Westen auf Ribnitz zufährt, erreicht man noch vor der Altstadt die beliebte **Boddentherme** (Körkwitzer Weg 15, Tel. 03821-3909961, www.bodden-therme.de, tägl. 10–22, bei Schulbetrieb Di u Mi ab 14 Uhr, Mo nur Sauna ab 14 Uhr) mit einem 25-Meter-Sportbecken, einem 3-Meter-Sprungturm, einer 60-Meter-Rutsche und diversen Saunen.

Die Altstadt von Ribnitz beginnt am Rostocker Tor, dem letzten verbliebenen Torturm von einst fünf befestigten Stadteingängen. Das gotische Backsteintor mit seinem oktagonalen Dachaufsatz wurde um 1420 an die Stelle eines Vorläuferbaus aus dem 13. Jahrhundert gesetzt und hat die Zeiten nahezu unverändert überstanden. Lediglich das südliche Torhaus wurde entfernt, um dem Straßenverkehr Platz zu machen. In der **Galerie im Kloster** (Im Kloster 9, Tel. 03821-4701, info@galerie-ribnitz.de, Di–So 11–17 Uhr) kann man unter anderem »The Gate« sehen, eine Radierung aus dem Jahre 1912 von Lyonel Feininger. Der deutsch-amerikanische Künstler war mehrmals in Ribnitz und in den verschiedenen Darstellungen des Rostocker Tores ist bereits sein unverwechselbarer Stil erkennbar.

Die Bernsteinfischer am Markt hinter der Marienkirche

Markt und Marienkirche

Im Zentrum von Ribnitz erhebt sich die Marienkirche aus der Stadtgründungszeit um 1233. Die spätromanische dreischiffige Hallenkirche aus rotem Backstein hat durch die Brände in den Jahren 1445 und 1759 mehrfach Schäden davongetragen und erfuhr dadurch tief greifende Veränderungen. So ist ein Rundbogenfries eines der wenigen erhaltenen Elemente der romanischen Ursprungskirche. Der wuchtige quadratische Westturm wurde erst nach 1455 errichtet. Die Glocken stammen bis auf eine von 1927 alle aus der Zeit nach dem Zweiten Weltkrieg, weil ihre Vorgänger als Munitionsmaterial eingeschmolzen wurden. Die Orgel wurde

Das klassizistische Rathaus der Stadt

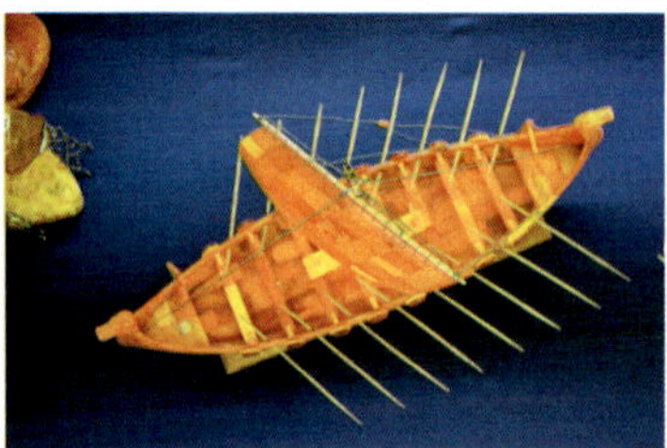

Ein Schiff aus Bernstein

nach der Wende 1994 eingebaut. Der Innenraum befindet sich noch im Stadium der Renovierung. Wer abenteuerlich gestimmt ist, kann den Turm besteigen und den Ausblick auf Stadt und Bodden mit Tauben und Dohlen teilen.

Unmittelbar bei der Kirche am Markt befindet sich das **Tourismusbüro** (Am Markt 14, Tel. 03821-2201, touristinfo@ribnitz-damgarten.de, Mo–Fr 10–18, Sa bis 15, So bis 14, Nov.–Mitte Mai Mo–Fr 10-12–13-16 Uhr) in einem modernen und barrierefreien Flachbau. Jenseits des Marktplatzes an der Ostseite steht das **Rathaus** der Stadt (Am Markt 1, Tel. 03821-8934-826, stadt@ribnitz-damgarten.de). Der zweigeschossige klassizistische Bau wurde 1732–34 als Rat- und Schulhaus errichtet. Das Baumaterial bezog man von einer Ziegelei in Marlow und aus der niedergelegten Stadtbefestigung. Die Schule, die in einem Seitenflügel untergebracht war, wurde 1912 ausgegliedert. Zwischenzeitlich residierte die sowjetische Stadtkommandantur im Gebäude.

Die honiggelbe Welt des Bernsteins

Auf dem Marktplatz verweist der Titel des Brunnens »Bernsteinfischer mit Familie«, der 2007 von Thomas Jastram geschaffen wurde, auf einen organischen Stoff, dem im nahe gelegenen Klarissenkloster ein preisgekröntes Museum gewidmet ist. Das **Deutsche Bernsteinmuseum** (Im Kloster 1-2, Tel. 03821-4622, www.deutsches-bernsteinmuseum.de, tägl. 9:30–18, Nov.–Febr. nur Di–So bis 17 Uhr), das aus einem stadthistorischen Museum hervorgegangen ist, hat eine der am schönsten gestalteten Dauerausstellungen zum Thema Bernstein weltweit. Selbst wer schon vieles über Bernstein weiß und vielleicht glaubte, Bernstein gäbe es nur an der Ostsee, wird auf ganz neue Aspekte stoßen. 1600 Exponate aus allen Epochen, einschließlich der Werke heutiger junger Künstler, sind in 24 anschaulichen Kapiteln zusammengefasst. Selbst vom verschollenen Bernsteinzimmer erhält man eine Vorstellung seiner einstigen Pracht. In einer kleinen Werkstatt wird gezeigt, wie man Bernstein bearbeitet. Und wenn man sich sattgesehen hat, kann man im lichtdurchfluteten **Galerie-Café** (Tel. 03821-499057) eine Pause machen. Das Café kann man auch ohne Eintritt besuchen.

Dennoch sollte man es nicht versäumen, seinen Aufenthalt durch einen Gang durch die Ausstellung zur Klostergeschichte abzurunden. Der Klarissenkonvent wurde 1323 gegründet und blieb in Mecklenburg der einzige, der der Heiligen Clara von Assisi gewidmet war. Der Gründer war Heinrich der Löwe, ein Mecklenburger, nicht der Welfe. Die Ribnitzer Bürger und der Rat der Stadt waren von der Klostergründung vor ihrer Nase keineswegs begeistert, denn sie fürchteten, Privilegien an das Kloster abgeben zu müssen. Sie behinderten den Aufbau des Klosters und die wirtschaftlichen Unternehmungen der Nonnen, wo sie

Massaker an entkräfteten Frauen verhindert

Kurz vor dem Einmarsch sowjetischer Truppen am 1. Mai 1945 erreichte ein Zug von 800 erschöpften Frauen aus dem KZ Barth, vorangetrieben von SS-Wachmannschaften, die Stadt Ribnitz. Angesichts der herannahenden Sowjets waren die SS-Leute plötzlich verschwunden und überließen die Frauen ihrem Schicksal. Wer von ihnen dazu noch imstande war, versuchte sich irgendwie vor möglichen Schergen in der Stadt in Sicherheit zu bringen. Ein linientreuer Offizier übernahm in Ribnitz das Kommando, ließ ein Maschinengewehr auf dem Marktplatz aufpflanzen und ordnete an, Mitglieder der Hitler-Jugend antreten zu lassen, die die Frauen wieder zusammentreiben und erschießen sollten. Mutige Zivilisten und Wehrmachtsangehörige, darunter auch Soldaten eines Lazaretts, griffen ein, entwaffneten nach einem Gerangel den zum Massaker entschlossenen Offizier und machten das MG unbrauchbar. Als die Sowjets eintrafen, wurde der Bevölkerung befohlen, die geretteten Frauen aufzunehmen und zu versorgen, was zum Teil schon vorher geschehen war. Am Rathaus erinnert eine Gedenktafel an dieses Geschehnis, zu dem es im damaligen Deutschland leider nur verschwindend wenige Parallelen gab.

konnten. Selbst als das Kloster etabliert war, schickten sie den Nachtwächter, damit er unter den Fenstern der Nonnen obszöne Lieder sang, worauf der Chor der Nachteile witternden Bürger mit Begeisterung einstimmte. Nach der Reformation wurde es 1599 in ein Adeliges Damenstift umgewandelt. Sehenswert sind vor allem die sogenannten »Ribnitzer Madonnen« und die Klosterkirche selbst.

Wer für den Tag in Ribnitz genug gesehen hat und zu Fuß oder mit dem Rad unterwegs ist, kann sich überlegen, ob er nicht mit dem Schiff auf die Halbinsel zurückkehren will. Vorher kann man noch in einem Hafenlokal (z.B. im **»Meeresbüfett«**, Am See 40, Tel. 03821-3907-0, info@fischhafen.de, tägl. 11–21 Uhr) am Bodden einkehren, frischen Fisch speisen und den Blick auf das Wasser genießen.

Gute Stimmung in der Alten Dampfbäckerei

Damgarten mit Kirche und Dampfbäckerei

Vermutlich ist der namengebende Eichenberg die Erhebung auf der die weithin sichtbare Backsteinkirche Sankt Bartholomäus steht. Die heute evangelische Kirche wurde in mehreren Bauabschnitten errichtet, wobei der Chorraum aus dem 13., das Kirchenschiff aus dem 15. und der Turm aus dem 19. Jahrhundert stammen. Auffällig ist, dass der Chorraum entgegen sonst im Kirchenbau üblichen Proportionen höher ist als das Kirchenschiff. Der 1887 fertiggestellte Turm ersetzte einen baufällig gewordenen Fachwerkturm aus dem 18. Jahrhundert. Die zum Teil durch Schwamm gefährdete Kirche wurde nach der Wende phasenweise renoviert und mit neuen leuchtenden Kirchenfenstern ausgestattet. Die älteste Glocke ist zugleich die größte und wurde 1447 gegossen. Sie war schon für das Einschmelzen nach Hamburg verbracht worden, aber das Kriegsende rettete sie. Ähnlich alt oder älter ist ein Kruzifix, das man in den 1930er Jahren eher zufällig auf dem Dachboden der Kirche gefunden hat.

Vom Kirchplatz aus durch ein grünes Portal betritt man eine Exklave der besonderen Art. Das Gebäude einer über 200 Jahre alten **Dampfbäckerei** (Barther Str. 50, Tel. 03821-709340, www.alte-dampfbaeckerei.de, April – Mitte Okt. Mi-Fr und So 14–18) ist ein Café, in dem man mit selbst gemachten Backwaren aus dem alten Backofen bewirtet wird, ein Museum, in dem von einer alten Registrierkasse über alle denkbaren Backformen bis hin zu einer Wäschemangel ein unendliches Sammelsurium von früher benutzten Gebrauchsgegenständen zu sehen ist, ein Forum für künstlerische Darbietungen, eine Unterkunft für Radler und andere Menschen und und und. Wenn man Glück hat, betritt man das Gelände und die Inhaberin Kirsten Hänsch singt gerade mit den Gästen Lieder und begleitet sie dabei auf der Gitarre. Dann dauert es etwas mit dem Kaffee. Ist das nicht schön? Entschleunigung comme il faut.

Materielle Zeugen der realsozialistischen Vergangenheit

Zwei Schaufenster ins Reich der Technik

Und wenn man gerade dabei ist, in die technische Vergangenheit von Gebrauchsgegenständen einzudringen, dann darf man am **Technikmuseum Pütnitz** (Flugplatzallee, Tel. 0170-2235850, www.technikmuseum-puetnitz.de, April u Okt. Sa u So 10-16, Mai u Sept. Mi-So 10-16, Juni-Aug. Di-So 10-16 Uhr) nicht vorbeifahren, wo sich die Dimensionen vom Niedlichen zum Monumentalen hin verschieben. Es liegt am Ortsausgang Richtung Saal. Schon die Anfahrt auf der Flugplatzallee bis zum Schlagbaum, wo man seinen Obolus entrichtet, und dann schließlich bis zum Parkplatz, wo der Gang durch die Hallen beginnt, ist wie ein Ausflug in eine kaum mehr vorstellbare untergegangene Welt. Die freitragenden Flugzeughangars, sie bereits eine technische Meisterleistung, enthalten sorgfältig hergerichtete Schätze: Von der Luxuslimousine sowjetischer Bauart bis zum Schneepflug auf Schienen, von der MZ bis zur MIG, vom Traktor bis zum Feuerwehrauto ist alles versammelt, was den motorisierten Alltag der einstigen DDR und ihrer bewaffneten Organe geprägt hat. Ein nostalgisches Eldorado für Technikfreaks und solche, die solche Freaks immer schon einmal verstehen wollten. Sonderangebote sind Fahrten als Fahrer oder Beifahrer mit einigen dieser Gefährte in rauem Gelände oder amphibisch durch Wasser. Und der Ausstellungspark wird noch immer erweitert. Ein Erlebnis der dritten Art, sehenswert!

Ähnlich sehenswert, aber ganz anderer Art, ist die **Bernstein-Schaumanufaktur** (An der Mühle 30, Tel. 03821-88580, www.ostseeschmuck.de, Mo–Fr 9:30–18, Sa bis 16 Uhr) am Ortsende Richtung Stralsund. Hier ist alles fein, elegant, auf dem neuesten Stand und professionell aufbereitet. Die Wurzeln des 1992 nach der Wende privatisierten volkseigenen Betriebs gehen zurück bis ins Jahr 1947. In der DDR war er mit 650 Mitarbeitern der größte Schmuckproduzent des Landes und hatte Kunden weltweit. Die heutige Ostseeschmuck GmbH zog 2000 in das moderne Gebäude ein und verwandelte sich in eine gläserne Manufaktur, in der kleine und große Besucher alles über den Bernstein und seine Verwandlung in Schmuck und Schaustücke kennenlernen können. Die Preispalette reicht von 50 Cent für einen kleinen Stein bis zu 60.000 Euro für einen Segler aus Bernstein für die Clubvitrine. Wer möchte, kann sich auch selbst einen Stein zurechtschleifen. Jährlich kommen 50.000 Besucher. Wer eine Kurkarte der Halbinsel mitbringt, darf kostenlos die ausgestellten Preziosen begutachten.

Bernstein – das Gold des Nordens

Bernstein ist ein fossiles Harz, das an der Ostsee zwischen 35 und 55 Millionen Jahre alt sein kann. Er entstand durch die Überschwemmung ganzer Nadelwälder und die darauf folgende Sedimentierung. Seit Jahrtausenden wird Bernstein vor allem nach heftigen Herbst- und Winterstürmen an den Gestaden der Ostsee angeschwemmt. Schon in vorgeschichtlicher Zeit gelangte er über den Handel in den Süden. Er wurde schon früh als Schmuck in Altägypten getragen und wurde als Totenbeigabe in Pharaonengräbern gefunden. Die Griechen entdeckten, dass er sich durch Reiben mit Wollstoff auflädt und nannten ihn Elektron. In der Römerzeit war er ein begehrtes Handelsgut. Noch immer dient er dem Bedürfnis der Menschen sich zu schmücken und unterliegt dabei vielfältigen Modelaunen. So galt er zeitweise als »Omaschmuck«, aber über Retroschick und coole Verarbeitungen kam er wieder zurück in den Fokus der Schmuckbranche und ist beliebt wie selten. Mit Schmuck aus Ribnitz wird vor allem Walter Kramer verbunden. Der Ribnitzer Goldschmiedemeister entwarf eine Schmuckkollektion mit marinen Motiven und nannte sie »Fischlandschmuck«. Seit 1932 sind seine umgesetzten Entwürfe, ob als Geschenk für die Lieben daheim oder für einen selbst, der regionale Schmuck schlechthin. Besonders gefragt sind Bernsteine mit Einschlüssen, also Stücke, in denen sich Pflanzenteile, Insekten oder andere Lebewesen

verfangen haben, bevor das Harz erstarrt ist. Ein solches Stück ist auch von wissenschaftlichem Interesse, erfährt man so etwas über die Tier- und Pflanzenwelt in grüner Vorzeit.

Bernsteinfischer suchen regelmäßig die Strände ab. Darunter befindet sich eine wachsende Schar von Hobbysammlern. Aber woran erkennt man Bernstein? Das erste Kriterium ist, dass er sich im Gegensatz zu einem honiggelben Kieselstein beim Aufheben nicht kalt anfühlt. Zweitens ist er leichter, und zwar etwa so leicht, dass er auf 4°C kaltem salzhaltigen Wasser schwimmt. Ein weiteres Kriterium ist seine Härte. Wenn man ihn vorsichtig gegen die Zähne klopft, fühlt es sich eher an wie die eigenen Fingernägel als ein Stück Stein. Und letztlich ist er brennbar, deshalb Brennstein bzw. Bernstein.

Wann muss man ihn suchen? In der Regel im Spätherbst und im Winter. Meist wird der vom Grund losgerissene Bernstein angeschwemmt, kurz nachdem sich ein Sturm gelegt hat. Und wo sollte man ihn suchen? Als Faustregel gilt: nach einem Nordsturm an der Nordküste, bei einem Weststurm an der Westküste. Dort, wo Steine und Muscheln liegen, findet er sich selten. Den größeren Erfolg hat man, wenn man dort sucht, wo Schwemmholz und anderes organisches Material angespült wurde. Und ein gutes Auge und etwas Glück braucht man natürlich auch.

Ein Ausflug in die Hansestadt Rostock

Dieser Ausflug soll ein Schmankerl sein und Lust auf die Stadt machen. Mit Sicherheit führt dieser Anstoß dazu, die Stadt danach noch ausgiebiger zu besuchen, denn sie ist jung, voller Musik und hat viel zu bieten. Zum Beispiel einen sehenswerten **Zoo** mit dem **Darwineum** (Barnsdorfer Ring 21, Tel. 0381-2082-0, service@zoo-rostock.de, Mai–Aug. tägl. 9–18, Nov.–Febr. 9–16, sonst 9–17 Uhr) oder eine **Kunsthalle** (Hamburger Straße 40, Tel. 0381-3817000, www.kunsthallerostock.de, Di–So 11–18 Uhr) mit Werken der klassischen Moderne, die außerhalb der Region nur wenigen Kennern vertraut sind. Diese und weitere Attraktionen sprengen den Umfang dieses eintägigen Ausflugs. Im Fokus steht hier ein Rundgang durchs abwechselnd quirlige, eindrucksvolle und dennoch erholsame Zentrum der Stadt.

Anfahrt und Ankunft

Wer von Fischland mit dem Auto kommt, fährt am besten auf die B105 und folgt in Stadtnähe den Schildern Zentrum und Stadthafen. Am Stadthafen findet man so gut wie immer einen Parkplatz und das Parken ist hier auch günstiger als direkt im Zentrum. Wer am Kempowski-Ufer parkt, muss, auch wenn er nicht gleich ein Parkverbotsschild erkennt, mit einem Knöllchen rechnen, weil dort mit Ausnahme der markierten kostenpflichtigen Parkplätze die ganze Zone nicht zum Parken freigegeben ist.

Wer Frühaufsteher und sehr sportlich ist, kann auch von Fischland aus die 37 km lange Strecke (von Ahrenshoop an gerechnet) auf dem gut ausgeschilderten Ostseeküsten-Radweg über Dierhagen, Neuhaus, Graal-Müritz und Markgrafenheide zur Autofähre radeln und über die Warnow nach Warnemünde übersetzen. Von dort sind es keine 15 km ins Zentrum von Rostock. Man kann auch sein Rad am Bahnhof von Warnemünde abstellen und für den Weg in die Stadt die S-Bahn nehmen.

Rundgang zu den Glanzpunkten des Zentrums

Unser Ausgangspunkt ist das Kröpeliner Tor **(1)**. Das westlichste und mächtigste, 54 m hohe Stadttor steht am Anfang der zentralen Fußgängerzone und stammt in seinen beiden unteren Stockwerken aus der Zeit um 1270. Diese gotische Backsteinkonstruktion war ein wesentlicher Teil der Stadtbefestigung, deren Mauerring zu dieser Zeit um die Altstadt im Osten und die neueren westlichen Stadtteile (Mittelstadt und Neustadt) geschlossen werden konnte und der mit 22 Stadttoren und einem halben Dutzend weiterer Türme ausgestattet war. Teile der Stadtmauer und einige Tore existieren in restaurierter Form auf der Südseite noch heute. Gegen Ende des 14. Jahrhunderts wurde das Tor aus verteidigungstaktischen Gründen um vier weitere Geschosse aufgestockt und im vorletzten Stockwerk mit einem Wehrumgang versehen. Letzterer wurde, als Stadtbefestigungen in dieser Form obsolet wurden, wieder abgebaut. Die Staffelgiebel an allen vier Seiten waren ein Gebäudeschmuck, der die Ankömmlinge aus den konkurrierenden Handels- und Hafenstädten beeindrucken sollte.

Warnow
Unterwarnow
Am Strande
Rövershäger Chaussee
Stadthafen
Strandstraße
Lastadie
Wokrenterstraße
Lagerstraße
Burgwall
Koßfelderstraße
Große Mönchenstraße
Grubenstraße
An der Oberkante
Lange Straße
Vogelsang
Krämerstraße
Hartestraße
Amberg
Fischbank
Bei der Marienkirche
Wollenweberstraße
Altschmiedestraße
Lohgeberstraße
Küterbruch
Warnowstraße
Beim Eislager
Gerberbruch
Kuhstr.
Apostelstr.
Zur Himmelspforte
Pädagogienstr.
Breite Straße
Faule Grube
Kröpeliner Straße
Universitätsplatz
Kleiner Katthagen
Klosterhof
Rungenstr
Buchbinderstraße
Rostocker Heide
Schwaansche Straße
Neuer Markt
Große Wasserstraße
Steinstraße
Beginenberg
Wallstraße
Wallanlagen
Rosengarten
Beim Grünen Tor
Haedgestraße
Gertrudenstraße
August-Bebel-Straße
Am Vögenteich
Ernst-Barlach-Straße
Richard-Wagner-Straße
Reiferweg
Lindenstraße
Augustenstraße
Bahnhofstraße
Bleicherstraße
Neue Bleicherstraße
Mühlendamm
1
2
3
4
5
6
7
8
9
10
M
N
Rostock

Heute ist in den Räumen des Torturms eine **Geschichtswerkstatt** (www.geschichtwerkstatt-rostock.de) eingerichtet, die sich auf die regionale Geschichte des 20. Jahrhunderts konzentriert. Neben Sonderausstellungen gibt es im 4. und 5. Obergeschoss eine **Dauerausstellung** zur Rostocker Stadtbefestigung (tägl. außer an Feiertagen von 10–18, im Winter bis 17 Uhr geöffnet).

Am ehemaligen Hopfenmarkt ist die Intelligenz zu Hause

Auf dem Weg durch die seit 1968 verkehrsberuhigte Einkaufsmeile nach Osten erreicht man den Universitätsplatz **(2)** mit dem sprudelnden Brunnen der Lebensfreude, der die Käufer zum Rasten und die Kinder zum Spielen einlädt. Der Volksmund bezeichnete das 1985 von Jo Jastram und Reinhard Dietrich geschaffene Werk Pornobrunnen, was heutigen Zeitgenossen vermutlich nur ein müdes Lächeln entlockt. Das Hauptgebäude der Universität im Hintergrund der Grünfläche wurde im Stil der Neorenaissance vom Schweriner Hofbaumeister Hermann Willebrand in den Jahren 1866–70 errichtet. Die Institution selbst wurde bereits 1419 gegründet und ist damit die älteste Universität in Norddeutschland und im ganzen Ostseeraum. Zu ihren Studenten oder Lehrern gehörten der Astronom Tycho Brahe, der Archäologe Heinrich Schliemann, die Schriftsteller Fritz Reuter, Erich Kästner und Uwe Johnson und der derzeitige Bundespräsident Joachim Gauck. Albert Einstein ist wie Max Planck Ehrendoktor der Universität und blieb es auch während des Dritten Reichs. Vermutlich, weil die braunen Machthaber nicht damit rechneten, dass er diese Ehre aus organisatorischen Gründen durch die medizinische Fakultät erhalten hatte.

Im Schatten einer Baumgruppe steht das 1819 errichtete Bronzedenkmal Gebhard Leberecht von Blüchers. Es wurde geschaffen von Johann Gottfried

Das Hauptgebäude der Universität hinter dem Brunnen der Lebensfreude

Schadow, dem bedeutendsten klassizistischen Bildhauer in Preußen und Schöpfer der Quadriga auf dem Brandenburger Tor. Der »Marschall Vorwärts«, wie Blücher von den koalierenden russischen Truppen genannt wurde, trägt in antikisierender Manier das Löwenfell des Herkules über der Brust und jeweils Marschallsstab und Pallasch in den Händen. Johann Wolfgang von Goethe ließ sich vom Rat der Stadt dazu bewegen, den Bildhauer zu beraten. Eine Bronzetafel am Sockel trägt seine Worte: »In Harren und Krieg / In Sturz und Sieg / Bewußt und groß / So riß er uns von Feinden los«.

An der Südseite des dreieckigen Platzes haben eine Reihe von historisch bemerkenswerten Gebäuden den 2. Weltkrieg überlebt. Darunter sind das ehemalige Appellationsgericht (Nr. 2), die mit dorischen Säulen versehene Neue Wache (Nr. 4) und das Herzogliche Palais (Nr. 5). Alle diese Gebäude werden von der Universität genutzt. Ein besonderes Kleinod befindet sich im ehemaligen Hoftheater (Nr. 6) mit dem vom französischen Architekten Jean Laurent Legeay gestalteten Barocksaal im ersten Obergeschoss. Der 1750 geschaffene spätbarocke Raum wurde in den 1960er Jahren aufwendig restauriert und zählt zu den elegantesten Konzertsälen Deutschlands. Im selben Gebäude befindet sich die **Touristeninformation** (Universitätsplatz 6, Tel. 0381-381-2222, touristinfo@rostock.de, Mai–Okt. Mo–Fr 10–18, Sa–So bis 15, Nov.–April Mo–Fr 10–17, Sa bis 15 Uhr), die u.a. einen kleinen Stadtplan von Rostock und Warnemünde bereithält.

Vom Nonnenkloster über das Damenstift zum Museum

Im Südwesten des Platzes gelangt man auf einen Klosterhof mit einer Kirche aus dem Jahre 1360. Die umgebenden Gebäude gehören zur einzig vollständig erhaltenen Klosteranlage der

Blick auf die Fassaden der Einkaufsmeile

Stadt. Die Kirche ist Universitätskirche geworden. Das ehemalige Kloster zum Heiligen Kreuz **(3)**, ein Nonnenkloster der Zisterzienser, war eine Stiftung der dänischen Königin Margarete im Jahre 1270 – der Legende nach, weil sie ein diesbezügliches Gelübde ablegte, wenn sie aus Seenot errettet würde. Später wurde es in ein Damenstift umgewandelt und erst 1920 aufgelöst. Die letzte Stiftsdame wohnte bis zu ihrem Tod 1981 hier. In den Klosterräumen befindet sich auf zwei Etagen das **Kulturhistorische Museum Rostock** (Klosterhof 7, Tel. 0381-203590, www.kulturhistorisches-museum-rostock.de, Di–So 10–18 Uhr). Die Sammlungen umfassen kunsthandwerkliche Gegenstände, Münzen, historisches Spielzeug, sakrale Kunst, niederländische Malerei und Werke, die von Künstlern in Ahrenshoop und Schwaan geschaffen wurden. Eine Abteilung enthält die Schöpfungen von im Dritten Reich verfemten Künstlern. Neben Ernst Barlach sind Oskar Schlemmer, Erich Heckel, Lyonel Feininger, Gerhard Marcks und andere mit stilbildenden Werken vertreten. Rostocker Stadtansichten bereiten auf die Fortführung des Rundgangs vor. Im **Café Kloster** kann man sich vorher noch auf der lauschigen Terrasse unter einem Apfelbaum mit Kaffee und Kuchen oder einem leckeren Imbiss stärken (Klosterhof 6, Tel. 0381-3757950, info@cafe-kloster.de, Mo–Sa 11–19, So 13–17 Uhr).

Das geistliche Zentrum der Stadt

Folgt man der Fußgängerzone weiter in östlicher Richtung, spitzt zur Linken immer wieder ein imposantes Kirchengebäude zwischen den Giebeln hervor. Es handelt sich dabei um die Hauptkirche der einstigen Mittelstadt, um die aus dem 13. Jahrhundert stammende Marienkirche **(4)**. Auffällig ist, dass das die Mitte kreuzende Querschiff fast genauso lang ist wie das Langschiff. Das gibt der Kirche annähernd den Charakter eines Zentralbaus. Sie birgt im Innern

Taufszene auf der bronzenen mittelalterlicher Tauffünte

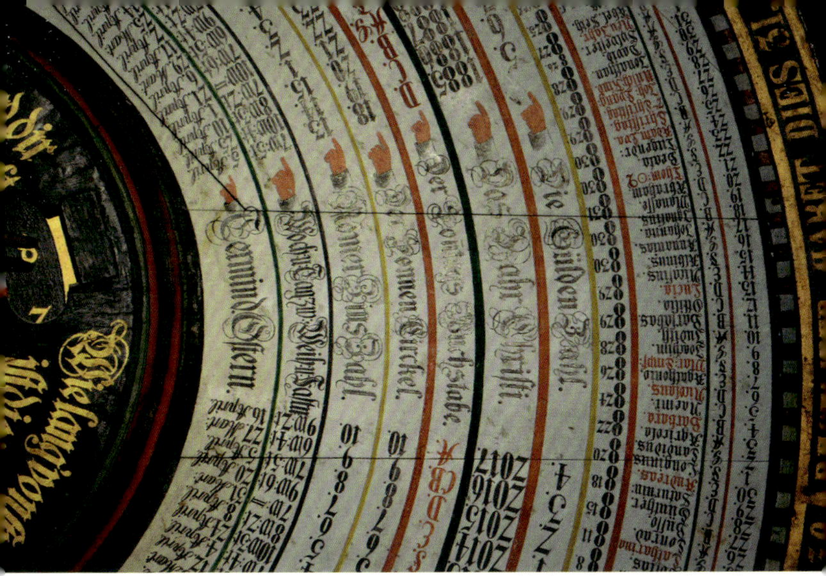

Und sie bewegt sich noch

einige einmalige Schätze. Dazu gehören ein Taufbecken (Tauffünte genannt, von lat. fons, fontis für Quelle) von 1290, ein kunstvoll um den Pfeiler gewundener Kanzelaufgang mit Kanzel und Schalldeckel aus dem Jahre 1574 und eine mächtige Orgel, deren barocke Fassade 1770 in die Westwand eingezogen wurde.

Der erstaunlichste Schatz ist die 1472 konstruierte astronomische Uhr, die nach einer Restaurierung im 17. und einer mechanischen Renovierung 1977 mit wenigen Ausnahmen aus Originalteilen besteht. Die 11 m hohe Uhr setzt sich aus 2000 Einzelstücken zusammen. Und sie funktioniert noch immer auf die Minute. Das Kalenderblatt reicht noch bis 2017. Ein neues ist bereits vorbereitet. Wer um 12 Uhr zum Mittagsgebet kommt, kann den Figurenumzug erleben.

Das weltliche Zentrum

Zurück in der Fußgängerzone gelangt man nach Osten gewandt auf den Neuen Markt **(5)**. Dieser wurde zum Zentrum des 1265 aus Alt-, Mittel- und Neustadt zusammengefassten Rostock. An der östlichen Seite steht ein Rathaus der seltsamen Art. Man sieht und ahnt, dass sich hinter einem barocken Vorbau ein gotischer Backsteinbau verbirgt, von dem nur die Giebelspitzen sichtbar sind. Tatsächlich handelt es sich sogar um drei ineinander übergehende Gebäude, deren Stilrichtungen kaum unterschiedlicher sein könnten. Unmittelbar ins Auge fällt der 1726 nach italo-französischem Vorbild gestaltete und mit Arkaden versehene Vorbau, der die gotische Prunkseite des Backsteinbaus aus dem 13. Jahrhundert verdeckt. Nach dem 2. Weltkrieg wurde für zwei zerstörte Anbauten ein im kühlen funktionalistischen Stil errichtetes Verwaltungsgebäude angefügt. Die beherrschende Farbgebung der barocken Vorderfront hat schon fast wieder etwas Modisches. Im Gewölbekeller kann man bei einem Glas Wein (oder Bier) noch einen Hauch ursprünglicher Gotik entdecken.

Rechts hinter dem Rathaus befindet sich das 1470 errichtete Kerkoffhaus **(6)**,

Neuer Markt mit gestaffelter Rathausfront und Straßenbahn

das nach dem Tod des Bauherrn Bartold Kerkhoff, eines Rostocker Ratsherrn und Bürgermeisters, um 1510 mit verglastem Terrakottaschmuck verkleidet wurde. Bei den letzten Renovierungen der Schauwand wurden zahlreiche Originalfliesen wieder verwendet. Im Innern sind noch Jugendstilelemente aus der Renovierung im Jahre 1907 zu finden. Heute sind Stadtarchiv und Standesamt in diesem ehemaligen Bürgerhaus untergebracht.

Die Altstadt macht sich

Der Rundgang wendet sich nun der in nordöstlicher Richtung befindlichen Petrikirche **(7)** zu. Sie steht an exponierter Stelle am Alten Markt und markiert das Zentrum der Altstadt. 1252 wird eine erste Kirche an dieser Stelle urkundlich erwähnt. Das heutige Gebäude stammt im Wesentlichen aus der Mitte des 14. Jahrhunderts. Zahlreich waren die Versuche, die Kirche mit einem hohen Turm auszustatten. Gewitter, Stürme und Bomben brachten ihn immer wieder zum Einsturz. Spätestens seit dem 16. Jahrhundert riefen seine Glocken nicht nur die Gläubigen zum Gottesdienst, sondern er diente auch mit seiner Höhe von jeweils 124 bzw. 117 m als weithin sichtbares Seezeichen der Navigation an der Küste. Ein kostenpflichtiger Aufzug im Turmstumpf führt bis auf 45 m Höhe (tägl. 10 – 18, Okt. – April bis 16 Uhr). Fest installierte, ebenfalls kostenpflichtige Ferngläser ermöglichen einen Blick auf Stadt und Umgebung.

Bei einem Blick vom Turm nach Süden sieht man die Kirche der erweiterten Altstadt, die Nikolaikirche **(8)**. Sie gilt als eine der ältesten Hallenkirchen im Ostseeraum und mit ihrem Bau wurde um 1230 begonnen. Sie ist heute keine Gemeindekirche mehr, sondern ein übergemeindliches spirituelles, soziales und kulturelles Zentrum. Wer es nicht weiß, glaubt erst seinen Augen nicht. Aber im Dachgeschoss der Kirche sind tatsächlich Wohnungen und Gästezimmer eingebaut. Der Turm beherbergt kirchliche Verwaltungsräume. Im Kirchenschiff finden Konzerte und andere Veranstaltungen statt. Ein charmantes Relikt ist der Durchgang unter dem Ostchor, ein sogenannter Schwibbogen aus dem 14. Jahrhundert. Über ihm prangt ein buntes Abbild des heiligen Nikolaus. Wenn man sich nun wieder in Richtung Zentrum wendet, stößt man bei der Grubenstraße auf eine ehemalige Likörfabrik. In und vor ihren Räumen ist ein **Café** (Grubenstraße 1, Tel. 0381-3777654, www.cafes-in-rostock.de/cafelikoer, tägl. 9–24 Uhr) eingerichtet, das man gut und gern zu einer Pause aufsuchen kann. Wer nicht nur Kaffeedurst hat, kann hier auch etwas Herzhaftes essen.

[Wer sich in der Altstadt jedoch von weit gereisten Küchenmeistern bekochen lassen möchte, kehre im **»Amberg 13«** (Amberg 13, Tel. 0381-4906262, www.altstadtrestaurant.de, Di–So ab 17 Uhr) ein. Es liegt in unmittelbarer Nähe der Petrikirche. Das Speiseangebot reicht vom Mecklenburger Menü mit Jungschweinrücken über ein Fischmenü mit Seezunge bis zum Italienischen Menü mit kleinen Medaillons von der Putenbrust.]

Stadtbefestigung und Wallanlagen

Wenn man den Beginenberg hochgeht, erreicht man das repräsentative Steintor **(9)**. In der Umgebung sind noch Reste der Stadtmauer, das Kuhtor und ein weiterer Turm zu finden. Westlich des Steintors glänzt ein Gebäude durch eine besonders reich gegliederte Fassade. Es ist das ehemalige Haus der mecklenburgischen Landstände und beherbergt heute das Oberlandesgericht. Der

Wohnen im Dachstuhl der Nikolaikirche

überbordende historisierende Stil des Gebäudes ist ein beredtes Beispiel für den architektonischen Eklektizismus der Gründerzeit. Drei Wappen, darunter der mecklenburgische Stier, und vier mecklenburgische Herzöge und Großherzöge sind über den Stilmix aus Gotik, Renaissance und Barock, alles neo natürlich, verteilt. Im Innern ist ein durchgängiger Lichthof zu besichtigen.

Die Reste der Stadtmauer haben es schon angedeutet, der Rundgang nähert sich den Wallanlagen **(10)**. Zunächst lädt ein Rosengarten zu ebener Erde zum Verweilen ein. Danach folgt nach Westen ein Park, der auch den ehemaligen Stadtgraben miteinbezieht. Bevor man sich in die Tiefe begibt, lockt das **Café Restaurant Heumond** (Hermannstraße 36, Tel. 0381-455970, www.heumond.de, Mo–Sa 12–24 Uhr) mit seinen Köstlichkeiten ins Lokal oder auf die beschattete Terrasse. Hier kann man den Rundgang ausklingen lassen. Das Kröpeliner Tor, an dem die Tour begann, ist nicht mehr weit.

Unterwegs auf dem Darß

Der Darß, der etwa um 1400 sein Inseldasein verlor, weil er im Süden mit dem Fischland verbunden wurde, gliedert sich grob in drei Regionen auf: in den Vordarß mit der Werre, einer Niederung am Bodden, den Altdarß, der als einstiger Inselstock bis zur ursprünglichen Küstenlinie am Mecklenburger Weg reicht, und den Neudarß, der sich in den vergangenen Jahrhunderten durch das Anlanden von an anderer Stelle abgetragenem Erdreich, Schwemmgut und Sand gebildet hat. Der Vordarß ist ein weitgehend entwässertes Moorgebiet, das als Weide genutzt wird. Altdarß und Neudarß versammeln auf ihrem Terrain einen vielfältig gegliederten Wald, der eine Fläche von 47 Quadratkilometern bedeckt. Seine Vielfalt ist mittlerweile so ausdifferenziert entwickelt, dass die unterschiedlichsten Pflanzengemeinschaften knapp 100 Vogelarten ein ihnen angemessenes Ambiente bieten. Im Norden wächst der Neudarß jährlich im Durchschnitt zehn Meter und mehr auf die Ostsee hinaus, sodass dort sehr gut die Dünen- und Lagunenbildung sowie die Entwicklung des Bewuchses auf dem neu im Entstehen begriffenen Küstenstrich studiert werden kann.

An der Boddenseite liegen die beiden beschaulichen Dörfer Born und Wieck. Im Norden hinter dem Ostseedeich und am Prerowstrom empfängt das Ostseebad Prerow seine Gäste. Alle drei Orte verfügen über Häfen oder Anlegestellen am Bodden bzw. im Falle Prerows am Prerowstrom, der seit 1874 nicht mehr strömt und nur Zugang zum Bodden und nicht mehr unmittelbar zur Ostsee hat. Vom Fischland kommend verbindet die Bäderstraße nicht nur diese drei Orte miteinander, sondern sie führt auch weiter nach Zingst oder direkt über die Meiningenbrücke zum Südufer des Boddens. Mit Ausnahme der Ortschaften gehört fast der gesamte Darß zum Nationalpark und der Nordwesten zur besonders geschützten Kernzone. Der Nationalpark darf auf ausgewiesenen Wegen begangen oder per Fahrrad durchquert werden. Reitwege sind extra ausgeschildert. Auf einigen Wegen sind Kutschen zugelassen. Hunde sind unbedingt an der Leine zu führen.

Der Darßwald – vom Nutzwald zum Nationalpark

Bevor man den Darßwald 1990 endgültig unter Naturschutz stellte, wurde er in mancherlei Weise genutzt und, da er weder leicht zugänglich war noch in seiner gewachsenen Ursprünglichkeit optimal ausgebeutet werden konnte, zahlreichen Versuchen ausgesetzt, ihn im Sinne einer besseren Verwendbarkeit zuzurichten. Zugerichtet, oder fast zugrunde gerichtet, wurde er in der kurzen Zeit der dänischen Herrschaft von 1715 bis 1720. Mit rund eintausend Holzarbeitern fällte man die Hälfte des Waldes. Man hatte es besonders auf Eiben abgesehen, die die Interieurs dänischer Schlösser veredeln sollten. Sie verschwanden fast gänzlich aus dem Wald.

Weitere Eingriffe geschahen maßgeblich gegen Ende des 19. und besonders im 20. Jahrhundert während des Dritten Reichs und in der DDR-Zeit. Ein Überbleibsel der ambitionierten Verbesserungsmaßnahmen ist das umfassende Wegenetz, das es dem heutigen Besucher leicht macht, den an manchen Stellen dschungelähnlichen oder versumpften Wald zu durchdringen. 36 Wege, hier auch Gestelle genannt, durchziehen den Wald mit einem Raster, das mit wenigen Ausnahmen in Nord-Süd- und Ost-West-Richtung verläuft. Es wurde versucht, Teile des Waldes zu entwässern und auch wieder zu roden, um Acker- oder Weideland zu gewinnen oder um großflächige Schonungen anzulegen für die Anpflanzung von Nutzholz. Das führte dazu, dass der Darßwald heute, einerseits, ein Gemisch aus weitgehend ursprünglichen Erlenbrüchen und urwüchsigen Steineichen- und Buchenhainen ist und, andererseits, mit Flächen von plantagenartig angepflanzten Nadelholzbeständen durchsetzt ist. Letztere lieferten schnell wachsendes Bau- und Möbelholz oder dienten der Gewinnung von Rohharz.

Spätestens seit dem Mittelalter wurde der Darßwald von den Bauern als Weidegrund für ihre Schweine und ihr übriges Vieh genutzt. Zudem war er Jagdrevier aller Feudalherren. Die pommerschen Herzöge gingen hier ebenso auf die Pirsch wie der Schwedenkönig Karl XII., der sächsische Polenkönig August der Starke und Zar Peter der Große von Russland. Der Hohenzollernprinz Eitel Friedrich von Preußen ließ sich am Weststrand ein hölzernes Jagdhaus im norwegischen Stil bauen. Es existiert genauso wenig mehr wie Görings Jagdhaus in der Nähe. Im Dritten Reich und in der DDR blieb der Darßwald Staatsjagdgebiet, als sei der Feudalismus nie abgeschafft worden.

Reichsjägermeister Hermann Göring ließ ab 1936 »urdeutsches« Wild in Gestalt von Wisenten auf dem Darß aussetzen. Es steht zu vermuten, dass diese Tiere gegen Ende des Zweiten Weltkriegs samt und sonders in die Kochtöpfe deutscher oder sowjetischer Wilderer wanderten. Ein neuer Versuch, Wisente anzusiedeln, wurde auf dem Darß seither nicht unternommen. Es wurden außerdem Elche als jagdbares

Hoch unter der gelben Plane

Ein Forstmeister mit Weitblick – Ferdinand von Raesfeld *(1855–1929)*

Auf dem Darß wird vor allen anderen Forstmeistern besonders Ferdinand von Raesfeld herausgehoben. Der in Dorsten in Westfalen gebürtige Freiherr war von 1891 an zuständig für das Forstamt Born und den als Jagdrevier zugehörigen Darßwald. Auf ihn geht eine generelle Wiederaufforstung des Darßwaldes zurück und er pflegte besonders auch die Bestände reduzierter Baumarten. Er begriff seine waidmännische Aufgabe als »Hege mit der Büchse« und propagierte eine naturgerechte Jagd. Das bedeutete beispielsweise, dass er, entgegen den Wünschen von Trophäenjägern, die edelsten Tiere nicht vor der Zeit bejagt wissen, sondern – heute würde man sagen – ihren Genpool nutzen wollte, um ihre guten Erbeigenschaften möglichst lange weiterzugeben. Gleichzeitig versuchte er den Wildbestand insgesamt auf ein für den Wald verträgliches Maß zu reduzieren. Da er mit seinem kompetent und beharrlich vertretenen Hege-Ethos in jenen feudalen Zeiten bei seinem Dienstherren durchaus aneckte, musste er 1913 vorzeitig in Pension gehen. Er starb in Marquartstein bei Traunstein und wurde in Prien am Chiemsee beerdigt. Im Jahr darauf wurden jedoch, seinem letzten Wunsch entsprechend, seine sterblichen Überreste exhumiert und auf den Darß überführt, wo sie im Darßwald bestattet wurden. Jedes Jahr am 29. September, seinem Geburtstag, findet eine kleine Feier an seinem Ehrengrab im Wald statt. Es heißt, dass erst nach dieser Feier die Brunft der Hirsche richtig geräuschvoll einsetzt.

Ferdinand von Raesfeld verbreitete seine Kenntnisse und Erfahrungen und vertrat seine Vorstellungen in mehreren Monografien, die heute noch zu den immer wieder herangezogenen Klassikern der Jagdliteratur zählen. Die bekanntesten sind »Das Rotwild«, »Das Rehwild«, »Das deutsche Waidwerk« und »Die Hege in der freien Wildbahn«. Dort erfährt man nicht nur, ob der Rothirsch zuerst mit den Vorderläufen oder den Hinterläufen aufsteht, und was der Schlosstritt ist, sondern findet auch sprachliche Perlen folgender Art: »Wenn die Sau bricht, so steht sie im Gebräche« (will heißen: wenn das Wildschwein die Erde aufwühlt, steht es auf aufgewühltem Boden; was wie eine tautologische Erklärung anmutet, ist als Verdeutlichung waidmännischer Fachbegriffe gedacht. Der Rüssel des Wildschweins wird übrigens in diesem Zusammenhang »Gebrech« genannt). Lyrischer kann der Realismus der Jägersprache kaum noch ausgedrückt werden. So nimmt es nicht wunder, dass Ferdinand von Raesfeld sein umfassendes Wissen auch in Romanform einkleidete. Die Neuauflage von »Der weiße Hirsch. Eine Romanze aus dem Schwarzwald« aus dem Jahre 1920 wurde jüngst für würdig befunden, in der südwestdeutschen Lokalpresse als kenntnisreicher historischer Jagdroman besprochen zu werden. Fast möchte man bedauern, dass keiner seiner Romane auf dem Darß spielt.

Wild eingeführt. Auch sie sind verschwunden. Man nimmt an, dass sie sich, soweit sie den Jägern entkommen konnten, entlang der Ausgleichsküste nach Osten in Richtung Polen abgesetzt haben. Sie können nämlich ganz gut schwimmen. Darüber war man gar nicht so unfroh, denn der von ihnen verursachte Verbiss an den Bäumen war beträchtlich. Wenn in letzter Zeit ein Elch in Mecklenburg-Vorpommern gesichtet wurde, handelte es sich meist um einen Neueinwanderer aus Polen. Für die DDR-Prominenz wurde ganz zentral an der Buchhorster Maase ein Jagdhaus errichtet. Dieses existiert noch, wurde renoviert und der Hegegemeinschaft »Ferdinand von Raesfeld« übergeben. Seit 1996 gibt es keine Gästejagd mehr, nur noch, im Sinne Ferdinands von Raesfeld, Jagd als Hege durch gelernte Jäger.

Als Ausgangspunkte, um den Darßwald zu erkunden, sind alle Orte von Wustrow bis Zingst geeignet, mit dem Fahrrad oder einem Kraftfahrzeug auch entlegenere Orte. Eine Unterkunft, die bereits auf dem Boden des Nationalparks steht, könnte für Besucher, die ohne Brimborium und Luxus nur am Puls des Waldes sein wollen, ein Tipp sein: Im Süden des Darßwaldes liegt die **Jugendherberge Ibenhorst** (Ibenhorst 1, Tel. 038234-229, jh-born@jugendherberge.de, 24.03–31.10.), die, wie das bei Jugendherbergen längst üblich ist, für alle Altersklassen und Familien, einschließlich Hund, buchbar ist. Ein kleiner Zeltplatz gehört zum weitläufigen Grundstück. Von hier aus kann man ohne jeglichen Anfahrtsweg die urtümliche Stimmung, und was man sich sonst von diesem zauberhaften Wald verspricht, unmittelbar genießen.

Das Horn eines Hegers

Der Große Stern

Der Dreh- und Angelpunkt im südlichen Teil des Darßwaldes ist der Große Stern. Wer im Süden bei den Drei Eichen geparkt hat oder von der Jugendherberge losgeht, erreicht ihn in nord-, dann nordöstlicher bzw. im letzteren Fall direkt in nördlicher Richtung. Im Übrigen sind die Wege gut ausgeschildert, häufig auch mit Entfernungsangaben. Vom Großen Stern nach Norden geht es bis ans Ende des Darß zum Natureum, dem Leuchtturm, dem Nothafen und einem Naturlehrpfad am Darßer Ort. Auf diesem Weg nach Norden noch unmittelbar in der Nähe des Großen Sterns trifft man auf eine Schutzhütte und auf die deutlich erkennbare ehemalige Küstenlinie des Darß. Eine Schautafel gibt Erklärungen. In der Nähe, noch etwas weiter nördlich, befindet sich ein Ehren- und Grabmal, das dem einstigen Forstmeister Ferdinand von Raesfeld gesetzt wurde.

Der Mecklenburger Weg

Vom Großen Stern zweigt nach Nordosten ein Fußweg ab. Dieser Mecklenburger Weg ist für Radfahrer gesperrt. Er verläuft auf der einstigen nordwestlichen Küstenlinie des Altdarß genannten Inselsockels. Ab und an versperren umgestürzte Buchen den gewundenen Pfad. Manchmal offenbart sich das ehemalige Ufer als Steilküste. Nach gut der Hälfte des Wegs öffnet sich eine weiträumige Lichtung, die in der Ebene vor der einstigen Küste liegt. Die Buchhorster Maase, so heißt diese Lichtung, ist für die Tierbeobachtung aus leicht erhöhter Position ein idealer Ort. Allerdings sind absolute Stille, eine neutrale Kleidung und vor allem ein gutes Fernglas oder Teleobjektiv unerlässlich. Auch wenn sich manchmal Jungfüchse oder Bachen mit ihren Frischlingen direkt unterhalb des Forsthauses, das auf der Kante sitzt, tummeln, das Rotwild und das noch scheuere Damwild oder ein solitärer Kranich halten gerne einen größeren Abstand, sodass sie eher in der Mitte der Lichtung oder am jenseitigen Waldrand auftauchen.

Am Forsthaus sind Schautafeln angebracht, die Näheres über die Buchhorster Maase berichten. Am zweiten Sonntag im Juli jeden Jahres findet hier am Vormittag ein stimmungsvoller Waldgottesdienst statt. Ein Jagdhorn eröffnet und beendet die auch darüber hinaus musikalisch untermalte Feier. Leicht zu übersehen ist in der Nähe ein bemooster Gedenkstein für einen ehemaligen Forstmeister aus einer weit verzweigten Adelsfamilie, die sich bis ins 13. Jahrhundert zurückverfolgen lässt. Kurt von der Recke fand den Tod im Ersten Weltkrieg.

Alternatives Strandleben

Zurück zum Großen Stern. Nach Westen führt ein ausgeschilderter Weg, der später nach Südwesten abbiegt, zum Weststrand. Man kann zu diesem Strand auch gelangen, wenn man vom Großen Stern Richtung Norden geht oder radelt. Über jeden öffentlichen Querweg nach Westen ist er, der einer der instabilsten Strände der Halbinsel ist, gut zu erreichen. Dieser Weststrand,

Festlicher Waldgottesdienst an der Buchhorster Maase

Andrang am Weststrand

der sich entlang des Darßwaldes bis auf die Höhe des Leuchtturms hinzieht und gut zehn Kilometer lang ist, hat sich trotz all seiner Umständlichkeiten und Unbequemlichkeiten zu einem Anziehungspunkt für unkonventionelles Publikum herauskristallisiert. Urlauber, die ein Strandleben abseits des organisierten Badebetriebs suchen, geben sich hier ein zwangloses Stelldichein. In der Hauptsaison jedoch verhält sich der natürliche Charme des beliebten Gestades umgekehrt proportional zur wachsenden Masse der Besucher.

Am Weststrand dürfen Meer und Wind walten, wie sie wollen. Von daher verändert sich der Strand ständig. Teile des Uferwaldes brechen ab. Buchenstämme liegen quer. Vom Sturm gepeitschte Bäume, sogenannte Windflüchter, wachsen so, dass ihre Wipfel die Hauptwindrichtung anzeigen. Wie an allen Stränden von Graal-Müritz bis zum Darßer Ort erlebt man auch hier ein sehnsüchtig bis süchtig machendes Sonnenuntergangsszenario, häufig garniert mit den fernen Silhouetten grauschwarzer Frachter oder illuminierter Passagierdampfer am verschwimmenden Horizont.

Natureum und Leuchtturm

Vom Großen Stern geht oder radelt man bis zum Leuchtturmweg, der auch von der Kutsche benutzt wird, die von Prerow kommt. Dem Leuchtturmweg folgt man nach Westen auf dem parallel dazu verlaufenden und leichter zu begehenden Fußweg. Den Leuchtturm Darßer Ort, den man wegen seiner ausgezeichneten Vogelperspektive unbedingt erklimmen sollte, kann man nur besteigen, indem man eine Eintrittskarte für das umgebende **Natureum** (Darßer Ort 1–3, Tel. 038233-304, www.deutsches-meeresmuseum.de/natureum, Mai–Okt. tägl. 10–18, Nov.–April Mi–So 10–16 Uhr) löst. Dies ist kein Nachteil, weil man in den Räumlichkeiten des Natureums in gebündelter Form

Treppensteigen auf den Leuchtturm am Darßer Ort

das Wesentliche über die verschiedenen Phänomene der Küstenlandschaft, Fauna und Flora erfährt und durch die ausgestellten Gesteinsarten, Tierpräparate und die Aquarien einen anschaulichen sinnlichen Eindruck dieser eigenen Welt erhält. Wer etwas essen oder trinken möchte, kann im Innenhof in der Sonne sitzen und sich bedienen lassen.

Das Natureum wurde kurz nach der Einrichtung des Nationalparks eröffnet. Die Räumlichkeiten dienten früher Funktionen, die mit dem Leuchtturm zusammenhingen, wie das Gebäude mit den Stallungen, durch das man das Museum betritt, oder das Oberwärterhaus, in dem heute das »Café am Leuchtturm« untergebracht ist. Der einstige Petroleumbunker wird für Sonderausstellungen genutzt. Im Verbund des Deutschen Meeresmuseums in Stralsund ist das Natureum sein vierter und entferntester Ableger. Der Leuchtturm, der mittlerweile funkferngesteuert funktioniert, wurde 1848 fertiggestellt. Er ist der älteste noch betriebene Leuchtturm Mecklenburg-Vorpommerns. Er steht seit 1986 unter Denkmalschutz. Auf die Aussichtsgalerie führen über 120 Stufen. Aus einer Höhe von 28 Metern kann man bei guter Sicht bis zur dänischen Insel Møn, bis Hiddensee und bis Rügen gucken. Das Leuchtfeuer hat eine Reichweite von 20 Seemeilen (rund 37 km) und blitzt im 22-Sekunden-Takt auf.

Südlich des Leuchtturms blickt man auf einige flache Seen, die von reduziertem Baumbestand umgeben sind. Dort wurden bereits im 17. Jahrhundert die Teerdestillation aus Kiefernholz und Holzkohlenmeiler betrieben. Um die Dörfer auf dem Darß vor Brandgefahr zu schützen, wurden diese Gewerke in Wassernähe ausgelagert. Der größte der Strandseen heißt noch immer Teerbrennersee.

Ein einsamer Windflüchter hinter dem Weststrand

Direkt am Natureum beginnt der Naturerlebnisweg »Ostseeküste im Wandel«, den man nur zu Fuß abgehen darf. Er führt zum Teil auf Bohlenwegen zu den durch Anlandung in jüngerer Zeit gewonnenen Dünenlandschaften. Schautafeln klären auf über den Unterschied von weißen, grauen und braunen Dünen und mehrere Plattformen erlauben einen Blick auf die neuen Uferzonen. Auch hier sind ein Fernstecher oder ein Teleobjektiv nützliche Hilfsmittel. Nicht selten kann man am Ufersaum oder zwischen den Dünen in einiger Entfernung Rot- oder Schwarzwild entdecken. Auch Füchse schnüren durch die Gegend. Von der Vogelwelt gar nicht zu reden.

Am westlichen Ende des Nordstrandes existiert aus DDR-Zeiten ein Not- oder Schutzhafen. Er wurde nach dem Mauerbau als Manöverhafen für die Marine der Volksarmee angelegt. Mittlerweile ist er ständig von der Verlandung bedroht. Er wurde schon mehrfach wieder freigebaggert und soll bis 2020 endgültig aufgegeben werden. Statt seiner soll für 12 Millionen Euro ein Seenothafen am Ende der zu verlängernden Seebrücke in Prerow entstehen. Zurzeit wird der alte Nothafen noch von Fischern mit ihren Booten und je nach Stand der Verlandung von der Seenotrettung genutzt – oder eben auch nicht.

Der Nothafen als Fischerstandort

Die Fischerkirche in Born

»Born hat das Land …«

Born zählt zu den ruhigsten Gemeinden des Darß und besticht durch seine Lage entlang des Boddens, seine Weitläufigkeit und seine sehr schön gepflegten traditionellen Gebäude. An vielen Häusern, darunter auch hier etliche Kapitänshäuser, findet man die charakteristischen Darßtüren, deren bunte Farben alljährlich aufgefrischt werden. Auch der Blumenschmuck in den Gärten ist überbordend üppig. An der Boddenseite gibt es mehrere Zugänge zum Wasser. An einigen kann man baden. Der Hafen ist als Wasserwanderrastplatz eingerichtet. Born hat in seiner Geschichte durch zahlreiche Seeleute am Aufschwung der Segelschifffahrt teilgenommen, aber aufgrund seiner fruchtbaren Acker- und Weideflächen nach deren Niedergang keine vergleichbare Krise durchlebt. Symbol dieser Entwicklung ist noch heute das **Gut Darß** (Am Wald 26, Tel. 038234-5060, www.gut-darss.de, Mo–Fr 10–17, Sa 10–13 Uhr), das mit 6000 Rindern in Bio-Haltung diese agrarische Tradition fortsetzt. Obwohl die Anfänge des Badetourismus in Born meist erst für die Jahre um 1930 angesetzt werden, gab es bereits 1888 ein erstes Hotel in Born: Peterssons Hotel. Es lag mitten im Ort, wo man sich unter Linden traf. Eine letzte dieser alten Linden hat leicht beschädigt einen Blitzeinschlag überstanden und ist der älteste Baum in Born. Peterssons Hotel heißt heute **Peterssons Hof** (Bäckergang 12B, Tel. 038234-55720, www.capitaenshausvonpetersson.de) und ist einerseits Café und Restaurant und andererseits mittlerweile wieder Unterkunft (www.capitaenshausvonpetersson.de).

Anfahrtsweg und erste Infostation

Die Bäderstraße führt von Ahrenshoop auf den Darßwald zu und verläuft dann südlich davon nach Osten in Richtung Born. Auf der Höhe der Jugendherberge nach gut der Hälfte der Strecke weitet sich der Blickwinkel und man sieht rechter Hand die ersten Weideflächen des größten landwirtschaftlichen Betriebs auf der Halbinsel, die des erwähnten Erlebnishofes »Gut Darß«. Sie erstrecken sich fast bis zum Bodden. Dort, wo die Bäderstraße einen langen Bogen macht, zweigt man nach rechts in den Ort ab. Rechter Hand stößt man auf die örtliche **Kurverwaltung und Zimmervermittlung** (Chausseestraße 73, Tel. 038234-50421, www.darss.org/de, Juli–Sept. Mo–Fr 9–18, Sa–So 10–17, Nov.–April Mo–Fr 9–17:30, Mai, Juni, Okt. Mo–Fr 9–18, Sa 10–15 Uhr).

Ein Museum und viel Theater

Ein paar Häuser weiter linker Hand befindet sich in der alten Oberförsterei das **Forst- und Jagdmuseum »Ferdinand von Raesfeld«** (Chausseestraße 64, Tel. 038234-30297, Mai–Okt. Di–So 10–16 Uhr). Die Palette seiner Ausstellungsstücke reicht von Geweihstangen und Tierpräparaten über Waidwerk-Klassiker ehemaliger Forstmeister wie von Raesfeld und Müller-Darß bis zu Werkzeugen der Harzgewinnung und allen Arten von Hand- und Motorsägen. Ein Glücksgriff ist den Präparatoren mit zwei verkeilten brunftigen Hirschen gelungen. Beide gerieten im Kampf in ein Wasserloch, ohne ihre Geweihe entwirren zu können, und ertranken gemeinsam. Diese im Todeskampf eingefrorene Tiertragödie ist ein in Europa einmaliges Exponat.

Auf dem Gebiet des Museums hat ein **Freilufttheater** seine Spielstätte (Chausseestraße 64, Tel. 038234-55812, www.darss-festspiele.de). Die Darß-Festspiele fanden bis 2009 in Wieck statt und führten entsprechend der Örtlichkeit gerne Schmugglerdramen auf. Ein solches Lokalkolorit wird auch in Born weiterhin gepflegt, aber etwas weitläufiger ausgelegt. 2015 war beispielsweise ein dritter Teil des adaptierten Romans von Ehm Welk »Die Heiden von Kummerow« im Programm.

In Richtung Hafen in derselben Straße kommt man zu einem Gebäude, in dem ehemals die sogenannte Gutzmann-Schule untergebracht war. Davor steht eine Telefonzelle, durch deren Scheiben eine Maske zu erkennen ist. Man kann um das Haus dahinter herumgehen, in die Fenster gucken und seltsame Kos-

Das Phantom in der Telephonzelle

tüme und weitere Masken erkennen. Diese entstammen einem Brauch, bei dem man sich in der Winterzeit eine eigene Verkleidung in aller Heimlichkeit herrichtet. Mit dieser erscheint man auf einer Art Faschingsball, auf dem man bis zur Demaskierung am Ende möglichst lange unerkannt bleiben soll. Dazu gehört auch, dass man nicht spricht, um sich nicht durch die eigene Stimme zu verraten. Es soll bei diesen Bällen schon zu äußerst vergnüglichen Peinlichkeiten gekommen sein

Doch nicht genug des Theaters! In einem weiteren ehemaligen Schulgebäude ganz in der Nähe befindet sich ein zweites Theater mit einer modernen Galerie. Dabei handelt es sich um das **Darßer Sommertheater** (Chausseestraße 90, Tel. 038234-50421 für Kartenvorbestellungen, www.darss.org) mit maximal 60 Plätzen. Seit über zwanzig Jahren sind gut besuchte Konzerte,

Lesungen, Vorträge und Theateraufführungen im Programm, manchmal auch für Kinder. Man ist gut beraten, Karten vorzubestellen. Manche Veranstaltungen werden von vornherein in der Fischerkirche angesetzt, die aber mit einer Länge von 15 und einer Breite von zehn Metern auch eher klein zu nennen ist.

Die Fischerkirche am Friedhof

Dieser von Bernhard Hopp und Richard Jäger entworfene Sakralbau stammt aus dem Jahr 1935 und befindet sich am Kirchweg gleich neben dem Friedhof. Auf dem Friedhof befindet sich das zur Kirche gehörige Geläut. Eine Art Turmaufbau auf dem östlichen Dachfirst der Kirche trägt nur den Wetterhahn. Im Innern beeindrucken vor allem das hölzerne Tonnengewölbe mit den bunten Stützbögen und die von Hans Mettel geschaffenen Pfeilerstützen, die an Karyatiden erinnern, allerdings in Gestalt moderner

Votivschiff in der Fischerkirche von Born

Menschen. Die Holzfiguren an der Empore stammen vom Architekten Hopp selbst und waren ursprünglich für die Funktion der Pfeilerstützen gedacht. Seine Figuren sollen diejenigen Dorfbewohner in Erinnerung rufen, die als Flüchtlinge, Soldaten oder Seefahrer in der Fremde ums Leben kamen oder verschollen blieben.

Und was sonst noch interessieren kann

Wenn man der Südstraße nach Westen folgt, hebt sich zwischen den Häusern eine Windmühle ab. Sie ist der Nachbau einer als »Schmugglermühle« bezeichneten Mühle, von der aus im frühen 19. Jahrhundert Signale an die Schmugglerboote weitergegeben wurden. Sie ist zu einem Lokal umgebaut. Dieses war allerdings zur Zeit der Recherche für dieses Buch ohne Pächter oder Wirt. Am westlichen Ortsrand am Bodden liegt das **Regenbogen Camp** (Nordstraße 86, Tel. 038234-244, www.regenbogen.ag), ein Zeltplatz, auf dem auch eine Surf- und Kiteschule angesiedelt ist. Der Erlebnishof Gut Darß (s.o.) hat nicht nur einen Hofladen, in dem man die Produkte des Landguts erwerben kann, es gibt auch einen Kletterwald. Er verfügt über acht Parcours mit fünf Schwierigkeitsstufen und über 70 Kletteraufgaben. Teilnehmen darf, wer mindestens 1,10 Meter groß ist. Man bewegt sich in Höhen zwischen einem und neun Metern.

Wer es mehr mit der lokalen Geschichte hat, kann sich auf einen Rundgang begeben, der zurzeit mindestens 17 Stationen umfasst. Auf Schautafeln lernt man bemerkenswerte Personen, hochgehaltene Traditionen, einschneidende Ereignisse und besondere Gebäude und ihre Geschichte kennen. Ganz nebenbei durchquert man so fast den ganzen Ort. Am Ostende in Boddennähe kann es sein, dass man plötzlich einer Herde indischer Wasserbüffel gegenübersteht. Sie sind Teil eines Experiments von Gut Darß in Zusammenarbeit mit der Hochschule Neubrandenburg. Mit ihm soll erforscht werden, inwiefern das genügsame und gemütvolle Tier im Vergleich mit dem traditionell eingesetzten Hausrind der Landschaft guttut.

An der Bäderstraße befindet sich im Übrigen ein großes Einkaufszentrum, wo man von Lebensmitteln über den nötigen Sprit bis zum Leihfahrrad und zu Strandutensilien mit allem, was man so braucht, bestens versorgt wird. Selbst ein Imbiss für frisch geräucherten Fisch gehört dazu.

… Wieck hat den Sand …

Wie in Born verläuft auch in Wieck die Bäderstraße nicht durch die Mitte des Dorfes, sondern entlang der Peripherie. Deshalb erscheint Wieck auch ähnlich geruhsam, entspannend und erholsam wie seine westliche Nachbargemeinde. Was aber nicht heißt, dass der Ort verschlafen ist, im Gegenteil. Wieck ist nach der Bio-Modellstadt Nürnberg das erste Bio-Modelldorf in Deutschland. Das bedeutet, dass der Ort Organisationen und Anbieter unterstützt, die ihre Produktion und Vermarktung nach ökologisch verträglichen Methoden organisieren. Das Gut Darß und einige Restaurants beispielsweise sind mit von der Partie.

Wieck bietet abseits vom Rummel der großen Ostseebäder eine Vielzahl von ruhig gelegenen Pensionen, unter denen ein gehobener Standard die Regel ist. Abgesehen von den rund ein Dutzend Restaurants, wo man sich zum Speisen und zum geselligen Beisammensein trifft, spielt sich das kulturelle Leben hauptsächlich in und an der Darßer Arche im Ortszentrum ab. Für Wassersportler ist zudem der Wasserwanderrastplatz am Hafen im östlichen Ortsbereich von Interesse. Er verfügt über 18 Liegeplätze, moderne Sanitäreinrichtungen, eine Gästeküche, einen Grillplatz und eine Badestelle. Seine Wassertiefe

Sommernacht am Bodden

Tonnenabschlagen und Königsausreißen

Rund um den Bodden gibt es kaum einen Ort, der nicht dem eigenartigen Brauch des Tonnenabschlagens frönt. Bei diesem zum Dorffest ausgestalteten Brauch geht es darum, eine in der Mitte des Festplatzes aufgehängte Tonne mit kräftigen Holzknüppeln zu zertrümmern. In der Regel reiten ein gutes Dutzend Reiterinnen und Reiter nacheinander hoch zu Ross an ihr vorbei und alle versuchen sie so zu treffen, dass ihr mit jedem Durchgang ein Bestandteil abgeschlagen wird. Wer den letzten Schlag führt, mit dem der letzte Tonnenrest abfällt, sodass nur noch die Aufhängung im Wind baumelt, ist Tonnenkönigin oder Tonnenkönig. Da sich dieses Unterfangen bis zu rund drei Stunden und länger hinziehen kann, hat man sich in manchen Ortschaften zusätzliche Königswürden ausgedacht. So wird derjenige Sandkönig, der zuerst vom Pferd stürzt, Bodenkönig, der den Tonnenboden ausschlägt, und Stäbenkönig, der die letzte Daube des Fasses abschlägt.

Das Tonnenabschlagen ist kein leichter Sport. Man muss im vollen Galopp den richtigen Zeitpunkt zum Schlag erwischen und sofort danach das Pferd wieder zügeln können. In manchen Orten gibt es kaum noch Pferde, sodass das Tonnenabschlagen zu Fuß oder sogar per Traktor ausgetragen wird. Für Kinder werden zusätzliche Wettbewerbe parallel dazu veranstaltet. Das Fest steht und fällt mit dem Können der Amazonen und Reiter und mit einem ver-

sierten Moderator am Mikrofon, der dem ernsthaften Treiben eine humorvolle Seite abgewinnen kann und die Besucher die ganze Zeit über mit seinen gewitzten Bemerkungen bei Laune hält.

Die Ursprünge des Tonnenabschlagens werden in Schweden vermutet, wo es ähnliche Festivitäten gibt. Die Behauptung, dass es mit dem Ende der schwedischen Herrschaft nach dem Wiener Kongress zu tun hat und man die Heringstonnen als Symbole der Steuertribute an das schwedische Königshaus zerschlagen hat, weil sie nicht mehr gebraucht wurden oder weil man sie als Zeichen der Unterdrückung zerstört hat, ist nicht eindeutig belegt. Es scheint möglich, dass dieser Brauch schon vor 1815 auf dem Darß bekannt war, ebenso wie in Dänemark und im Dithmarschen.

Bis 1951 war es in Born üblich, dass der Tonnenkönig unmittelbar nach dem Abschlagen des letzten Tonnenrestes mit seinem Pferd Reißaus nach Hause nehmen musste, wollte er nicht die ganze Korona seiner Mitstreiter beim anschließenden Festmahl aushalten müssen. Wurde er nämlich, noch bevor er sein Heim erreichte, von den anderen Reitern abgefangen, war er ihnen gegenüber verpflichtet, diese Ehrenschuld einzulösen. Da der Tonnenkönig 1951 bei der wilden Jagd nach Hause vom Pferd stürzte, hat man seither auf diesen gefährlichen Brauch in Born verzichtet.

In Wieck vor Anker gegangen

wird mit 1,4 Metern angegeben. Der »Bültenkieker« genannte Anleger wird in der Hauptsaison regelmäßig von der Fähre aus Bodstedt angefahren. Die »Marie Luise«, ein traditionelles Zeesenboot, liegt nicht nur zum Anschauen im Hafen. Man kann sie auch gegen Gebühr zu einem Turn über den Bodden unter der Leitung ihres Skippers mieten.

Die Darßer Arche

Erster und wichtigster Anlaufpunkt in Wieck ist die **Darßer Arche** (Bliesenrader Weg 2, Tel. 038233-201, www.darsser-arche.de, Juni – Sept. tägl. 9 – 17, Nov. – März Do – Mo 10 – 16, April tägl. 10-16, sonst tägl. 10 – 17 Uhr). Sie ist eine vielseitige Institution. Zum einen ist sie Informations- und Gästezentrum für Wieck und Umgebung. Zum zweiten beherbergt sie die Nationalparkausstellung, in der der Nationalpark vor allem durch sehenswerte Fotos und Filme in Szene gesetzt wird. Zum dritten befindet sich in ihren Räumen das **Biocafé »Fernblau«** (Tel. 01515-3763417, www.fernblau.com), in dem es neben frisch gebackenen Kuchen und Torten auch einen Laden gibt, in dem man regionale Kunstgegenstände und Kulinarisches in Bioqualität kaufen kann. Außerdem ist sie Veranstaltungsort für Lesungen, Vorträge, Konzerte und kleinere Aufführungen. Im ehemaligen Schulhaus nebenan ist eine Kunstgalerie, namens **»Künstlerdeck«** (Bliesenrader Weg 2, Tel. 038233-703812, www.kuenstlerdeck.de, Mai – Okt. Di – So 11 – 17, Nov. – April Fr – Sa 11 – 17 Uhr) untergebracht, die vor allem regionale Künstler ausstellt. Im Obergeschoss befindet sich ein kleines, aber feines Bernsteinmuseum mit Exponaten aus einer privaten Sammlung. Mittwochs und samstags findet zudem auf dem Platz vor der Arche ein Wochenmarkt (Mai – Okt. 9 – 13 Uhr) statt.

Kunstgegenstände vor dem Künstlerdeck

Exotische Landschaftspfleger

Sie sind seit 2007 auf dem Darß tätig. Sie sind große Generalisten und gerade dadurch Spezialisten in der Landschaftspflege. Wo der ortsübliche Wiederkäuer versagt, gehen sie in die Offensive. Dabei bleiben sie ruhig und friedlich, es sei denn, man ärgert sie. Sie hängen gern ab in kleinen Gemeinschaften und liegen dann bis zu den Nüstern im Wasser. Vermutlich nennt man sie deshalb Wasserbüffel. Sie kommen ursprünglich aus dem Osten, weit aus dem Osten, aus Indien und Nepal. Die rund 120 Exemplare auf dem Darß stammen jedoch aus Deutschland, genauer aus Sachsen in der Nähe von Chemnitz, wo sie vorwiegend als Milchproduzenten fungieren. Ihre Milch ist fetthaltiger und nährstoffreicher als die der alteingesessenen Rinder. Auf dem Darß brauchen sie ihre Milch aber selber, für ihren eigenen Nachwuchs. Deshalb sind sie vor allem in der Landschaftspflege tätig. Sie kommen mit nassen Wiesen besser zurecht als das traditionelle Vieh, auch besser als Schafe, und sie fressen zudem Pflanzen, die das Hausrind verschmäht. Natürlich fressen sie zunächst auch alles Schmackhafte, aber wenn das abgegrast ist, wenden sie sich den Sauergräsern und dem jungen Schilf zu. Manchmal fressen sie sogar Binsen. Disteln und Brennnesseln sowieso. Auf diese Weise sorgen sie dafür, dass der Boden frei bleibt und ohne menschliche Eingriffe als Weide genutzt werden kann, auch und besonders in sensiblen Landschaftsschutzzonen. Man begegnet ihnen nicht nur auf mancher Weide am Bodden bei Born, Wieck oder Saal, sondern auch auf der 28 Hektar großen Schmidt-Bülten am Eingang des Prerowstroms. Bülten sind Inseln mit Salzwiesenbewuchs und beliebten Vogelnistplätzen. Offensichtlich stören die bis zu einer Tonne wiegenden dunklen Kolosse das Brutgeschäft nicht. Selbst den Winter scheinen die Indischen Wasserbüffel zu vertragen. Nur von Januar bis maximal Ende April stehen sie vor allem wegen der empfindlicheren Kälber und Jungtiere in einem Stall mit Außenbereich für den Auslauf. Die Büffel sind kein reines Hobby. Eher ein agrarischer Nebenerwerbszweig mit Luft nach oben, wie die Experten behaupten. Auf dem Darß sind sie nach und neben der Landschaftspflege auch Fleischlieferanten. Im Hofladen des Gutes Darß kann man sie zu einer Spezialität verarbeitet erwerben.

Frühling in Prerow

... Prerow hat den Strand«

Am Ufer des Prerowstroms, allerdings auf der Zingster Seite, ist seit der Herrschaft des letzten slawischen Rügenfürsten Wizlaws III. (1265/8 – 1325) eine Burg mit einem Ringwall bezeugt, die Hertesburg. Auf ihrem Gelände steht heute eine **Herberge** für Gruppen- und Familienreisen (Am Schlaat 1, Tel. 038233-6160, www.herberge-prerow.de). Erwähnt wird die Burg 1295 in einem Bericht aus Newcastle über Stralsunder Schiffe. Außerdem hat man Holzreste im Boden gefunden, sie dendrochronologisch untersucht und auf das Jahr 1291 datieren können. 1532 verfügte die ursprünglich hölzerne Burg über einen quadratischen Turm aus Stein und zwei Wassergräben und Erdwälle. Bereits vor dem 30-jährigen Krieg, also keine 100 Jahre später, sollen die Gebäude zerstört gewesen sein. Es steht zu vermuten, dass sich bereits zu Wizlaws Zeiten auch eine Siedlung in der Nähe am Durchbruch (slawisch: Prerow) entwickelte.

Das Ostseebad Prerow liegt auf der Darßer Seite südlich des Prerowstroms, der einst den Bodstedter Bodden mit der Ostsee verbunden hat und jetzt bei Prerow als Altarm fast parallel zwischen dem Ort und der Ostseeküste verläuft. Nach der großen Sturmflut von 1872, bei der ganz Prerow bis an die Hüfte im Wasser stand, beschloss man den Einlass zur Ostsee dicht zu machen und den Ort durch einen Deich zu schützen. Wenige Jahre später begann der Aufstieg Prerows zu einem der beliebtesten Ostseebäder. Nostalgiker (und vor allem die Sonderform des Ostalgikers) geraten ins Schwärmen, wenn sie von fröhlich anarchischen Strandfeten zu DDR-Zeiten berichten. FKK war Trumpf am Strand im »Mallorca des Ostens«, das **Regenbogencamp** (Bernsteinweg 4-8, Tel. 038233-331, www.regenbogen.ag) gleich hinter der Düne legendär. Ein Hauch davon ist noch zu spüren.

Man kann in Prerow allerdings auch einen weniger partyzentrierten, erholsamen Urlaub erleben. Denn der Ort hat noch immer eine weitgehend aufgelockerte Bebauung mit viel grüner Fläche zwischen den typischen rohrgedeckten Kapitänshäusern mit ihren knallbunten Darßtüren. Partiell ist die lockere Bebauung darauf zurückzuführen, dass die Häuser des Ortes ursprünglich nur auf den Reffen gebaut wurden und die Riegen für die Gärten herhalten mussten oder brach lagen. Daher kommt auch die weitgehende Ost-West-Ausrichtung der Häuserreihen. Zur angesprochenen Erholsamkeit tragen gemütliche Cafés wie die in einem Regionalkrimi erwähnte **»Teeschale«** (Waldstraße 50, Tel

038233-60845, www.teeschale.de,) oder das **»Kiek in«** (Waldstraße 42, Tel. 038233-679973, www.cafeundkultur.de) bei. Sie locken mit einem guten Kuchenangebot, exquisiten Tees und Kaffees in ihre Gärten. Im auffallend roten Haus mit den blauen Läden, im »Kiek in« also, gibt es darüber hinaus Ausstellungen und eine ganze Palette kultureller Veranstaltungen von Konzerten und Kabarett bis zu Tanzkursen. Im Oberstübchen ist zudem eine Bibliothek.

Anfahrt und Orientierung

Von Wieck auf der Bäderstraße kommend biegt man nach links (nach Norden) in den Wiecker Weg ein und erreicht in etwa geradeaus nach zwei Kreuzungen die Strandstraße, die zusammen mit der darauf folgenden Waldstraße das infrastrukturelle Rückgrat des Ortes bildet. Am Übergang von der Strandstraße in die Waldstraße befindet sich das **Informationszentrum** für Prerow (Gemeindeplatz 1, Tel. 038233-6100, www.ostseebad-prerow.de, 15. Juni–Sept. Mo–Fr 9–18, Sa–So 10–17, Nov.–März Mo–Fr 9–16, Sa 10–14, April–14. Juni und Okt. Mo–Fr 9–18, Sa 10–16 Uhr). Bereits an dem Gebäude des Infozentrums kann man ein erstes Exemplar der bunten Darßer Türen kennenlernen.

Unterschiedliche Varianten eines solchen Portals findet man rund einen Kilometer weiter im **Darßmuseum** (Waldstraße 48, Tel. 038233-69750, www.foerderverein-darss-museum.de, Mai–Okt. Di–So 10–18, Nov.–März Fr–So 13–17, April Mi–So 10–17 Uhr). Doch dies ist nur ein kleiner Ausschnitt aus der Bandbreite des Museumsangebotes. Wer sich für die Natur, die Landschaft und die wirtschaftliche Entwicklung des Darß mit all seinen Facetten interessiert, sollte sich möglichst früh nach der Ankunft in Prerow in dieses Museum begeben. Es hilft danach bei den eigenen Ausflügen, der Region mit offenen, wissenden Augen

Eine Region liebevoll vorgestellt

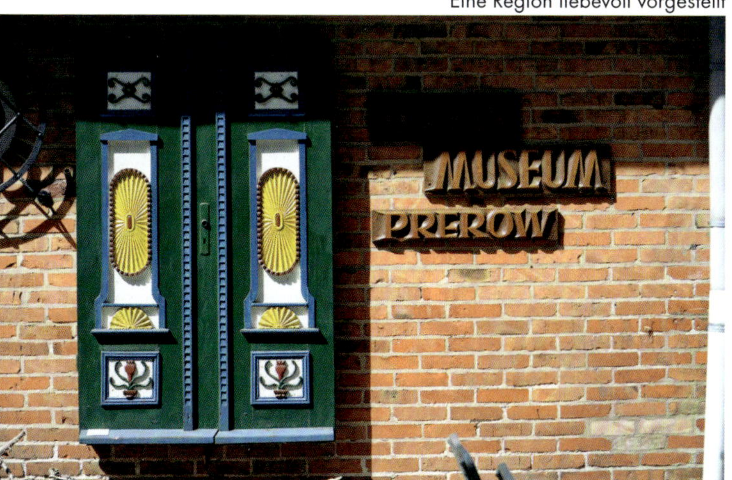

zu begegnen. Das Museum informiert mit Fundstücken und Schautafeln über die Geologie und die Biologie des Darß. Besonders hilfreich ist eine Anordnung frisch gepflückter Pflanzen, bei der man wesentliche, aber auch spezielle Vertreter der örtlichen Botanik kennenlernen kann. Natürlich spielt die lokale Geschichte der Seefahrt und des Fischfangs eine große Rolle, aber auch der Bädertourismus. Selbst Görings Jagdhütte ist Thema. Der Alltag in früheren Zeiten wird ebenso veranschaulicht wie bestimmte Bräuche. Es wird dargestellt, wie das Harz abgezapft wurde, oder gezeigt, wie groß ein frühmorgendlicher Bernsteinfund am Strand von Prerow sein kann. All dies und mehr bietet das 1953 gegründete Heimat- und 1980 zum Landschaftsmuseum umgewandelte Gebäude, das 1935 errichtet wurde und unter Denkmalschutz steht. Sehenswert auch die über 350 Jahre alte mächtige Stieleiche, die ihr Laubdach über das Anwesen ausbreitet. Der Museumsparkplatz hinter dem Haus ist über die Hülsenstraße erreichbar.

Seebrücke und Strand

Etwa in der Mitte des Ortes führt der Weg »Im Schüning« über den Prerowstrom, der von einem urtümlichen Dünenwald gesäumt wird, an allen möglichen Ständen und Boutiquen vorbei zur Seebrücke. Sie wurde 1993 errichtet, der Unterbau diesmal nicht aus Holz, sondern aus verstärktem Beton. Sie ist die vierte an dieser Stelle. Sie reicht knapp 395 Meter ins Meer, ist 3,5 Meter breit, ausgeleuchtet und hat einen unbrauchbar gemachten Schiffsanleger am Nordende. Die Wind- und Wellenverhältnisse sind einfach zu unberechenbar, als dass man ohne Risiko Passagiere anlanden oder abholen könnte. Ein neuer Plan sieht vor, dass die Seebrücke auf 530 Meter verlängert wird und an ihrem Ende ein geschützter Nothafen mit 13 Liegeplätzen für 12 Millionen Euro gebaut wird. Er soll »kuschelig« werden, was vermutlich heißen soll, nicht riesig, sodass er nicht die ganze Küste verschandelt

Der Blick zurück von der Seebrücke fällt auf einen ewig langen weißen Sandstrand, der zu jeder Jahreszeit zu den naturästhetischen Hochgenüssen gehört. Besonders wer im Frühling kommt, erlebt ein herrliches Farbenspiel mit dem dunkelgrünen Nadelkleid der Kiefern über den Dünen und den zartgrünen jungen Laubblättern der Birken und Buchen, die dazwischen vorspitzen. Im Westen reicht der Blick bis zum Darßer Ort, im Osten, je nach Sicht, über Zingst hinaus bis Hiddensee und weiter. Wenn im Sommer der Bär brummt, wird es trotz der Breite und Weite des Strandes schon mal etwas enger, aber auch das kann zu einem Erlebnis fürs Leben werden.

Sollte es einmal regnen, was selten genug vorkommt, kann man die graue Seite von Meer und Strand erleben. Man packt sich gut ein und kann fünf Kilometer weit gehen und ist immer noch am Strand von Prerow. Nach Stürmen kann man besonders gut nach Bernstein oder anderem Strandgut suchen. Oder man beschließt, einen Film zu gucken. Im Zentrum des Ortes zeigt das **Cinema Prerow** (Waldstraße 5, Tel. 038233-60141, www.kino-prerow.de), was das moderne Filmschaffen so alles auf die Leinwand wirft. Meist ist das Programm hochaktuell und es ist auch immer etwas für Jugendliche und Kinder im Angebot.

Der Hafen und die Seemannskirche

Wenn man Prerow Richtung Zingst verlassen will, stößt man am Prerowstrom auf einen Hafen, von dem aus Ausflugsboote und regelmäßige Fähren Richtung Bodden an- und ablegen. Besonders auffällig ist ein an den Mississippi erinnernder Dampfer mit leuchtend roten Schaufelrädern. In Hafennähe jenseits des Prerowstroms befindet sich außerdem der Endbahnhof der ehemaligen Darßbahn. Ein paar Relikte aus der Zeit, als die Gleise noch nicht demontiert waren und der Eisenbahnbetrieb lief, stehen wohlkonserviert vor dem Eingang des zu einem **Hotel mit Restaurant** (Kirchenort 6, Tel. 038233-7070, alterbahnhof@bsw24.de) umgewandelten Gebäudes.

Jenseits der Bäderstraße in Bahnhofsnähe hinter einem Parkplatz erhebt sich Prerows altehrwürdige Seemannskirche. Sie gilt als die älteste auf dem Darß, obwohl die Stelle, an der sie errichtet ist, genau genommen schon auf der Zingster Seite liegt. Als Prerower Kirche war sie aber von Anfang an für den ganzen pommerschen Sprengel auf der Halbinsel gedacht. Selbst aus Ahrenshoop, gut ein Dutzend Kilometer entfernt, pilgerten die

Ein Hauch von Mississippi am Prerowstrom

Vor dem Konzert im Kirchenschiff

Gläubigen durch den Darßwald zum Gottesdienst. Die Zingster konnten trockenen Fußes die Kirche betreten, alle anderen bedurften einer Fähre über den Prerowstrom.

Die Seemannskirche wurde von 1726–28 als Fachwerkkirche gebaut. Sie erhielt bereits 1727 ihren hölzernen, quadratischen Turm, der über hundert Jahre lang bis zur Errichtung des Leuchtturms am Darßer Ort als Orientierungspunkt für die Seefahrt diente. Er markierte die Einfahrt in den Prerowstrom. Andere Kirchen durften in der weiteren Umgebung nur gebaut werden, wenn man auf einen hohen Turm verzichtete. Heute ist der Turm von See her nicht mehr auszumachen, weil die Bäume dazwischen seine Höhe erreicht oder übertroffen haben.

Bereits ab 1740 ging man daran, die Kirche stabiler und repräsentativer zu gestalten, und baute sie als Backsteingebäude aus. Obwohl die Kirche von Anfang an lutherisch-evangelisch war, was einen eher nüchternen Kirchenschmuck erwarten ließe, zeugen der Kanzelaltar und die Taufkapelle von einer durch das Barockzeitalter inspirierten Figurenfülle. Der Kanzelaltar ist vollständig aus Holz geschaffen, auch wenn die eingearbeiteten Säulen den Eindruck von Marmor hervorrufen sollen. Der Himmel der Taufkapelle wird von Engeln getragen, deren Kopf eine Art Turban bedeckt, auch das ein barockes Detail. Im Kirchenraum finden sich die für eine Seefahrerkirche üblichen Votivschiffe, dazu Leuchter und eine Orgel. Sonntags rufen die drei Glocken des Turmes zum Gottesdienst. Häufig finden hier gut besuchte kulturelle Veranstaltungen statt. Ein Gang über den umgebenden Friedhof lohnt, weil man reich verzierte und manchmal vollständig mit einem Lebensabriss betextete Grabsteine finden kann. Einige Eiben sollen über 200 Jahre alt sein.

Noch einmal zur Hertesburg

Auf dem Weg nach Zingst oder ins südliche Boddengebiet fährt man, wie eingangs erwähnt, an der Hertesburg vorbei. Ganz in ihrer Nähe wurde 1873 nach der großen Sturmflut des Vorjahres bei Deicharbeiten ein Schatz gefunden. Dies gab zwei Gerüchten Nahrung. Zum einen, es könne ein Schatz sein, der im Zusammenhang mit der Vermutung steht, dass nördlich von Barth das sagenhafte Vineta existiert haben soll, zum andern, dass es sich um einen Schatz der Vitalienbrüder handeln könnte. Es geht nämlich das Gerücht, dass die Hertesburg auch für Störtebecker und Kumpanen ein Versteck gewesen sein könnte.

Der gefundene Schatz bestand, soweit die Deicharbeiter ihn herausgerückt haben, aus insgesamt 72 Silbermünzen und Teilmünzen, dazu zwei gebogene Barren, die manchmal auch als silberne Armreife bezeichnet werden. Die Münzen konnten bis auf eine identifiziert werden und sind in der Mehrzahl Dirham aus dem arabischen und persischen Raum. Sie wurden um 810, also zu Karls des Großen Zeiten, geprägt. Wer sie sehen möchte, muss sich ins kulturhistorische Museum nach Stralsund begeben. Die ganze Kollektion war in der Vergangenheit auch zeitweise im Darßmuseum in Prerow ausgestellt. Eine Münze oder ihre Kopie ist dort noch zu sehen.

Die Hertesburg hat auch eine zeitgeschichtliche Besonderheit zu bieten. Die Kapelle, die von der Herberge als Café, Proben- und Fetenraum genutzt wird, wurde 1928 vom Orden des Neuen Tempels errichtet. Diese religiöse Organisation geht auf die Gründung von Jörg Lanz von Liebenstein zurück. Dieser religiöse Schwärmer war zugleich ein Ideologe, der vehement rassistisches Gedankengut verbreitete. Seine in Wien kursierenden »Ostara«-Hefte behaupteten von sich, sich auf eine wissenschaftliche Rassenkunde zu berufen, die zur Anwendung kommen müsse, »um die sozialistischen und feministischen Umstürzler zu bekämpfen und die arische Edelrasse durch Reinzucht vor dem Untergang zu bewahren«. Adolf Hitler soll in seiner Wiener Zeit einer ihrer Leser gewesen sein. Die Hertesburg war als Zentrum eines nördlichen Priorats dieser christlich-ariosophen Sekte vorgesehen. 1935 fiel das Grundstück der Sekte an den von Hermann Göring gewünschten Staatsforst auf dem Darß. Die Sekte wurde kurz darauf aufgelöst. Die NSDAP ließ sich in ihrem propagierten und praktizierten Rassismus von niemandem im Reich überbieten.

Ausflug in das südliche Boddenland

Der kürzeste Weg, um vom Darß auf die Südseite des Boddens zu gelangen, führt über die Bäderstraße zunächst Richtung Zingst und am Abzweig vor Zingst nach Süden zur Meiningenbrücke. Sie ist das Nadelöhr zwischen der Halbinsel und dem südlichen Boddenland, zumal die Fahrbahn für den Schiffsverkehr regelmäßig zu festgelegten Zeiten für 15 Minuten oder mehr hochgezogen werden kann.

Das südliche Boddenland ist für den Tourismus mittlerweile ähnlich gut erschlossen wie die Halbinsel selbst. Es geht insgesamt aber weniger umtriebig zu. Trotz einiger Ferienanlagen direkt am Boddenufer hat man noch viel freies Sichtfeld, sodass sich die Seele an der Weite des Landes ergötzen kann. In den Orten gibt es meist ein, zwei beachtenswerte Kleinode, der Glanzpunkt ist die Landschaft selbst. Einmal natürlich durch die meist durch Wiesen begrenzte Boddenseite, der von Booten und Kitesurfern bestückten Wasserfläche und ihrem gegenüberliegenden Ufer, zum andern aber auch durch Haine und Wälder wie das ausgedehnte Barther Stadtholz oder durch große, hügelige Freiflächen, auf denen sich der gelb blühende Raps mit dem Blau des Himmels zu den schwedischen Nationalfarben vereint. Die Stadt Barth wirkt an manchen Stellen noch etwas spröde, hat aber sehr sehenswerte Winkel und Gebäude.

Die Meiningenbrücke

Die Brücke, benannt nach dem Boddenstrom, den sie überspannt, ist ein noch immer funktionsfähiges Industrierelikt mit ablaufender Haltbarkeitsdauer. Sie wurde am 1. Dezember 1910 pünktlich zur Eröffnung der Darßbahn von Barth nach Prerow eingeweiht, obschon noch bis 1912 nachgearbeitet werden musste. Bis zum Ende des Zweiten Weltkriegs versah sie ihren Dienst als Eisenbahn- und als einspurige Kraftfahrzeugbrücke. Sie wurde aufgrund der Intervention von Anliegern nicht von den Verfechtern des Endsiegs gesprengt. Ihre Gleise gingen als Reparationsleistung an die Sowjetunion. Die DDR ließ später bis zur Brücke wieder Gleise verlegen, diesmal aber für die Logistik der Volksarmee, deren Personal auf dem jeweiligen Übungsgelände von Darß und Zingst so mit Nachschub versorgt wurde. Die 470 Meter lange Fachwerkträgerbrücke mit einem Drehbrückenelement soll in Bälde ersetzt werden durch eine neue, tragfähigere Konstruktion. Übergangsweise wurde für den Straßenverkehr eine zweispurige Behelfslösung neben dem fotogenen, an die River-Kwai-Brücke erinnernden Relikt gefunden. Auch die Verlängerung der Bahnanbindung bis Zingst und Prerow ist in Aussicht gestellt. Die jeweils aktuellen Sperrzeiten sind übrigens in beiden Richtungen ein, zwei Kilometer davor an großen Tafeln angezeigt.

Zur augenblicklichen Behelfslösung gehört auch ein Fuß- und Radweg. Dieser führt nach Süden an einem sehr ähnlichen Industrierelikt vorbei. Zwischen Bresewitz und Pruchten erstreckt sich die 723 Meter lange Kloerbrücke über eine flache Senke. Sie ist im biedermeierlichen Sinn ästhetisch so hässlich wie der Eiffelturm, aber wie er aus der Landschaft nicht mehr wegzudenken. Man kann gespannt sein, was aus ihr und der Meiningenbrücke noch werden wird.

Die Meiningenbrücke als fotogener Flaschenhals

Im Bodstedter Hafen

Bresewitz und Bodstedt

Gleich südlich der Meiningenbrücke in Bresewitz stehen noch ein paar Waggons auf den Gleisen. Man kann kostenlos die darin eingerichtete kleine **Eisenbahnausstellung** (Bahnhofstraße 9-11, Tel. 038231-80629, kunst-auf-schienen@gmx.de) besuchen. Außerdem gibt es zusätzlich im Sommer wechselnde Ausstellungen mit Kunst, Schmuck und anderen schönen Sachen. Dazu Veranstaltungen mit Musik, Theater und ähnlichen Vorführungen. Im Ort selbst bietet das **Café Schumann** (Am Anger 1, Tel. 038231-80659, www.eis-schumann.m-vp.de) die Gelegenheit, ihre Spezialitäten, Sanddorn- und Holunderblüteneis, zu probieren. Auch wohnen kann man hier wie dort.

Hinter Pruchten kann man nach rechts (nach Westen) abbiegen und gelangt nach Bodstedt. Bodstedt hat einen kleinen Hafen, von dem Fähren über den Bodden verkehren. Man nennt den Hafen gerne Traditionshafen, denn hier ist nicht nur eine kleine Flottille von Zeesenbooten zu Hause und findet jedes Jahr im September eine viel beachtete Zeesenbootregatta statt, sondern hier wurde auch der Gedanke geboren, die Zeesenboote nicht abzuwracken, sondern sie zu hegen und zu pflegen und als authentische Fremdenverkehrsattraktion in Szene zu setzen.

Man sieht Bodstedt nicht an, dass es einmal für kurze Zeit ein bedeutender Wallfahrtsort war. 1457 geriet ein Barther Schiffer mit seinen 23 Mann Besatzung durch einen orkanartigen Sturm in akute Seenot. In dieser höchsten Gefahr rief er den heiligen Ewald an und siehe da, der Sturm legte sich aufs Wort sofort und alle wurden gerettet. Die daraufhin errichtete Kirche zu Ehren von St. Ewald zog nachweislich von 1478 bis 1508 Scharen von Pilgern an. Aus mittelalterlicher Zeit existieren noch eine Tauffünte aus Granit und im 20. Jahrhundert freigelegte Wandmalereien an der Nordseite der Kirche. Der übrige Kirchenschmuck stammt fast ausschließlich aus der Barockzeit, darunter auch die feine Deckenbemalung.

Zeesenboote auf dem Bodden

Das erste Mal gibt es in der Mitte des 15. Jahrhunderts Kunde von einem Zeeskahn in Stralsund. Also kann man davon ausgehen, dass es seit mindestens 600 Jahren die Zeesenfischerei gibt. Es handelt sich dabei um eine Fangweise, die für die Boddenfischer bis in die 1980er Jahre üblich war. Hierbei wurde ein Schleppnetz über den Boden gezogen und die jeweilige Größe der Maschen im Netz bestimmte die zu fangende Fischart. Der Ausdruck Zeesboot ist die niederdeutsche Fassung des Wortes Zeesenboot. Das Fanggeschirr und das Grundschleppnetz wurden Zeese genannt. Ein Driftbaum sorgte dafür, dass die Zeese während der Drift, also während eines Fangeinsatzes über den Bodden, aufgespreizt wurde. Eine Drift dauerte ein bis drei Stunden und wurde am Tag in der Regel bis zu dreimal wiederholt. Seit 1900 hat sich neben wenigen anderen ein bis zu 12 Meter langer Bootstyp mit einem Gaffelsegel am Hauptmast und einem Luggersegel am zweiten Mast durchgesetzt. Die Segel haben traditionell eine dunkelbraune Färbung. Alle zwei Jahre werden sie mit Kienteer, Talg, Leinöl und Ockererde »geloht« (imprägniert), was zu dieser charakteristischen Farbe führt.

Nach beendetem Tagewerk entwickelten sich zwischen den Booten auf dem Heimweg schon in früheren Zeiten spontane Wettfahrten. 1909 wurde eine erste offizielle Regatta mit zehn Zeesenbooten abgehalten. Als sich bald nach dem Zweiten Weltkrieg abzeichnete, dass die Zeesenfischerei ihrem Ende entgegenging, wurden aus Liebe zu diesen Booten nicht nur alljährliche Regatten organisiert, sondern der Bodstedter Reeder Ekkehard Rammin gründete eine Werft in Barth, die auch die Rekonstruktion von Zeesenbooten im Programm hat. 1965 fand in Bodstedt die erste beispielgebende Regatta mit acht Booten statt. Zur 50. Regatta 2014 nahmen 53 Zeesenboote teil. Damit wird deutlich, wie groß das Empfinden dafür geworden ist, dass diese Boote einfach zum Landschaftsbild dazugehören. Es heißt, dass am Bodden noch 78 Zeesenboote unter Segeln stehen und etwas mehr als 100 insgesamt existieren. In allen Boddenhäfen bieten Seefahrer einen Turn auf ihren Booten an. Eine gute Gelegenheit, um der Schnelllebigkeit unserer Zeit ein erholsames Schnippchen zu schlagen.

Was geschieht eigentlich im Winter, wenn der Bodden mal zufriert? Es passiert ja nicht mehr so häufig, aber wenn, dann kommen Eissegler zum Einsatz. Auch hier hat sich die Rammin-Werft in Barth gekümmert und neue Eissegler nach alten Vorbildern entworfen. In etlichen Schuppen am Bodden sollen neben vorsintflutlichen Exemplaren auch einige einsatzfähige Expresssegler ruhen.

In Saal sind die Surfer unter sich

Saal und Hessenburg

Nach Saal zieht es in erster Linie Surfer und Kiter, weil man am Saaler Bodden auch als Anfänger gut in Schwung kommt und im Notfall Boden unter die Füße bekommt. Im Ort selbst bietet die Dorfkirche, deren Anfänge auf das Jahr 1285 zurückgehen, für Fantasyfreunde viel Raum zum Spekulieren. Zum einen soll gemäß unbestätigten Sagen unter einem Pfeiler im Kircheninnern ein Templerschatz verborgen sein, zum andern soll es vom Altarraum aus einen geheimen Gang zum Bodden geben oder gegeben haben. Er soll als Fluchtweg für Klaus Störtebecker und seinesgleichen gedacht gewesen sein. Doch damit nicht genug: Unter dem abseits stehenden hölzernen Kirchturm, dessen kräftige Balken dendrochronologisch dem Jahr 1475 zugeordnet werden, soll sich ein zweiter Schatz befinden, nämlich einer des 1401 in Hamburg hingerichteten Seeräubers Störtebecker. Ein mit Sicherheit realer nachgewiesener technischer Schatz ist das Uhrwerk im Turm, das aus der Zeit um 1730 stammt. Das Ziffernblatt dazu ist allerdings irgendwann durch unbefugte Hand spurlos verschwunden.

Saals frühere Bedeutung rührt noch aus der Slawenzeit her. Eine befestigte Anlage schützte den strategisch günstig gelegenen Ort, der über den Prerowstrom Zugang zum offenen Meer hatte. Um 1255, als der Ort das erste Mal in einem Barther Dokument urkundlich erwähnt wird und bereits deutsche Siedler zur Bevölkerung des Ortes zählten, war Saal der Sitz eines Vogtes, der die niedere Gerichtsbarkeit in der Region ausüben durfte. In der sagenumwitterten Dorfkirche war deshalb in der Südostecke auch eine Gefängniszelle eingerichtet mit einem Mauerring, um Gefangene anzuketten. Die Trennung von Kirche und Staat kannte man da noch nicht.

Ein Herrensitz weiter südöstlich, damals Schlichtemühl, heute Hessenburg genannt, wird 1280 das erste Mal bezeugt. Hessenburg ist ein Ortsteil von

Saal, der durch freies Land von ihm getrennt ist. Der herrschaftliche Landsitz bietet heutzutage eine **Unterkunft** (Dorfplatz 2, Tel. 038223-669900, www.kranichhotel.de) der besonderen Art. Was manche für gewöhnungsbedürftig halten mögen, zieht andere gerade an. Die Zimmer sind in einer Weise renoviert, dass die Backsteintextur der Innenmauern unverputzt geblieben ist. Historische Kaminöfen, freistehende Badewannen und indirektes Licht zwischen Parkett und Wänden sorgen für ein eigenes Flair. Im Haus ist ein Kranichmuseum, das eher künstlerischen als zoologischen Ansprüchen dient. An einem Ende des parkähnlichen Geländes befindet sich noch eine zu einem Restaurant umgewandelte **alte Schmiede** (Dorfplatz 5, Tel. 0160-2980812, die angestammte Internetseite www.schmiede-hessenburg.de springt sofort auf die des obig erwähnten Kranichhotels um). Interessant wird sein, was nach der neuerlichen Umgestaltung vom Inventar, das auf die frühere Nutzung als Schmiede hingewiesen hat, übrig geblieben ist. Das Café-Restaurant zählt zu den 60 besten Lokalen Mecklenburg-Vorpommerns und hat moderate Preise.

Barth, die Vinetastadt

Wer an der Nordseite des Boddens unterwegs ist oder auf dem Bodden selbst, hat eine Landmarke am südlichen Boddenufer sicher längst gesehen, den Kirchturm der Barther Stadtkirche St. Marien. Als

Residieren in der Hessenburg

Glockenturm, Aussichtspunkt und zugleich Seezeichen ist er ein unbedingt aufzusuchendes Ziel in der Stadt, die neben Ribnitz-Damgarten zu den geschichtsträchtigsten am Bodden zählt. Man nähert sich Barth, der Stadt mit nicht ganz 9000 Einwohnern, auf der Bäderstraße und bemerkt nach dem Abzweig nach Osten (links) im Ausläufer des Barther Stadtholzes am Holpern, dass unter der Asphaltdecke Platten verborgen sind, die an die ersten Autobahnen erinnern. Tatsächlich war die Bäderstraße hier die befestigte Zufahrt zu einer Munitionsfabrik, die im Wald versteckt lag.

Im Dammtor nisten die Dohlen

Vom Westen kommend betritt man die Altstadt am Dammtor, dem einzigen verbliebenen Stadttor aus der mittelalterlichen Stadtbefestigung. Es ist 35 Meter hoch und seine Durchfahrt vier Meter breit. Im Augenblick ist es nur zu bestimmten Anlässen zu begehen. Dazu muss ein Treppengerüst von außen angelegt werden, denn der Einstieg befindet sich in sieben Metern Höhe, dort wo der Umgang der Stadtmauer ehedem ankam. Seit der Renovierung 2008 sind die einzelnen Stockwerke mit soliden Treppen verbunden. Zur Zeit seiner Errichtung um 1425 wurden die einzelnen Geschosse durch Leitern erreicht, die man anschließend hochzog. Im obersten Stockwerk befindet sich eine geschützte Dohlenkolonie, deren Mitglieder den Torturm umkreisen und durch die Erkeröffnungen auf den Kanten zu ihren Nistplätzen Zugang haben. Auch Turmfalken scheinen hier zu brüten. Die Trauferker an den Turmwänden im vierten Geschoss dienten als Pechnasen.

Die Stadtkirche St. Marien

Im Altstadtzentrum erhebt sich die evangelische Kirche St. Marien, die ein eindrucksvolles Beispiel der norddeutschen Backsteingotik darstellt. Ihr Bau wurde um 1250 begonnen und 200 Jahre später mit der Vollendung des 80 Meter hohen Turms abgeschlossen. Die dreischiffige Hallenkirche erstreckt sich über sechs Joche. Das gotische Kreuzrippengewölbe des zweijochigen Chors im Osten stammt aus der ersten Bauphase. Zu verschiedenen Zeiten wurden im Inneren einschneidende Veränderungen vorgenommen. Zunächst wurden beim Übergang zur Reformation alle für überflüssig gehaltene Ausschmückungen, die aufgrund des damaligen Reichtums der Stadt prächtig gewesen waren, entfernt.

Am Dammtor beginnt Barths Altstadt

Das weithin sichtbare Wahrzeichen der Stadt

Eine am Ende des 18. Jahrhunderts unbrauchbar gewordene Orgel wurde 1820/1 komplett durch eine von der Orgelbaufamilie Buchholz neu geschaffene ersetzt. Sie gehört mit 50 Registern und 2939 Pfeifen zu den größeren Orgeln Deutschlands. Ihr Bestand an rund 90 Prozent der originalen Teile ist ebenfalls außergewöhnlich. Ihre letzte umfassende Renovierung fand 2003 durch die Dresdner Orgelbaufirma Wegscheider ihren Abschluss. Seither finden jeden August hochkarätige Orgelwochen statt.

Der weiß getünchte Innenraum erregte bei seinem Besuch in Barth das Missfallen des preußischen Königs. Er beauftragte Friedrich August Stüler, einen Schüler Schinkels, mit der neugotischen Ausgestaltung des Innenraums. Zu den Neuerungen gehören der Altar mit Baldachin, die Kanzel und der Orgelprospekt. Von Karl Gottfried Pfannschmidt stammen im gleichen Stil die großformatigen Gemälde der Apostel, der Geburt und der Himmelfahrt Christi. 1863 war diese Neugestaltung abgeschlossen. Nach der Wende wurden die Dächer des Kirchenschiffes und des Turmes grundlegend restauriert und zudem Schwachstellen im Mauerwerk saniert.

Zu den Schätzen der Kirche gehört eine reich verzierte Tauffünte aus dem 14. Jahrhundert. Sie ist das einzige bronzene Taufbecken aus dieser Zeit

Blick vom Turm der Marienkirche auf den Markt und das Damenstift

Die Barther Bibel

Die berühmte Barther Bibel aus dem Jahr 1588 befindet sich im **Niederdeutschen Bibelzentrum St. Jürgen** (Sundische Straße 52, Tel. 038231-77662, www.bibelzentrum-barth.de, Di–Sa 10–18, So 12–18, feiertags 14–17 Uhr). Sie wurde auf Veranlassung des pommerschen Herzogs Boleslaw XIII. in der eigens geschaffenen Fürstlichen Druckerei Barth in mittelniederdeutscher Sprache gedruckt. Mittelniederdeutsch war die lingua franca, die Handelssprache der Hanse. Sie ist eine Übersetzung der deutschen Bibel Luthers. Das aufwendig gestaltete Werk benutzt knapp 700 Schrifttypen aus 10 Typenreihen und wird von 90 in Metallklischees gegossenen Holzschnitten illustriert. Im Exemplar des Bibelzentrums sind die Holzschnitte koloriert. Es gibt von den als Altarbibeln gedachten Druckwerken noch rund 80 Exemplare in der Welt. Das Bibelzentrum steht an der Stelle eines Asyls für Leprakranke. Von der alten Bausubstanz von St. Jürgen existiert noch ein für die Andacht genutzter Chorraum. Das Zentrum verfügt über einen Bibelgarten und über Gästezimmer für Urlauber.

in Vorpommern. Außerdem besitzt die Kirche eine 4000 Bände umfassende Bibliothek von kirchengeschichtlicher Bedeutung. Sie ist nicht öffentlich, aber es sind auf der Empore im nördlichen Seitenschiff einige Buchexemplare unter Glas zu besichtigen. Die ältesten Werke stammen aus dem 15. Jahrhundert.

Um auf die Aussichtsplattform des Turmes in 55 Metern Höhe zu gelangen, muss man sich in das schräg gegenüberliegende Lesecafé der Gemeinde begeben, denn dort wird der Schlüssel für den Aufgang verwahrt. Der Aufstieg ist nicht nur wegen der überwältigenden Aussicht auf Stadt und Bodden ein Erlebnis, sondern auch weil man einen Einblick in die Gewölbekonstruktion des Kirchendaches und einen Überblick über das Geläut erhält. Die große Glocke stammt aus dem Jahr 1585. Im **Lesecafé St. Marien** (Papenstraße 6, Tel. 038231-77381, Di–Fr 13–16 Uhr) kann man für einen kleinen Obolus Tee oder Kaffee und selbst gebackenen Kuchen essen, ein Buch aus dem Regal ziehen, etwas fair Gehandeltes erwerben oder sich angeregt mit den ehrenamtlichen Helferinnen und Helfern unterhalten oder alles zusammen.

Vom Damenstift zum Seniorenheim

Am Markt befindet sich die **Touristeninformation** der Stadt (Markt 3–4, Tel. 038231-2464, info@stadt-barth.de, Mo-Fr 10–13 und 14–17, Di 10-18 Uhr). Wer im Lesecafé bei St. Marien noch nicht eingekehrt ist, bekommt noch eine zweite Chance. Am östlichen Ende des Marktes in einem Eckhaus gibt es exzellenten Kaffee und Kuchen und Torten vom Feinsten. Auch der Service ist bemerkenswert aufmerksam und freundlich. Das **Galerie-Café** (Klosterstraße 1, Tel. 038231-499057, www.galerie-cafe-barth.com, Di–So

10–18 Uhr) hat auch einen kleinen Innengarten und erfreut das Auge durch wechselnde Ausstellungen.

An der Stelle, an der die Rügenfürsten und Pommernherzöge seit dem Mittelalter eine schlossähnliche Residenz besaßen, steht das barocke Gebäude des »Adeligen Fräuleinstifts«. Es liegt, von der Kirche St. Marien aus gesehen, jenseits des Marktes und fällt durch seine gelbe Farbe ins Auge. 1733 gegründet, ist es die einzige schwedische Stiftung auf deutschem Boden. Es diente, obwohl es auch als Jungfrauenkloster bezeichnet wurde, der Unterbringung von unverheirateten adeligen Damen, die kein Gelöbnis ablegen mussten, und auch von unversorgten Witwen. Es gab zwar Verhaltensregeln im Bereich des Stifts, aber die Damen waren frei, den Komplex jederzeit wieder zu verlassen. Nach gründlicher Renovierung ist es jetzt ein Seniorenheim für betreutes Wohnen. Bemerkenswert ist neben dem Mittelrisalit das wappengekrönte Tor, das den Zugang zum Anwesen von der Stadtseite verschließen kann.

Museen, der Hafen und zwei Bühnen

Am Marktplatz befindet sich ein kleines, irgendwie aus der Zeit gefallenes Museum. Es ist eine Ansammlung aller Arten von Spielzeug, das so wohl nie mehr auf die allerjüngste Menschheit losgelassen werden wird. Das **Puppen- und Spielzeugmuseum** (Markt 5. Tel. 0163-3655913, www.barther-puppenmuseum.de, tägl. 10–18 Uhr) ist in einem Raum neben dem dazugehörigen Café untergebracht und weckt bei Erwachsenen Erinnerungen, die den heutigen Kindern vermutlich so exotisch vorkommen wie dem Computerfreak der Ticker eines Morsegeräts. Im Café kann man bei hauseigenem Kuchen die Bilder der eigenen Kindheit Revue passieren lassen. Eine Ferienwohnung bietet das Café übrigens auch an.

Informativ wird es im **Vineta-Museum** (Lange Straße 16, Tel. 038231-81771, www.vineta-museum.de, Mo–Fr 10–17, Sa–So 11–17 Uhr), das in einem ehemaligen Kaufmannshaus aus dem 18. Jahrhundert untergebracht ist. Im Mittelpunkt steht die Stadtgeschichte Barths. Wer wissen will, was es mit dem Vineta-Mythos auf sich hat, bekommt alle Quellen und Argumente präsentiert. Wer eher romantisch gestimmt ist, sollte sich die Tableaus des Malers Louis Douzette anschauen. Seine Stärke waren Mondscheinbilder, auch vom Darß, denn der Ehrenbürger der Stadt Barth war Stammgast in Prerow. Und ein typischer Erfinder wird im Untergrund des Museums auch gewürdigt: der Seemann und Reeder Peter Kreeft. Im Sommer 1800 tauchte er am Darßer Ort mit dem ersten oberflächenversorgten, geschlossenen Helmtaucheranzug. Dazu bedurfte er der Unterstützung zweier Helfer. Einer steuerte das Begleitboot und der andere betätigte im Boot den Blasebalg, um dem Erfinder unter Wasser die nötige Luft zuzuführen. Im selben Sommer wandelte Peter Kreeft mit seiner neuen Erfindung auf dem Meeresboden des Strelasunds und stellte so dem schwedischen König die neue Welt des Tauchens vor. Doch dieser hatte offensichtlich andere Sorgen, als sich die Unterstützung des Erfinders angelegen sein zu lassen. Als 35 Jahre später in London ein Patent angemeldet wurde, hatte es große Ähnlichkeit mit Kreefts Gerät. So kann's Erfindern gehen.

In drei Räumen der Druckerei Anthonys Erben in der Langenstraße 30 ist eine Zweigstelle des Vineta-Museums aus einer privaten Sammlung entstanden. Sie ist dem Leben und Wirken der Dichterin der »Ostseewellen«, Martha Müller-Grählert, gewidmet. Besucher sind bis auf Weiteres wochentags von 10 – 17 und am Wochenende von 11 bis 17 Uhr willkommen. Das Gebäude selbst ist auch ein schöner Hingucker.

Nach soviel Museumswissen lohnt der Hafen einen Abstecher. Er soll im 19. Jahrhundert der zweitgrößte Seehafen Preußens nach Stettin gewesen sein. Heute ist er als Marina für 30 ständige und 60 Gästeliegeplätze und für den Fährverkehr auf dem Bodden eingerichtet. Die Open-air-Feste der Stadt wie die Hafentage finden in erster Linie hier statt. Auf einem Vorsprung befindet sich ein gläserner Pavillon, in dem der Hafenmeister und ein Infobüro untergebracht sind. An der östlichen Hafenflanke geben ehemalige Speicher von beträchtlicher Größe einen Hinweis auf die einstige Bedeutung des Hafens. Der östlichste von ihnen wurde umgebaut und beherbergt das **Hotel Speicher Barth** (Am Osthafen 2, Tel. 038231-63300, www.speicher-barth.de) in bester Boddenlage.

Östlich des Hafens befand sich in den Räumen einer ehemaligen Zuckerfabrik aus dem Jahre 1937 ein Technik- und Erlebnismuseum, das nun geschlossen ist. Das Kulturhaus dieser Zuckerfabrik ganz in der Nähe wurde in eine Spielstätte der Vorpommerschen Landesbühne Anklam umgewandelt und firmiert seither unter dem Namen **Barther Bodden Bühne** (Trebin 35A, Tel. 038231-66380, www.barther-theater.de). Neben den Profis haben hier auch zwei Laienschauspielgruppen ihre Auftritte. Außerdem findet sich im Programm immer etwas für Kinder.

Südlich des Altstadtkerns organisiert das **Kulturhaus „Haus der Werktätigen"** (Bahnhofstr. 2, Tel. 038231-2474) in seinen Räumen Theateraufführungen, Filmvorführungen, Lesungen, Vorträge, Konzerte u.a.. Das Kulturhaus ist auch verantwortlich für das Bespielen einer im Süden der Stadt befindlichen, idyllisch gelegenen **Freilichtbühne.** Vor der überdachten Bühne ist Platz für rund 1.000 Zuschauer. Jedes Jahr in der Zeit von Mai bis September finden hier Konzerte aller Art sowie Kinder- und Volksfeste und andere Freiluft-Veranstaltungen statt.

Ein Erfinder findet keinen Spender

Mahnen, Gedenken und Lernen

Barth hat wie jede Stadt in Deutschland auch eine fatale faschistische Vergangenheit. Etwa 7000 Zwangsarbeiter, die aus den KZs Ravensbrück, Buchenwald, Dachau und anderen rekrutiert wurden, mussten in der Nähe des im Süden der Stadt 1936 eingerichteten Flughafens ab 1943 für die Flugzeugproduktion der Firma Heinkel unter unmenschlichen Bedingungen schuften. Das Außenlager stand unter dem Kommando der SS. Die Ernährung, die Bekleidung und die medizinische Versorgung der KZ-Insassen waren rudimentär und brachten Hunderten Krankheiten und Tod. Hinzu kamen die Schikanen der SS, mancher deutscher Vorarbeiter und mancher Kapos. An der Ausfallstraße nach Süden wurde noch zu DDR-Zeiten ein Mahnmal errichtet. In der Nähe des Mahnmals auf dem Gelände des ehemaligen Außenlagers gibt es einen Gedenk- und Lernpfad mit erläuternden Schautafeln.

Am westlichen Ende der Stadt, am Vogelsang, gab es ein Kriegsgefangenenlager für alliierte Offiziere, das Stalag Luft I. Die US-amerikanischen und die Offiziere des britischen Commonwealth wurden nach internationalem Kriegsrecht gemäß der Genfer Konvention hier festgehalten und behandelt. Für die sowjetischen Gefangenen in der Abteilung gleich nebenan fühlten sich die Nazis daran nicht gebunden. Kurz bevor der Krieg zu Ende ging, kam es im April 1945 zu einem Vorfall, der die US-amerikanischen Gefangenen überraschte. Plötzlich tauchte auf dem Gelände ein schwarzer Mercedes auf, dem der auch den Amerikanern bestens bekannte Boxweltmeister Max Schmeling entstieg. Zum Ärger älterer Offiziere wurde Schmeling von den jungen amerikanischen Leutnants mit kaum verhohlener Begeisterung (»Hi, Max«) begrüßt und um Autogramme gebeten. Schmeling verteilte seine Autogrammfotos, entschwand kurz darauf freundlich winkend wieder und das Spekulieren über den Zweck des Besuchs begann. Vermutlich eine Art »Good-will«-Besuch, bevor die Niederlage des Dritten Reiches besiegelt war.

1985 wurden die Behörden der DDR informiert, dass eine Delegation von 80 der ehemaligen gefangenen Offiziere Barth besuchen kommen wollte. Ein würdiger Empfang wurde vorbereitet. Ganz Barth begrüßte die ungewöhnliche Gästegruppe auf dem Marktplatz. Auf den ausdrücklichen Wunsch der Veteranen wurde eine Gedenkstätte am Vogelsang eingerichtet. Der deutsch-englische Text endet mit: »Nothing has been forgotten«. Nichts ist vergessen.

Kenz – die alte Wallfahrtskirche und das neue Brunnenhaus

Wenn man von Barth genau nach Süden Richtung Löbnitz fährt, passiert man den Barther Flughafen und erreicht kurz darauf einen Abzweig nach Osten (links), der nach Kenz führt. Im Zentrum des Ortes erhebt sich eine um 1400 errichtete Wallfahrtskirche, die über Buntglasfenster aus dem 16. Jahrhundert verfügt, eine absolute Rarität. Im Kreuzrippengewölbe der Backsteinkirche kann man zudem die freigelegte und ergänzte alte Bemalung sehen. Einem Bild der pommerschen Maria wurde Heilkraft nachgesagt. Ein Scheinsarkophag des Pommernherzogs Barnimir IV. erinnert an dessen Versuch,

Vineta – Mythos und Interesse

Man kann es den Barther Verantwortlichen nicht verdenken, dass sie, noch bevor eine endgültige Klärung der Frage, wo denn das mysteriöse historische Vineta tatsächlich zu lokalisieren sei, ihre Stadt zur Vineta-Stadt deklarierten und diesen Beinamen als Warenzeichen eintragen ließen. Ein rätselhafter Mythos ist häufig attraktiver als ein restlos geklärter Sachverhalt. Und um Attraktivität muss jede Stadt in Zeiten der Konkurrenz um Besucher, Image und Wachstum bemüht sein. Von daher steht auch zu vermuten, dass das Risiko einer endgültigen Klärung dieser Frage allenfalls die Stadt einginge, die mehr als Spekulationen, also Handfestes auf ihrer Seite hätte. Die Lösung der Frage würde letztlich ja auch nur einer Stadt dienen, der nebelumwehte Mythos aber allen, die wie Wollin, Zinnowitz und Koserow ihren Hut in den Ring geworfen haben. Barth, Zinnowitz und Koserow haben folgerichtig eine Verwertungsgemeinschaft gegründet. Spekulieren über Vineta bleibt, zumal es schwer werden wird, seine Überreste wirklich zu finden, sehr erwünscht. Und wo lag noch mal Atlantis?

vor der Pest zu fliehen, um in Kenz zu genesen. Denn hier gab es als Grund für die Wallfahrten neben dem Marienbild eine Heilquelle. In unmittelbarer Nähe der Kirche befindet sich das neue Brunnenhaus, das dem ehemaligen, 1876 abgerissenen Haus nachempfunden ist. Schon früh wurde das Wasser der zugehörigen Quelle als heilsam empfunden, sodass der Gesundbrunnen (verbunden mit der Hoffnung auf die Hilfe durch die pommersche Mutter Gottes und dem Versprechen des Sündenerlasses) von 1400 bis 1510 zum größten Zulauf von Pilgern in ganz Vorpommern führte. Einige Zeit nach der Reformation gegen Ende des 17. Jahrhunderts gab es einen zweiten, jedoch nicht ähnlich bedeutsamen Aufschwung des Pilgerwesens. In einer Untersuchung konnte die Heilwirkung des Wassers nachgewiesen werden, wie es hieß. Bis zu 50 Kurgäste kamen jährlich im Sommer, um sich durch das Wasser und Gebete zu kurieren. Mit dem Badeboom an der Küste endete schließlich das Kenzer Kurwesen. Immerhin kann der durstige Passant heute wieder in einem guten Ambiente das erfrischende Heilwasser an der Pumpe abschöpfen und trinken. Möge es nützen!

Das neue Brunnenhaus in Kenz

Unterwegs auf Zingst

Die östlichste der drei ehemaligen Inseln ist der lang gestreckte Zingst. Auch der Zingst ist noch nicht zur Ruhe gekommen. Wie sich der Darß am Darßer Ort nach Norden in die Ostsee vorschiebt, so dehnt sich der Zingst nach Osten aus, wobei er zuweilen an der Ostseeküste etwas Land verliert. Die Rede ist von 0,4 Meter pro Jahr. Vermutlich wäre Zingst, wenn nicht menschliche Eingriffe dies verhindert hätten, längst mit Hiddensee zusammengewachsen. So gibt es östlich von Zingst die einzige Ein- und Ausfahrt für den Bodden. Die Kartenmacher kommen den Veränderungen jedoch kaum hinterher. Bei den einen ist die östliche Insel Großer Werder noch Insel, bei anderen schon oder noch Landzunge von Zingst. Ein Sturm kann genügen, um verlandete Wasserwege auch wieder zu öffnen und offene zu schließen.

Zingst – der östliche Teil der Halbinsel

Die Bäderstraße führt von Prerow südlich des Ostseedeichs entlang zum Abzweig nach Zingst. Zingst besteht, grob umrissen von West nach Ost, aus dem Freesenbruch, dem Ort Zingst selbst, dem Osterwald, der Sundischen Wiese und Pramort und – nicht zu vergessen, aus einem rund 18 Kilometer langen, breiten weißen Sandstrand und einem eingedeichten Boddenufer. Die befestigten Deiche mit Asphaltwegen sind in der Regel für den Fahrradverkehr freigegeben.

Zingst ist rund 20 Kilometer lang und zwischen zwei und vier Kilometern breit. Die Deiche sind bitter nötig, denn viele Areale liegen nur einen Meter über Normalnull. Alles was östlich des Ortes liegt, gehört zum Nationalpark. Der Osterwald ist klassifiziert als Schutzzone II, die Sundische Wiese und Pramort gehören zur Schutzzone I. Ebenfalls geschützt sind alle Bülten und Boddeninseln. Sie zu betreten ist nicht erlaubt. Auf manche Inseln werden im Frühjahr mit der Fähre Rinder transportiert, die durch ihr Grasen und ihren Aufenthalt eine Verschilfung verhindern sollen.

Nach Funden zu schließen, gab es auf Zingst schon in der Jungsteinzeit erste Besucher und wohl auch Siedler. Nach der Großen Völkerwanderung erreichten Slawen auch diese Insel. In der Mitte des 13. Jahrhunderts gab es erste Kolonisten aus Deutschland, angelockt durch Landschenkungen und zeitweilige Steuerfreiheit. Die Namen der früheren Ortsteile Pahlen und Hanshagen lassen auf ein Nebeneinander von slawischen und deutschen Gründungen schließen. 1290 wurde der Ostteil der Insel der Stadt Stralsund überantwortet, die das Gelände in erster Linie als Weide benutzen ließ. Der Name Sundische Wiese ist darauf zurückzuführen. Streitigkeiten um den Einflussbereich mit der konkurrierenden Stadt Barth und der Gemeinde Zingst führten 1578 dazu, die Areale genauer zu markieren. Ein bemooster Grenzstein mit dem Emblem Stralsunds ist wenige Meter südwestlich vom Dreiländereck (am Nordende des Wiecker Wegs, eines Nord-Süd-Wegs durch den Osterwald) jenseits des ehemaligen Grenzgrabens zu erkennen.

1625 fiel ein kleinerer Ort namens Straminke bis auf wenige Häuser einer Sturmflut zum Opfer. Was von Straminke übrig blieb, ging im 19. Jahrhundert im Ort Zingst auf, ebenso wie Pahlen,

Hanshagen und ein nicht mehr genau lokalisierbarer Ort »Rothes Haus«. Der Flurname Alte Straminke markiert einen einstigen Durchlass zur Ostsee, durch den sich die Wassermassen Bahn brachen.

Auf Zingst war – was die Landwirtschaft anging – Schmalhans Küchenmeister, weswegen der Fischfang, der Viehtransport, die Holzabfuhr und der Torfabbau wesentliche Nebenerwerbsquellen waren. Zur Haupterwerbsquelle avancierte auch hier recht bald die Seefahrt und – in der Glanzzeit der Segelschifffahrt – der Schiffbau. Drei Werften in der Werftstraße am Bodden konnten bis zu 40 Meter lange Schiffe bauen. Ab 1844 gab es in Zingst auch Vorbereitungskurse für Seefahrer. Auf Zingst hatten in der zweiten Hälfte des 19. Jahrhunderts bis zu 80 Kapitäne und rund 60 Steuerleute ihr Zuhause. Noch vor dem Ersten Weltkrieg ging die Blüte der Segelschifffahrt zu Ende. Die Dampfschifffahrt dampfte an Zingst weitgehend vorbei.

Fast nahtlos gelang der Übergang zum Seebad. Ein erstes Badekomitee wurde 1881 gegründet. Es lobte Zingst als eine der schönsten Ostseeortschaften mit steinfreiem Strand und propagierte die Anfahrt per Fähre von Barth, deren damalige Fahrtzeit mit vier Stunden angegeben wurde. Da Badegäste anfangs nicht einfach in die Ostsee liefen, wurden für Damen und Herren am Strand zwei getrennte und auf Distanz gehaltene Badeanstalten eingerichtet. Erst ab 1913 durften beide Geschlechter in einem Familienbad zusammen die Badefreuden genießen. Im Dritten Reich wurde Zingst KdF-Bad. Einen Urlaub an der See sollte sich nun jeder leisten können, auch die sogenannten »Arbeiter der Faust«. Das Familienbad wurde überflüssig. Gleichzeitig wurde Zingst Wehrmachtsstandort. Auf der Sundischen Wiese übten fortan Flak-Batterien für den eingeplanten künftigen Krieg. 1939 wurden 8000 Badegäste gezählt. Bis dahin Rekord.

Nachdem der Krieg für das Deutsche Reich verloren war, wurde die Sundische Wiese bald wieder zur Militärzone, diesmal für die zehn Jahre nach Kriegsende gegründete Volksarmee. Zunächst war an Badetourismus nicht zu denken, denn alle Fremdenzimmer

Strandidylle vor dem Ansturm

waren mit Flüchtlingen vorwiegend aus den Ostprovinzen belegt. Doch schon 1947 nahm der FDGB das Heft des Massentourismus in die Hand. Zwar gab es nun keine Bahn mehr bis nach Zingst, aber der Bus- und Individualverkehr brachte dennoch jährlich anwachsende Urlauberscharen. 1949 war die Vorkriegsmarke mit 10.000 Besuchern bereits überschritten. Auch die Wende konnte diesem Trend nichts anhaben, im Gegenteil: Rund eine Viertelmillion Besucher buchen etwas mehr als 1,5 Millionen Übernachtungen pro Jahr. Damit hat Zingst, das sich seit 2002 Ostseeheilbad nennen darf, mehr Zuspruch als jeder andere Ort auf der Halbinsel.

Zingst, der Ort

In Zingst wohnen etwas mehr als 3000 gemeldete Einwohner. Sein Zentrum, das eher eine Achse bildet, erstreckt sich von der Seebrücke und dem Kurhaus im Norden über die Fußgängerzone mit der Strandstraße, der Klosterstraße und dem Fischmarkt über die Hafenstraße bis zum Hafen am Bodden im Süden. Die Bebauung besteht aus einer Mischung aus erhaltener und sanierter älterer Bausubstanz, die noch den dörflichen oder den ursprünglichen Seebadcharakter früherer Zeiten widerspiegelt, und zahlreichen modernen Einsprengseln, die sich meist, wie das Steigenberger Hotel beim Kurhaus zum Beispiel, angenehm ins Ortsbild einfügen. Der einzige Ortsteil, der etwas vom Zentrum abgesetzt ist, liegt im Osten und heißt Müggenburg.

Seit 1993 verfügt Zingst über eine solide und beliebte Seebrücke. Sie ist 270 Meter lang und besitzt seit 2013 an ihrem Ende eine **Tauchgondel** (An der Seebrücke, Tel. 038232-389077, www.tauchgondel.de, Juni – Aug. tägl. 10 – 21, Nov. – März Mi – So 11 – 16, sonst tägl. 10 – 19 Uhr), mit der man rund vier Meter unter die Wasseroberfläche abtauchen kann. Während man nach Fischen und anderem Meeresgetier Ausschau hält, erfährt man Wesentliches über die Ostsee und die Lebewesen in ihr. Ein Tauchgang dauert 30 bis 40 Minuten. Am Zugang zur Seebrücke trifft sich zum Sonnenunter-

Die Seebrücke in Zingst

gang alle Welt. Im Sommer 2015 war ein kostenloser allabendlicher Salsakurs am Strand gleich neben der Seebrücke der große Hit.

Das »Haus des Gastes« auf dem Deich ist ein Neubau aus dem Jahr 2000. Es ersetzte das Kurhaus aus der unmittelbaren Nachkriegszeit. Neben der **Touristeninformation** (Seestr. 56–57, Tel. 038232-81521, www.zingst.de, tägl. 9–21 Uhr) beherbergt es das Kurhausrestaurant mit Meerblick und an seiner östlichen Seite befindet sich eine Bühne für alle denkbaren Live-Auftritte.

Begibt man sich in der Fußgängerzone Richtung Süden, trifft man gleich am Anfang der Strandstraße hinter einer roten Boje auf den ehemaligen Rettungsschuppen der Seenotrettung. Das Gebäude stammt aus dem Jahr 1867 und es zeigt in einer kleinen Ausstellung historische Rettungsgeräte. Die Zingster Station der Seenotrettung geht auf eine Gründung im Jahr 1857 zurück. Seither waren ihre Mitarbeiter kontinuierlich im Einsatz, um Menschen in Not zu retten. In der Nähe des alten Rettungsschuppens lädt das **»mee(h)r Gourmet«** (Strandstraße 62, Tel. 038232-15690, Mo-Sa 10-18 Uhr, So 12-18 Uhr, Nov-März nur Mo-Sa 11-18 Uhr) ein zum selbst gerösteten Kaffee und Leckereien in eine Art Wintergarten mit historisierendem Mobiliar. Beim Gang durch Zingst findet man mehrfach an den Häuserwänden Markierungen, die die Höhe des Wasserstands während der Sturmflut von 1872 anzeigen.

Dietrich Bonhoeffer und Gerhard Krause

Bei der Flut von 1872 stand auch das Wasser in einer gerade mal zehn Jahre alten Kirche, der Peter-Pauls-Kirche, die etwas abseits vom Zentrum beim

Abtauchen ohne Sauerstoffgerät und Anzug

Friedhof am Kirchweg steht. Sie ist eine Kirche mit einem zurückhaltenden und klaren Design und gehört zu den Schöpfungen des Schinkel-Schülers Friedrich August Stüler. Sie ist im neogotischen Stil errichtet und man weiß, dass der preußische König Friedrich Wilhelm IV. regen Anteil an der Gestaltung dieses Gotteshauses nahm. Auf dem Friedhof ruht die Barther Dichterin Martha Müller-Grählert (1876–1939), die für ihr Gedicht »Mine Heimat« deutschlandweit bekannt wurde. Allerdings musste sie jahrelang um die Urheberrechte kämpfen und als man sie ihr zugestand, war es zu spät. Sie starb blind und verarmt in einem Altenheim. »Wenn die Ostseewellen trecken an den Strand« wurde vertont und ist noch immer eines der volkstümlichsten Schunkellieder bei Heimatfesten.

Die Kirche selbst ist insofern von historischer Bedeutung, als der durch sein grausames Schicksal in aller Welt bekannte evangelische Theologe Dietrich Bonhoeffer hier 1935 eine eindringliche Predigt hielt, in der er Psalm 42 auslegte. Sein Beharren auf dem Vorrang einer religiösen Wahrheit vor staatlich verordneten Wahrheiten trug ihm die Gegnerschaft des faschistischen Staates ein. Bonhoeffer leitete ein Predigerseminar für angehende Pfarrer im am östlichen Rand des Ortes gelegenen Zingsthof. Die Gestapo verbot das Seminar und Bonhoeffer führte es in Finkenwalde bei Stettin bis ins Jahr 1937 illegal weiter. 1938 versammelte er noch einmal seine ehemaligen Seminaristen im Zingsthof und löste anschließend das Seminar auf.

In seiner kurzen Zeit auf Zingst gewann Dietrich Bonhoeffer den Pastor der Gemeinde, Gerhard Krause, für die Bekennende Kirche, die im Gegensatz zu den »Deutschen Christen« die NS-Ideologie ablehnte. 1944 warf man dem unter Gestapo-Beobachtung stehenden Zingster Pastor eine defätistische Haltung angesichts des Krieges vor, verhaftete ihn und verurteilte ihn wegen »Wehrkraftzersetzung« zum Tode. Seiner Hinrichtung entging er nur, weil bei einem Bombenangriff die seinen Fall betreffenden Gerichtsakten verbrannten. In der sowjetisch besetzten Zone geriet er erneut ins Fadenkreuz der Staatsmacht, als er sich für die Gründung einer CDU-Ortsgruppe einsetzte. Er verstarb 1950 an den Spätfolgen seiner Gestapo-Haft.

Schmuseschlösser und organische Kunst

Dietrich Bonhoeffer wurde auf persönlichen Befehl Hitlers nach einer Gerichtsverhandlung ohne Anwalt und Zeugen im KZ Flossenbürg im April 1945, einen Monat vor Kriegsende, durch Erhängen umgebracht. An der Wand der Westminster Abbey in London steht sein Standbild in einer Reihe von Statuen, die Persönlichkeiten repräsentieren, die als Märtyrer des 20. Jahrhunderts bezeichnet werden. Neben Dietrich Bonhoeffer sind Martin Luther King, Maximilian Kolbe, Óscar Romero und sechs weitere Menschen, die für ihre Überzeugungen sterben mussten, dargestellt.

Die Kreativzentren

Am anderen Ende der Strandstraße, die numerisch ihr eigentlicher Beginn ist, befindet sich das Ensemble des **Heimatmuseums** (Strandstr. 1–3, Tel. 038232-15561, www.museumshof-zingst.de, April–Okt. tägl. 10–18, Nov.–März Do–So 10–16 Uhr, Jan. geschl.). In dem ehemaligen, aus dem Jahre 1867 stammenden Kapitänshaus (»Haus Morgensonne«) wird man vielen Geschmäckern gerecht. Es ist ein Heimatmuseum, in dem auch der Alltag vergangener Zeiten, die Seefahrt (mit stattlichen Schiffsmodellen) und die Entwicklung zum Badeort dokumentiert werden. Doch es ist mehr. Es ist auch Gemäldegalerie, Bernsteinwerkstatt, schöpferisches Zentrum für Hobbykünstler in der **Pommernstube** (Strandstraße 3, Tel. 038232-89770, info@pommernstube-zingst.de, April–Okt. tägl. 10–18, Nov.–März Do-So10–16 Uhr), Museumsbäckerei und Café. Im Museumshof finden Freiluftkonzerte und andere Veranstaltungen statt. Außerdem gibt es einen gut geführten Kräuter- und Bauerngarten. Alles Gründe, hier einmal, gern auch mit Kindern, vorbeizuschauen.

Ein Kreativzentrum, dessen Schwerpunkt auf der Fotografie liegt, ist das **Max Hünten Haus** (Schulstraße 3, Tel. 038232-165110, www.erlebniswelt-fotografie-zingst.de, tägl. 10–18 Uhr), das nur einen Katzensprung vom Heimatmuseum entfernt liegt. Hier gibt es Workshops für kreative Fotografie und man kann sich, wenn man ohne Kamera oder entsprechende Ausrüstung ankommt, alles, was man in diesem Zusammenhang braucht, ausleihen. Mit digitalen Medien bestens ausgestattet, bietet das »Max« von der Fotoschule bis zum Ausdruck der eigenen Bilder, was das Fotografenherz begehrt. Zwei Bibliotheken (mit starken Fotobänden) und Galerien erlauben das Schmökern, Recherchieren, Gucken und Genießen. Häufig wird schon in der Umgebung des Max mit bestechenden großformatigen Bildern der fotografische Blick magisch angezogen. Am Übergang von Mai auf Juni findet mit »Horizonte Zingst« ein viel beachtetes Fotofestival statt.

Gemeinhin verband man mit dem Namensgeber des Hauses Max Hünten (1869–1936) die Malerei. Er stammte aus einer Düsseldorfer Künstlerfamilie. Der Vater war ein berühmter Schlachtenmaler gewesen und der Sohn studierte Kunst, u.a. in Paris. Im Ersten Weltkrieg siedelte er mit seiner irisch-deutschen Frau nach Zingst über und widmete sich in seinen Gemälden zunehmend der Landschaft der Halbinsel. Als er 1936 in Zingst starb, ahnte noch niemand etwas von einem besonderen Schatz, den er hinterlassen hatte. Vor einigen Jahren wurden aus seinem Nachlass im Heimatmuseum Zingst 500 Glasplatten- und 300 Zelluloidnegative entdeckt. Sie wiesen Max Hünten als einen Weltreisenden aus, der von 1910 bis 1914 nicht nur den Globus bereiste, sondern von allen seinen Stationen eindrucksvolle Photographien angefertigt hatte. Weil man weiß, welchen Aufwand es damals bedeutete, die Welt kunstvoll abzulichten, und weil dieser Fund in Kennerkreisen so viel Furore machte, benannte man das Kreativzentrum für Fotografie sehr passend nach ihm.

Am westlichen Ortsende gibt es eine naturwissenschaftlich ausgerichtete Einrichtung, in der man Experimente durchführen oder ablaufen sehen kann. Das **Experimentarium** (Seestraße 76, Tel. 038232-84678, experimentarium@zingst.de, Juli–Aug. tägl. 10–18, Sept.–März Di–So 10–16, April–Juni Di–So 10–17 Uhr) richtet sich an alle Altersstufen, besonders aber auch an junge Forscher. Für letztere gibt es auch einen Spielplatz mit Leuchtturm und steuerbaren Schiffsmodellen. In Workshops werden besondere Themen wie z.B. die Prinzipien der Raketentechnik behandelt. In der Multimediahalle kann man vor allem fotografisch reizvollen Diaschauen, besonderen Filmen und Vorträgen beiwohnen. Außerdem gibt es dort zahlreiche Unterhaltungsveranstaltungen vom Kindertheater bis zum Kabarett.

Herbstfarben im Osterwald

Der Osterwald – das Regenmoor

Östlich des Ortes Zingst schließt sich ein unter Naturschutz stehender, urwüchsiger Wald an. Der Osterwald hat eine Größe von nicht ganz 800 Hektar und ist damit der größte Wald auf Zingst, viermal größer als der westlich gelegene Freesenbruch. Ihn durchzieht ein Wegenetz von etwa 30 Kilometern, von denen zehn Kilometer für die Allgemeinheit zum Spazierengehen und Wandern freigegeben sind. Seit der Wald als Bestandteil des Nationalparks unter Schutz steht, versucht man seine frühere Entwässerung wieder rückgängig zu machen, um ihn, soweit noch vorhanden, als Regenmoor zu erhalten und weitere Moorbereiche sich entwickeln zu lassen. Der Wald ist voller Wild, auch wenn man Geduld und Stille braucht, um die Tiere zu sehen. Wo Gräben eine Art Furt bilden, findet man eine Vielzahl von Spuren. Waldameisen bilden bis zu 80 cm hohe Hügel. Entwurzelte Bäume sind keine Seltenheit. An klaren Stellen in den Gräben erkennt man, dass der vor Urzeiten angeschwemmte Sand den Untergrund bildet. Insgesamt ist der Spaziergang durch den Osterwald eine erholsame Alternative zum Strandleben. Und wer noch nie einen Mammutbaum gesehen hat, kann sechs Exemplare in Reihe entdecken und jenseits eines Wegs gleich daneben ein jüngeres siebtes. Die Bäume befinden sich ungefähr in der westlichen Mitte des Waldes.

Die Sundische Wiese und Pramort

Hinter dem Osterwald östlich eines Anwesens, das **Schlösschen** (Landstraße 32, Tel. 038232-8180, www.hotelschloesschen.de) heißt und aus einem Hotel mit Restaurant und Hofladen besteht, beginnt die Sundische Wiese. Der Zugang ist für alle Fahrzeuge außer für Fahrräder gesperrt. Am Schlösschen befindet sich ein großer, kostenpflichtiger Parkplatz für Pkws. Um sich auf die Kernzone I des Nationalparks einzustimmen, empfiehlt sich der kostenfreie Besuch des kleinen **Informationszentrums** (April – Sept. tägl. 10 – 17, Okt. – März tägl. 10 – 16 Uhr) am Anfang der Wegstrecke. Im ehemaligen Wachgebäude des einstigen militärischen Sperrgebiets ist die Ausstellung »Lebensräume« zu besichtigen. Mit Exponaten und Schautafeln erhält man einerseits einen Einblick in die Ökologie des Parks, andererseits weist eine Ausstellung in einem Nebenzimmer unter dem Titel »Militärstandort im Norden« auf die ehemalige militärische Nutzung der Gegend hin.

Die Sundische Wiese hat im 20. Jahrhundert mehrere Versuche erlebt, sie agrarisch zu nutzen. Da der Boden aber keine großen Erträge hergab, scheiterten viele Bauern und verließen die Gegend. Schließlich folgte 1937 die Einrichtung eines Wehrmachtstandorts mit Kasernen. Die verbliebenen Bauern mussten weichen, damit Bombenabwürfe geübt und Flak-Schützen gedrillt werden konnten. Rund 14.000 Bombentrichter wurden auf der Sundischen Wiese gezählt. Man hat nach dem Zweiten Weltkrieg versucht, wieder Bauern anzusiedeln. Die Bedingungen waren aber nicht besser geworden. Bereits 1956/57 beanspruchte die kurz vorher gegründete Volksarmee das Gelände nördlich der Zufahrt nach Pramort für Schießübungen. Die von Naturschützern und Naturfreunden vorgeschlagene Einrichtung eines Naturparks wurde verworfen. Sie sollten erst nach dem kurzen Intermezzo der Bundeswehr nach der Wende zum Zug kommen.

Während im Norden die Volksarmee ballerte, sollte das südliche Areal der Sundischen Wiese nun aber mit aller Macht produktiv ausgerichtet werden. Dazu düngte man die Wiesen weltmeisterlich, zerstörte dabei jedoch ursprüngliche Salzwiesen und andere Biotope und belastete neben den Böden auch die angrenzenden Gewässer. Das ehrgeizige Projekt eines volkseigenen Guts Zingst sah vor, Futtermittel industriell herzustellen. Das führte zur Errichtung des größten Trockenwerks Mitteleuropas, in dem das Gras der Sundischen Wiese zu Pellets gepresst wurde. Die Wende und die Einrichtung des Nationalparks haben auch dem ein Ende gemacht.

Der Weg nach Pramort führt über einen dem Wind ausgesetzten Deich. Die Sundische Wiese ist mit Baumreihen und Waldstücken durchsetzt. In den feuchten Niederungen zwischen Ostsee und Deich tummeln sich Wasservögel wie Pfeif-, Krick- und Knäkenten, aber auch Pracht-, Stern- und Haubentaucher. Hier lohnen sich ein Bestimmungsbuch, Teleobjektiv und Feldstecher. Ob die Flächen mit wie abgestorben aussehenden Bäumen darauf zurückzuführen sind, dass hier Bombenabwürfe geübt und Flugabwehrkanonen abgefeuert wurden, ist bei einer der Natur überlassenen Entwicklung nach über zwanzig Jahren nicht immer klar.

Vogelrevier bei Pramort

In Pramort, das einmal ein kleiner Ort war, aber keiner mehr ist, erwartet den Besucher ein geschützter Aussichtspunkt, von dem aus man in Ruhe die Vögel der Region beobachten kann. Im Dach der Station nisten Rauchschwalben. Früh am Morgen und bei der Abenddämmerung kann man besonders auch mit Wildschweinen rechnen, die mit ihren Frischlingen durch das Grasland streifen. Zur Kranichzeit im Frühjahr und im Herbst kann das Besucherkontingent begrenzt werden, besonders am Nachmittag, wenn die Rückkehr der Kraniche zu ihren Schlafplätzen am Großen Werder ansteht. Von Pramort führt ein Fußweg zur Hohen Düne, von der aus das offene Meer und die als Nist- und Brutflächen streng geschützten Strände des östlichen Zingst einzusehen sind.

Ausflug in das südöstliche Boddenland

Jenseits der Grabow, so heißt der Bodden südlich von Zingst und östlich von Barth, ist Kranichland – und zwar nicht nur zur jeweiligen Saison in Frühjahr und Herbst, sondern auch im Sommer. Es haben sich nämlich mittlerweile einige Kraniche entschieden, nicht nach Skandinavien zu ziehen, sondern in der nicht sehr dicht bevölkerten Gegend um Groß Mohrdorf zu bleiben, zumal sich die seichten Wasserquartiere in der Nähe auch im Sommer als Schlafplätze gut eignen. Hauptsaison in der Gegend bleiben nach wie vor Herbst und Frühling und darauf hat man sich gut eingestellt.

Man erreicht die Region von Zingst aus auf der Bäderstraße (L21) über die Meiningenbrücke nach Barth. Die L21 geht auch östlich von Barth weiter. Man verlässt sie vor Neu Lassentin nach Nordosten (links) Richtung Günz und Groß Mohrdorf.

Der Günzer See und das neue Kranorama

Am Günzer See gab es schon länger eine Beobachtungsstation für Kraniche. Seit dem Oktober 2015 wurde in der Nähe das Kranorama eingerichtet. Es ist eine Beobachtungsstation, die vom Nabu-Kranichinformationszentrum in Groß Mohrdorf geleitet wird und die mit allen technischen Mitteln ausgerüstet ist, sodass die ganz in der Nähe äsenden Glücksvögel bei jeder ihrer Regungen federnah beobachtet werden können. Wer nicht ganz kranichversessen ist, dem fällt auf, dass sich gleichzeitig vor aller Augen noch viele andere Vögel mit Nahrung versorgen. Es sollen knapp über 100 Vogelarten sein, die sich hier wie die Kraniche jeden Herbst einfinden. Wieso ist man sich so sicher, dass die Kraniche auch zum Günzer See kommen? Um die Landwirtschaft zu entlasten, werden Körner ausgestreut. Das ist offensichtlich ein Angebot, das die Kraniche nicht ausschlagen können. Das Kranorama ist ein geschlossener Raum, sodass die Vögel bei ihrem Treiben nicht gestört werden. Barrierefreiheit sorgt dafür, dass auch Menschen mit Handicap in den Genuss des Schauspiels kommen können. Wer sich als Gruppe anmelden möchte, wende sich an das Nabu-Zentrum in Groß Mohrdorf.

Groß Mohrdorf

In Groß Mohrdorf ist das **Nabu-Kranichinformationszentrum** (Lindenstraße 27, Tel. 038323-80540, www.kraniche.de, März–Mai tägl. 10–16, Juni, Juli und Nov. Mo–Fr 10–16, Aug. tägl. 10–16:30, Sept–Okt. tägl. 9:30–17:30). Bevor man loszieht, um auf eigene Faust Kraniche zu beobachten, sollte man sich hier kundig machen. Es ist ein kleines Museum, das umfangreich und in Wort und Bild über das Leben der Kraniche informiert. Man erfährt Näheres über ihre Flugrouten, ihre Rastplätze und wo sie überwintern. Es werden Statistiken aufgeführt, wie viele der Vögel jährlich kommen und gehen. Dem Besucher werden auch Verhaltensregeln an die Hand gegeben, sodass er weiß, wie er sich den Vögeln, ohne sie zu stören, nähern kann. Interessant sind auch die Bemühungen, über Sender den Flug einzelner mit Namen versehener Kraniche mitzuverfolgen und zu dokumentieren. Vielleicht erhält man auch eine Antwort darauf, inwieweit das Gedicht

Grús grús (Kranich)

Die Kranichvögel (Grúes oder Grúiformes) sind auf 22 Familien verteilt und umfassen insgesamt 204 Arten. Die Familie der Kraniche (Grúidae) umfasst 14 Arten, von denen es in Europa in freier Wildbahn nur zwei gibt: den Jungfernkranich und den Grauen oder Eurasischen Kranich (Grús grús). Um letzteren geht es am Bodden. Seine Winterquartiere findet er vorwiegend in Südfrankreich und Südspanien oder Nordafrika. Im Frühjahr kehrt er nach Schweden, Finnland und Nordwestrussland zurück. Die Frühjahrsrast im Boddengebiet ist meist sehr viel kürzer als die Herbstrast, die von Mitte August bis Mitte November (oder wie im milden Dezember 2015 fast bis Weihnachten) dauern kann.

Der Balztanz dieser Schreitvögel findet vor der Paarung statt, kann aber auch zu anderen Zeiten zumindest in Ansätzen beobachtet werden. Die Weibchen legen in der Regel zwei Eier (maximal drei) in der Zeit zwischen April und Juni in ein flaches, aus Pflanzenteilen geformtes Nest am Boden, das an unzugänglicher Stelle im durch Gestrüpp geschützten Sumpfland oder einem Moorinselchen angelegt wird. Beide Elternvögel wechseln sich ab beim Brüten, wobei die Brutzeit knapp einen Monat dauert. Der geschlüpfte Jungkranich, der als Nestflüchter gilt, wird nach rund zehnwöchiger Hege durch seine Vogeleltern selbstständig. Der erwachsene Kranich ist kein Kostverächter. Er frisst Getreide, Beeren, Eicheln und Hülsenfrüchte ebenso wie Regenwürmer, Insekten und sogar Mäuse.

Die markanten trompetenähnlichen lauten Warn- und Flugrufe der sehr scheuen Kraniche werden ermöglicht durch ihre extrem langen Luftröhren, die einen entsprechenden Resonanzraum bilden. Ihr Flugbild zeigt sie mit einem lang vorgestreckten Hals und weit nach hinten gestreckten parallelen Beinen. Sie erreichen »Reise«geschwindigkeiten von bis zu 65 Stundenkilometern. Charakteristisch ist bei langen Strecken ihre V- oder Keilformation, die ihnen ermöglicht, im Windschatten des jeweils vorausfliegenden Vogels, Energie zu sparen.

Rückerts ein witzig gemeinter Mythos ist oder auf echten Beobachtungen basiert.

Barhöft

Zum Abschluss einer Fahrt ins nordöstliche Boddenland sollte man es nicht versäumen, in Barhöft vorbeizuschauen. Es ist ein nördlicher Ortsteil von Klausdorf und liegt in der Nähe der einzigen Verbindung zwischen Ostsee und Bodden, der Barther Zufahrt. Barhöft verfügt über einen kleinen Hafen, aber weswegen man hierher kommt, liegt außerhalb des Ortes, etwas nördlich von ihm. Dort befindet sich ein Aussichtsturm auf der Steilküste. Um auf den eigentlichen Turm zu gelangen, muss man eine Münze einwerfen und kann ihn über eine außen angebrachte Metalltreppenkonstruktion besteigen. Von oben lässt sich die ganze Schönheit dieser Region bestens betrachten: Inseln und Sandbänke, tiefblaues Wasser mit den Spuren von Wind und Strömung, Vogelkolonien über den Untiefen, weiße Segel, die aufs offene Meer hinaus streben, ein Himmel wie gemalt. Der Blick reicht bei schönem Wetter von Zingst bis Stralsund und Rügen. Am Fuß des Aussichtsturms gibt es ein kleines interaktives Museum zum tierisch interessanten Leben im und am Wasser.

Der kluge Kranich

Wenn der Kranich über Land und Meer
Fliegen will, schlingt er vorher
Kleine Steine, nicht zu schwer
In den Kropf, dann flieget er.

Wenn er müde wird vom Flug,
Rasten möcht' auf seinem Zug,
Und nicht weiß, ob Meer, ob Land
Unter seinem Bauch sich fand;

Läßt er fallen einen Stein,
Wenn der plumpt ins Meer hinein,
Fliegt er zu; wenn ohne Braus
Er aufs trockne fällt, da ruht er aus.

Friedrich Rückert (1788–1866)

Wo Bodden und Ostsee ineinander übergehen

Ein Ausflug in die Hansestadt Stralsund

Stralsund gehört zu den deutschen Städten, die man gesehen haben muss, und zwar am besten sofort. Die Stadt erstrahlt derzeit in einem Glanz, der Tradition und Moderne fast immer auf das Glücklichste vereint. Nicht von ungefähr ist die Altstadt zusammen mit der von Wismar in die Liste der UNESCO-Weltkulturerbe-Stätten aufgenommen worden. Die noch verbliebenen Baustellen sind eine Art Gradmesser des erreichten Fortschritts. Es ist gelungen, den gewordenen Charakter der Stadt zu erhalten und die Einsprengsel der Moderne sorgen dafür, dass aus ihr kein museales Rothenburg geworden ist. Überall in der Stadt ist auch Jahrzehnte nach der Wende eine Aufbruchstimmung spürbar, die sich auch auf den zufälligen Besucher überträgt.

Ein Blick von oben

Um unmittelbar die Faszination Stralsunds zu erleben, braucht es einen sonnigen Tag und das bisschen Kondition, um auf den Turm der Marienkirche **(1)** zu steigen. Welch ein Rundumblick von der Aussichtsplattform in 90 Metern Höhe! Die gut überschaubare Altstadt wird umsäumt von glitzernden Wasserflächen. Deiche verbinden sie mit den Vorstadtvierteln. Jenseits des großzügig überbrückten Strelasunds erstreckt sich im Norden und Osten die Insel Rügen. Zu Füßen des Betrachters heben sich aus dem bunten mittelalterlichen Straßenraster neben den ehemaligen Klöstern zwei mächtige Kirchen heraus, im Nordosten St. Jakobi und im Norden St. Nikolai. Wenn man eine Stadt lieben könnte, Stralsund möchte man knuddeln und die selbstbewusste Dohle, die auf dem Turm gar nicht scheu herumspaziert, dazu.

Ein Rundgang durch die Stadt

Die spätgotische **Marienkirche** (Sept.-Okt. 10-17, Nov.-Aug. tägl. 10-12 und außer Sa und So 14-16 Uhr) erhebt sich mächtig im Süden der Altstadt und ist selbst ein erster Glanzpunkt. Am Ende des 13. Jahrhundert zum ersten Mal erwähnt, war sie knappe einhundert Jahre lang (1549–1647) mit ihrem damaligen Turm von 151 Metern das vermutlich höchste Gebäude der Welt. Die heutige Turmspitze überragt die Aussichtsplattform um 14 Meter. Die dreischiffige Basilika ist mit einer Länge von 100 Metern die größte Pfarrkirche der Stadt. Bemerkenswert ist, dass es den Baumeistern und Statikern gelungen ist, ohne auskragende äußere Stützmauern und Stützbögen auszukommen. Ihr Haupteingang im Westen führt zunächst in eine hohe Vorhalle (Narthex) mit einem ungewöhnlichen Netzgewölbe in der Mitte und Sterngewölben an den Seiten. Das Hauptschiff wird von einem Querschiff und dem Altarraum mit Chorumgang im Osten abgeschlossen.

Ein besonderer Schatz ist die 1659 von Friedrich Stellwagen vollendete große Orgel über der Westfront des Hauptschiffs. Nach dem Auffinden der Originalunterlagen aus der Bauzeit (1653–59) ist es 2008 gelungen, die Orgel so wiederherzustellen und zu stimmen, dass sie wieder annähernd wie in der Barockzeit, dem »Goldenen Zeitalter« der norddeutschen Orgel-

Stralsund
N
Herbert-Ewe-Straße
Gerhart-Hauptmann-Straße
Sarnowstraße
Knieperdamm
Knieperdamm
Seestraße
Am Johanniskloster
Fährwall
Johannischorstr.
Knieperwall
Olof-Palme-Platz
Kniepertstr.
Schillstraße
Külpstr.
Fährstr.
Fährstr.
An der Fährbrücke
Werder
Mühlenstraße
Alter Markt
Semlowerstraße
Nikolaikirche
Mauerstr.
Am Fischmarkt
Hafenstraße
Knieperwall
Mühlenstraße
Mönchstraße
Ossenreyerstraße
Badenstraße
Kleinschmiedstr.
Jacobiturmstr.
Wasserstraße
Am Querkanal
Heilgeiststraße
Heilgeiststraße
St.-Jacobi-Kirche
Papenstraße
Jacobichorstraße
Am Langenwall
Bielkenhagen
Böttcherstraße
Filterstraße
Badstüberstr.
Frankenstraße
Apollonienmarkt
Langenstraße
Langenstraße
Frankenstraße
Knieperwall
Knieperteich
Poststraße
Henning-Mörder-Str.
Katharinenberg
Neuer Markt
Frankenstraße
Lobshagen
Marienchorstraße
Frankenwall
Tribseer Straße
Bleistraße
Bleistraße
Marienstraße
Frankenwall
Frankenteich
Frankenhof
Hafenstraße
Frankendamm
Kleiner Diebsteig
Smiterlowstraße
Kraulhofstraße
Franz-Wessel-Straße
Wulflamufer
August-Bebel-Ufer
Kleiner Frankenteich
Am Flotthafen
Am Langen
1
2
3
4
5
6
7
8
9
10
11
12
13
14
15
16
17
18
19
20
21
22

Die Altstadt mit St. Nikolai und St Jakobi im neuen Glanz

kunst, klingt. Die im Langschiff erhaltenen Musikemporen aus dem Jahre 1660 erlauben noch heute durch mehrere dort und im Raum platzierte Chöre gemäß der Aufführungspraxis der Renaissance und des Barock den Originaleindruck früherer Musikwerke erleben zu lassen.

Eine weitere Besonderheit sind Grabkapellen mit Schauwänden entlang des nördlichen und südlichen Seitenschiffs. Sie wurden um die Mitte des 18. Jahrhunderts errichtet. Vom einst reichen Kirchenschmuck haben die Bilderstürmer der Reformation und die Brände und Kriegswirren wenig übrig gelassen. Sehenswert sind der spätgotische Marienkrönungsaltar und vier Leuchter im Hauptschiff. Zwei von ihnen stammen aus den Jahren 1557 bzw. 1649. Die Figurengruppe im Flügel des nördlichen Querschiffs »Maria mit dem Jesuskind, Petrus mit Zepter und Paulus« wird auf eine Entstehungszeit vor 1440 datiert. Jüngsten Datums sind zwei Buntglasfenster im Chorumgang von Erika Steinbeck. Sie flankieren das zentrale Fenster von 1913 mit dem Titel »Der Auferstandene«.

Außerhalb der Kirche an der südwestlichen Ecke befindet sich die denkmalgeschützte Apollonienkapelle. Sie wurde als Sühneleistung dafür errichtet, dass aufgebrachte Bürger die drei hauptamtlichen Pfarrer von St. Marien, St. Nikolai und St. Jakobi auf dem Scheiterhaufen verbrannten. Anlass dieser Verbrennung war das Vorgehen des obersten Geistlichen, des Kirchenherrn von St. Nikolai, der aus Ärger über die von ihm als mangelhaft empfundene Spendenbereitschaft der Bürger Ländereien der Stadt hatte verwüsten und dabei auch Bürger umbringen lassen. Entlang der Nordseite der Marienkirche auf dem Neuen Markt **(2)** befinden sich Gräber und eine Gedenkstätte für die sowjetischen Toten des Zweiten Weltkriegs. Bis zur Wende trug der ganze Platz den Namen Lenins.

Neben einigen auffälligen Gebäuden wie der Post oder einem gläsernen Chronometer ist die renovierte

Milchbar (Neuer Markt 13, Tel. 03831-3066950, www.milchbar-stralsund.de, Di–So 10–21 Uhr) ein Anziehungspunkt, weil man dort schön in der Sonne eine erste Pause einlegen kann. Nostalgiker vergleichen sie immer noch mit ihrer Vorgängerin aus den 1960er Jahren. Praktisch, aber nicht ganz so gelungen ist die Nutzung des Neuen Marktes als Parkplatz. Immerhin finden hier auch ab und an Veranstaltungen statt sowie der Wochenmarkt (Di und Fr 7–15 Uhr).

Zwei Museen der Extraklasse

An der Nordseite des Marktes beginnt mit der Mönchstraße die Fußgängerzone, die sich über den Apollonienmarkt und die Ossenreyerstraße bis zum Alten Markt hin erstreckt. In der Mönchstraße 38 rechter Hand steht mit dem Museumshaus **(3)** ein aus dem Jahre 1320 stammendes Krämerhaus, das vom Keller bis unters Dach zu besichtigen ist. In über sechs Jahrhunderten haben die verschiedenen Bewohner das Haus nach ihrem Gusto umgestaltet und einiges konserviert. So sind neben einigem Inventar Rokokotüren und unter dem Dach ein noch immer funktionsfähiges gotisches Aufzugsrad zu sehen. Das Museumshaus ist eine der drei Ausstellungsstätten des **Kulturhistorischen Museums (4)** (Mönchstraße 25, Tel. 03831-253617, www.museum.stralsund.de, Di–So 10–17 Uhr, Verbundtickets mit Museumshaus und Marinemuseum auf Dänholm sind im Angebot), das sich auf der Mönchstraße linker Hand im ehemaligen Katharinenkloster anschließt. Dort kann man frühgeschichtliche Funde besichtigen und den weltberühmten Hiddenseer Goldschmuck aus der Wikingerzeit bestaunen. Dazu gibt es Porzellan aus Stralsunder Fertigung, Münzen und Spielkarten, Stilmöbel mehrerer Epochen und eine stattliche Gemäldesammlung, darunter die Frühromantiker Caspar David Friedrich und Philipp Otto Runge, also vieles, was das historische Spektrum städtischen Lebens und mehr umfasst. Sonderausstellungen und zusätzliche Veranstaltungen erweitern darüber hinaus den Horizont.

Die neue Milchbar an alter Stelle

Quasi nebenan im ehemaligen Klosterkomplex besticht das **Meeresmuseum (5)** (Katharinenberg 14–20, Tel. 03831-2650210, info@meeresmuseum.de, Di–So 10–17 Uhr, April–Okt. auch Mo, Kombitickets mit Ozeaneum im Angebot) durch den faszinierenden Kontrast seiner rund 50 Aquarien, Walskelette und Dioramen zum gotischen Backsteinambiente von Klosterkirche, Refektorium und Kellerräumen. Selbst wenn man zu Recht vom modernen Ozeaneum am Hafen begeistert ist, sollte man sich dieses Museum nicht entgehen lassen. Allein das rund 200 Jahre alte und 15 Meter lange Finnwalskelett, das unter dem gotischen Chorgewölbe der ehemaligen Klosterkirche schwebt, ist ein außergewöhnlicher Hingucker. Eine sechs Meter hohe, raffiniert beleuchtete Korallenriffvitrine gibt einen anschaulichen Eindruck vom tropischen Unterwasserleben. Von der Süd- bis zur Ostsee, vom Einbaum bis zum in der Bewegung erstarrten Eisbären, von der Haifischfütterung bis zur präparierten Lederschildröte ergibt sich ein lebhaftes Bild dessen, was man über die Weltmeere wissen möchte.

Giebel, Portale und Dielen

In der Nähe der Leuchtboje an der Bielkenhagen genannten Gasse besitzt das Amtsgericht **(6)** einen klassizistischen Altan mit vier Säulen. Das denkmalgeschützte Gebäude wurde 1869 errichtet. Eine Gedenktafel erinnert an drei antifaschistische Widerstandskämpfer. Dort, wo die Mönchstraße die Heilgeiststraße kreuzt, fällt der Blick nach links (Westen) auf eines der beiden letzten erhaltenen von ursprünglich zehn Stadttoren, auf das Kütertor **(7)**. Urkundlich wurde es bereits 1281 erwähnt, die heutige Gestalt erhielt es 1446, als es neu errichtet werden musste. Benannt ist es nach den damals in der Nähe ansässigen Verarbeitern von tierischen Innereien (Kutteln). Von diesem Tor bis zu dem ebenso landseitig erhaltenen Kniepertor erstrecken sich die durchaus beachtlichen Reste der einstigen und zum Teil wiedererrichteten Stadtmauer.

Ein Skelett wirbt für ein lebendiges Museum

Folgt man weiterhin der Mönchstraße, kann man mehrere kunstvoll restaurierte Giebelhäuser mit schmuckvollen Türen sehen. Einen ersten Blick auf das westliche Portal des Rathauses mit seinem bunten schwedischen Stadtwappen ermöglicht die Ravensberger Straße. Weiterhin der Mönchstraße folgend, erreicht man die Mühlenstraße. An der Kreuzung beider Straßen hat sich im ehemaligen, renovierten **Marstall (8)** für die Reitpferde der Stadt ein Lokal mit Terrasse (Mühlenstraße 10, Tel. 03831-2124341, www.marstall-lokal.de, Mi–Mo 12–18 Uhr) etabliert. Hier kann man mit Blick auf die Stadtmauer gut eine Rast einlegen. Die Mühlenstraße führt nach Norden auf den Alten Markt.

Bevor man diesen erreicht, hat man zur Linken im Haus mit der Nummer 3 die Gelegenheit, im gotischen Dielenhaus **(9)** einen aus dem 14. Jahrhundert stammenden Raum zu besichtigen, in dem in erster Linie Waren hergestellt, registriert, verpackt oder zwischengelagert wurden. Über einen Aufzug konnten die darüberliegenden Speicherräume mit Gütern für eine längere Lagerung bestückt werden. Die restaurierte Diele dient heute der Ausstellung eines Stadtmodells und zahlreicher weiterer Nachbildungen von Gebäuden, darunter auch Leuchttürmen aus der Umgebung. Der Eintritt ist kostenfrei.

Der Alte Markt mit Rathaus und Nikolaikirche

Ebenfalls zur Linken, aber schon am Alten Markt steht das nach einer einstmals einflussreichen Familie benannte Wulflamhaus **(10)**. Seine reich gegliederte Fassade wetteifert im Kleinen mit dem gegenüberliegenden Rathaus. In seinen historischen Räumlichkeiten im Erdgeschoss ist ein beliebtes **Speiselokal** (Alter Markt 5, Tel. 03831-291533, www.wulflamstuben.de, tägl. 8–24 Uhr) mit rustikaler Küche eingerichtet. Im Sommer sitzt man auch vor der Tür und hat den besonderen Blick über den Alten Markt auf das Rathaus und die Nikolaikirche. Wenn man mit Kindern unterwegs ist, spielen diese gerne an der gelegentlich aus dem Untergrund des Platzes aufwallenden »Pfütze« mit Fontäne.

Das Rathaus **(11)** mit seiner Schauseite gehört zu den beeindruckendsten historischen Profanbauten der Stadt. Als es um die Wende des 13./14. Jahrhunderts nach der Erlangung des Stadt- und Marktrechts erbaut wurde, spielte es vorrangig die Rolle eines Kaufhauses (»kophus«), in dem 40 Läden im Erdgeschoss und Lagerräume in den Kellergewölben eingerichtet wurden. In der Halle gab es auch Fleischbänke und in den Keller zogen bald Wein- und Bierschänken ein. 1766 versuchte ein Pächter einer Bierstube sogar eine Kegelbahn einzurichten, doch der Rat war dagegen. Die heutige Konzeption orientiert sich an der Frühzeit und hat wieder Läden in der Halle und ein Café im Südtrakt zugelassen. In diesem historischen Ambiente lassen sich Kaffee und Kuchen gut genießen oder man zieht es vor, in den Schwebestühlen in der Südlaube einfach mal abzuhängen.

Die gotische Backsteinfassade, die während des Barock unter Putz gelegt worden war, ist seit über hundert Jahren wieder frei oder mit Backsteinen des

Die gotische Schaufassade des Rathauses

19. Jahrhunderts neu verblendet worden. Unter den gotischen Giebelchen wurden acht Sternscheiben eingefügt, die für die Hansestädte Bremen, Hamburg, Lüneburg, Lübeck, Wismar, Rostock, Stralsund und Greifswald stehen. Das Kellergewölbe wurde aufwendig saniert und dient beispielsweise dem Weihnachtsmarkt. Die Halle im Erdgeschoss ist eine prunkvollere Nachbildung einer solchen im Heilgeistkloster. Der sogenannte Buttergang kreuzt die Halle und im Osten fällt der Blick auf das Westportal der Nikolaikirche, das in früheren Zeiten nur den Bürgermeistern und Ratsherren vorbehalten war.

Die Ratskirche St. Nikolai **(12)** (tägl. 9–18 Uhr) ist die im Innern am prächtigsten ausgestattete und ausgestaltete Kirche der Stadt. Nach den Gottesdiensten wurden hier alle Ratsverordnungen (»bursprake« genannt) der Öffentlichkeit kundgetan. Sie ist benannt nach dem Heiligen der Seefahrer, nach Nikolaus von Myra. Erbaut wurde sie in der Zeit von 1270 bis 1350 mit einem Hauptschiff und zwei Seitenschiffen, ohne Querschiff. Die beiden Türme wurden später fertiggestellt. 1667 nach einem Brand erhielt der Südturm eine Barockhaube, der Nordturm ein schlichtes Notdach. Einst hatten Gilden, Handwerkerzünfte und reiche Familien 56 Altäre im Kirchenraum. Zu den Schätzen gehören neben Chorgestühl und den verbliebenen Altären das Standbild der »Anna Selbdritt« aus der Zeit um 1290, eine astronomische Uhr von 1394, die zwar vollständig erhalten ist, aber nicht geht, und eine Buchholz-Orgel aus der Mitte des 19. Jahrhunderts. Die Kirche befindet sich in Teilen noch immer im Stadium der Renovierung. Die farbige Ausgestaltung von Wänden und Gewölben entspricht wieder der Bemalung wie in der Mitte des 14. Jahrhunderts.

Die Rathaushalle mit Läden und Gastronomie

Neben dem Infozentrum am Alten Markt befindet sich in der Ossenreyerstraße 1 das Olthofsche Palais **(13)**, in dem eine Ausstellung zum Weltkulturerbe (tägl. 10–17 Uhr) gratis besichtigt werden kann. Im selben Gebäude hat der Maler Jakob Philipp Hackert (1737–1807) einen Tapetensaal gestaltet, der, um ihn zu schonen, nur donnerstags um 16 Uhr besichtigt werden darf. Er enthält auf Tapeten aufgebrachte Wandgemälde, die neben einer klassizistischen Ideallandschaft auch eine Stadtansicht von Dresden zeigen. Ionische Säulen und ein Kassettenfußboden erwecken einen Eindruck, als befände man sich in einem bukolisch anmutenden Sommerpavillon. Der Auftraggeber Adolf Friedrich von Olthof (1718–93) stand als Regierungsrat von Stralsund und Rügen im Dienst des schwedischen Königs und betrieb im Auftrag Ihrer Hoheit eine Münze in der Stadt.

Die nördliche Altstadt

Verlässt man den Alten Markt über die Knieperstraße, erreicht man das zweite erhaltene Stadttor, das Kniepertor **(14)**. Es wurde 1293 zum ersten Mal urkundlich erwähnt und ist nach einer Stralsunder Familie benannt. Sein bereits geplanter Abriss wurde umgangen, indem man statt seiner das benachbarte Haus beseitigte und so eine Schneise für den gewachsenen Verkehr schuf.

Jenseits des Tores befindet sich das **Stralsunder Theater (15)** (Olof-Palme-Platz 6, Tel. 03831-2646-0, www.theater-vorpommern.de), das Bestandteil eines Verbunds von drei Spielstätten in Vorpommern ist, bestehend aus den Theatern Greifswald, Putbus und eben Stralsund. Der Aufbau des Gebäudes, das eine städtische Theatertradition, die bis ins 16. Jahrhundert zurückreicht, fortsetzt, wurde 1913 begonnen und schon ein Jahr später beendet. Die ersten Aufführungen fanden 1916 mitten im Ersten Weltkrieg mit Beethovens Oper »Fidelio« und dem Kleistschen Drama »Prinz Friedrich von Homburg« statt. Mit beiden Werken und viel Prominenz wurde 2008 das nach der Wende generalsanierte Haus abermals feierlich eröffnet.

Fachwerkhäuser im Klosterhof

Wieder zurück innerhalb der Stadtmauer gelangt man über die Schillstraße nach Nordosten zum ehemaligen Johanniskloster **(16)**, dessen Errichtung bereits 1254 den Franziskanern zugestanden wurde. Von der Klosterkirche, die im 16. Jahrhundert einem Brand zum Opfer fiel, sind nur noch ein Chor und Mauerreste erhalten. Auf dem sehenswerten Areal ist das Stadtarchiv untergebracht. Der Öffentlichkeit sind zurzeit nur die beiden Klosterhöfe zugänglich. Sie sind von sehr malerisch aussehenden und bewohnten Fachwerkhäuserzeilen gesäumt. Im ersten Hof erinnert eine Stele an die Verbrechen der Faschisten an der jüdischen Bevölkerung. Auf dem Terrain der ehemaligen Klosterkirche ist die Nachbildung einer Barlach-Pietà zur Erinnerung an die Kriegstoten zu sehen.

Dort wo die Schillstraße in die Fährstraße übergeht, befindet sich eine Reihe vorzüglich restaurierter Gebäude wie das **Aparthotel Altes Schwedisches Konsulat** (Schillstraße 20, Tel. 03831-2833111) und das Hotel Scheelehof (Fährstraße 23–25, Tel. 03831-283300, www.scheelehof.de). Andere Gebäude nahmen sich polnische Restauratoren, die in Warschau und Danzig ihr Können bewiesen hatten, schon während der DDR-Zeit vor. Am Ende der Fährstraße linker Hand trifft man auf eine der ältesten Hafenkneipen des Kontinents, **»Zur Fähre« (17)** (Fährstr. 17, Tel. 03831-297196, www.zurfaehr-kneipe.de, tägl. ab 18 Uhr). 1332 ist bereits von einer Lokalität an dieser Stelle die Rede. Ein Besuch hier gehört für jeden, der in der Stadt über Nacht bleibt, zu den besonderen Erlebnissen.

Der neu gestaltete Hafenbereich

Wer nun eher seine Ruhe haben und die Seele baumeln lassen möchte, wendet sich an der Wasserkante des Strelasunds nach Westen und folgt der Sundpromenade. Im Sommer ist nach rund einer halben Stunde Promenierens allerdings wieder Trubel angesagt, denn man trifft auf das bei guter Witterung stark frequentierte städtische Strandbad. Die kleine Seebrücke ist momentan gesperrt. Beachballfelder, der Sandstrand und der Sund verlocken manchen zu körperlichen Aktivitäten.

Wer den Rundgang zu Ende verfolgen will, geht auf den Hafen zu und hat vor sich am Kai die Gorch Fock **(18)** liegen. Das Segelschulschiff wurde 1933 in Hamburg bei Blohm & Voss hergestellt und ist baugleich mit fünf weiteren Schwesterschiffen. (Die Gorch Fock (II) der westdeutschen Bundesmarine wurde 1958 gebaut.) Bei Kriegsende, als die sowjetische Armee schon in Sichtweite war und mit ihrem Beschuss begonnen hatte, beschloss die verbliebene Mannschaft eine Selbstversenkung des Schiffs. Nach deren Vollzug ragten die drei Masten weiterhin aus dem Wasser. Als Reparationsgut wurde die Gorch Fock der Sowjetunion zugesprochen, gehoben, instand gesetzt und unter dem Namen »Genosse« (Towarischtsch) in Dienst gestellt. Beim Zerfall der Sowjetunion fiel es an die Ukraine und über mehrere Stationen an einen deutschen Verein von Schiffsliebhabern, den Tall Ship Friends, die sich um seine Wiederherstellung kümmern. Es kann täglich von 10 bis 17 Uhr besichtigt werden.

Zum Lachen muss man in Stralsund nicht in den Keller hinabsteigen, es genügt, in den ehemaligen Koggenspeicher zu gehen, in dem sich das **Skurrileum (19)** (Hafenstraße 7, Tel. 0160-96262623, www.skurrileum.de, tägl. 11 – 18 Uhr) befindet. Dieses Museum für Humor zeigt Karikaturen der Extraklasse, die den einen oder anderen Besucher losprusten lassen. Witzigerweise kommen gern auch Dänen und Schweden hierher zum Lachen.

Die Volkswerft hat eine Schiffsschraube locker gemacht

Mit ziemlicher Sicherheit ist das moderne Ozeaneum **(20)** der Höhepunkt eines Stralsundbesuchs, sozusagen das Sahnehäubchen auf der Sanddorntorte. Wer sich hier richtig Zeit nimmt, weiß hinterher im Wesentlichen alles, was man über das Meer und seine Lebensformen wissen können kann und das auf anschauliche, abwechslungsreiche und mitreißende Weise. Ein absolutes Muss! Man mag gar nicht aufzählen, was es alles zu erleben gibt. Für manchen ist schon das Abhängen unter riesigen Walen bei wechselndem Farbenspiel ein Glanzlicht. Das **Ozeaneum** (Hafenstraße 11, Tel. 03831-2650610, www.ozeaneum.de, Juni – Sept. tägl. 9.30 – 20, Okt. – Mai 9.30-18 Uhr) ist es wert, außerhalb eines Stadtrundgangs als alleiniges Ziel besichtigt zu werden.

Kehren wir zu den Kleinoden der Stadt zurück. Zwischen dem Langenwall und der Wasserstraße befindet sich ein in der Substanz gut erhaltenes ehemaliges Spital. Das Heilgeistspital, häufig auch als Heilgeistkloster bezeichnet, und die dazugehörige Kirche **(21)** gehören zu einem Komplex, der in der Vergangenheit Kranke, Arme, Alte und Fremde aufnahm, sie pflegte oder versorgte, bis sie wieder gesund waren oder eine andere Bleibe gefunden hatten. Das »Elendenhaus« für die Armen trägt noch immer seinen ursprünglichen Namen. Sehenswert sind die restaurierten Wohnquartiere und die Kirche. Wenn man Glück hat, ist der Flur des größeren Wohntrakts gerade offen, der vermutlich das Vorbild für den langen Rathausgang war. Die Kirche, die zwischen 1325 und 1329 errichtet wurde, war in der sogenannten Schwedenzeit Garnisonskirche. Seine seit der Reformation durchgesetzte protestantische Ausrichtung zeigt sich in den Kirchenfenstern hinter dem Altar mit den Bildnissen Luthers, Gustav Adolfs II. und des lokalen Reformators Christian Ketelhot. Die Kirche hat nach dem Zweiten Weltkrieg die Gemeindemitglieder von St. Jakobi aufgenommen.

Die über 700 Jahre alte Kirche St. Jakobi **(22)** erreicht man über die Franken- und die Jacobichorstraße. Sie wurde im Zweiten Weltkrieg ziemlich zerstört und wird noch immer eifrig renoviert. Ihre Orgel soll 2017 wiederhergestellt sein. Ihre neue Funktion ist die einer Kulturkirche für die ganze Stadt. Schon jetzt finden im Gustav-Adolf-Saal des Turms Ausstellungen und kleinere Veranstaltungen statt. Im Langhaus können rund 500 Besucher Konzerte oder Lesungen erleben und dabei die noch immer existenten Beschädigungen zur Kenntnis nehmen.

Von St. Jakobi nach Westen gewandt, erreicht man die meist sehr belebte Fußgängerzone und über sie wieder den Ausgangspunkt am Neuen Markt. Wer noch Zeit hat und Lust verspürt, einen Einkaufsbummel zu machen, sollte sich in das restaurierte Kaufhaus in der Ossenreyerstraße 8 – 12 aus dem Jahr 1903 begeben. Das Gebäude wurde ursprünglich von der Familie Wertheim, die aus Stralsund stammt, errichtet und steht für den Beginn einer einzigartigen Warenhauskultur in Deutschland. Sie fand ihren Höhepunkt im Wertheim-Stammkaufhaus in Berlin. Das dortige Kaufhaus war seinerzeit das größte in ganz Europa. Die Stralsunder Filiale besitzt einen Lichthof, der einen kleinen Eindruck vom einstigen Glanz dieser Warenhäuser vermittelt. In diesem Zusammenhang sei auch erwähnt, dass neben der Familie Wertheim auch die in

Die Welt der Wale auf sich wirken lassen

Stralsund ansässige Familie Tietz nahezu zeitgleich in diesem Metier sehr erfolgreich agierte. Beiden Familien wurde im Dritten Reich die Existenzgrundlage entzogen. Die Galeria Kaufhof ist die einzige existente Nachfolgegesellschaft, die noch auf die große Zeit jüdischer Warenhäuser in Deutschland zurückzuführen ist.

Mit dem Rad und zu Fuß

Der Ostseeküsten-Radweg
Radeln und Wandern auf Fischland
Der Darß per Rad und zu Fuß
Mobil und agil auf Zingst

Fahrradtouren, Spaziergänge und Wanderungen

Die folgenden Touren sind mit Einschränkungen als Fahrradtouren und als Wandertouren gedacht. In der Einleitung jeder Tour wird auf diesbezügliche Besonderheiten hingewiesen. Die erste Tour, die über die ganze Halbinsel führt, lässt sich selbstverständlich in Teilstrecken zerlegen, die man als Gerüst für eigene Touren verwenden kann und die hier auch bei anderen Touren stillschweigend oder explizit eingebaut sind. Es werden nur Kilometer- und keine Zeitangaben gemacht. Da die Höhenunterschiede gering sind, muss man für seine eigene Zeitberechnung (als Radfahrer) in der Regel nur die Stärke des Windes und die Beschaffenheit der Wege berücksichtigen.

Stehst du rum oder fährst du noch?

Warnemünde

Bevor es losgeht, noch ein Blick auf Warnemünde, denn der Ausgangsort lohnt durchaus einen Besuch. Am besten begibt man sich zur Strandpromenade und steigt auf den 1898 in Betrieb genommenen und 37 Meter hohen **Leuchtturm** (Am Leuchtturm 1, Tel. 0381-5192626, www.warnemuende-leuchtturm.de, tägl. 10–19 Uhr). Zum Meer hin erstreckt sich der mit rund 150 Metern breiteste Strand der deutschen Ostseeküste mit seinem feinen, weißen Sand. Der 1882 von Wilhelm Bartelmann als Spezialanfertigung für eine an Rheuma leidende Besucherin hier erstmals kreierte Strandkorb beherrscht in langen bunten Reihen das Bild. Es muss kein Zufall sein, wenn gerade ein riesiges Kreuzfahrtschiff am Horizont erscheint, denn Warnemünde ist Deutschlands bedeutendster Hafen für diese schwimmenden Ozeanriesen.

Direkt unter dem Leuchtturm befindet sich das zweite Wahrzeichen der Promenade, der 1967 eröffnete Teepott, ein Treffpunkt mit verschiedenen Lokalitäten und Restaurants. Besonders markant ist seine dreiteilige hyperbolische Paraboloidschale als Dach. Am anderen Ende der Promenade erhebt sich sein architektonisches Gegenstück, das 1971 als hochkant gestellter Quaderbau errichtete Hotel **»Neptun«** (Seestraße 19, Tel. 0381-7770, www.hotel-neptun.de), das in DDR-Zeiten als Unterkunft für Staatsgäste, Wirtschaftsdelegationen und, so munkelt man, Stasi-Agenten diente. Bundeskanzler Willy Brandt hat hier ebenso übernachtet wie der kubanische Staatschef Fidel Castro. In der Skybar tummelt sich heute, wer es sich leisten

kann. 2002 wurde die Sanierung und Neugestaltung des **Kurhauses** (Seestraße 18, Tel. 0381-666416-21, www.kurhaus-warnemuende.de) und des Kurgartens abgeschlossen. Das 1928 im Stil einer neuen Sachlichkeit fertiggestellte Gebäude wurde grundlegend modernisiert, wobei der ursprüngliche Gesamteindruck gewahrt blieb. Wer das ursprüngliche Warnemünde sucht, begebe sich zur Flaniermeile »Alter Strom« und in die angrenzenden Gassen mit schönen Giebelhäusern und Veranden.

Der Ostseeküsten-Radweg

Von Rostock-Warnemünde über die Halbinsel nach Stralsund

Warnemünde – 32 km – Wustrow – 32 km – Zingst – 55 km – Stralsund – insgesamt 119 km

Der Königsweg für Radfahrer über die Halbinsel ist der gut ausgeschilderte Ostseeküsten-Radweg, der hier nur in seinen wesentlichsten Stationen von Warnemünde über Wustrow, Ahrenshoop, Born, Wieck, Prerow und Zingst nach Barth und schließlich Stralsund aufgezeigt wird. Die Beschreibung beginnt im nördlichen Ortsteil von Rostock, in Warnemünde, und zwar an der Fähre, die über die Warnow zum Ostseebad Hohe Düne übersetzt.

Warnemünde – 5 km – Markgrafenheide – 12 km – Graal-Müritz Seebrücke – 8 km – Dierhagen Strand – 7 km – Wustrow Seebrücke – 3,5 km – Althagen Hafen – 9,5 km – Born östliches Ortsende – 4 km – Wieck Darßer Arche – 7 km – Prerow Hafen – 8 km – Zingst Seebrücke – 16 km – Barth Jugendherberge – 15 km – Nisdorf – 7.5 km – Hohendorf – 3 km – Klausdorf – 8,5 km – Parow – 5 km – Stralsund Ozeaneum.

Zunächst führt der Radweg in Straßennähe zum Ostseebad Markgrafenheide und durchquert den Ort entlang der Hauptstraße nach einer Kurve in West-Ost-Richtung. Etwa zwei Kilometer hinter dem Ort auf der langen Geraden überquert man die Straße und biegt nach Norden (links) auf einen Waldweg in die Rostocker Heide ein. Nach rund neun Kilometern Fahrt durch erquickende Waldluft erreicht man die Peripherie von Graal-Müritz. Bis zur Seebrücke darf auf der Strandpromenade nicht mit dem Fahrrad gefahren werden. Man benutzt den Weg, der in etwa parallel dazu verläuft. Spätestens hinter Müritz kann man zeitweise auf dem Deich fahren und über Neuhaus, Dierhagen Strand und Dierhagen Ost der Beschilderung folgend nach Wustrow gelangen. Vor Wustrow passiert man eine historische Nebelstation auf der Düne, an der sich sowohl die Ostseeschifffahrt als auch die Boddenboote orientieren. Man bleibt auf dem asphaltierten Weg und fährt rechts (östlich) an einer locker angeordneten Skulpturengruppe und einem Windkraftrad vorbei bis zur Strandstraße im Zentrum.

Die Strandstraße fährt man nach links (Westen) Richtung Seebrücke, um kurz darauf vor dem Deich nach rechts (Norden) in die Straße »Zur Glippe« einzubiegen. Vorbei am Ferienhaus der Familie des vormaligen Bundespräsidenten führt der Weg bis kurz vor die höchste Erhebung der Halbinsel, bis kurz vor den Bakelberg. Der Weg geht nun weg von der Steilküste nach Osten (rechts) auf die Bäderstraße zu. Man überquert die Straße, gelangt nach Niehagen hinein und erreicht in nordöstlicher Richtung einen Boddenweg, der zum Althäger Hafen mit einigen Yachten und Zeesenbooten führt.

Am Hafen von Althagen hat man drei Alternativen: erstens, man fährt zur Bäderstraße zurück und durchquert den ganzen Ort entlang dieser Hauptverkehrsader bis zur Schifferkirche (im Ort dürfen Radfahrer nur auf dem Weg auf der linken (westlichen)

N
Ostsee
Ostsee
Prerow
Zingst
Große Kirr
Sundische Wiese
Oie
Barther Bodden
Wieck am Darß
Bodstedter Bodden
Born am Darß
Ahrenshoop
Saaler Bodden
Wustrow
Barth
Stralsund
Ostseeheilbad Graal-Müritz
Rostock
L21
L211
L23
L212
L213
L22
B105
B103
B9

Seite der Dorfstraße fahren). Auf diese Weise kann man den Ort kennenlernen und eventuell Proviant einkaufen und anderes mehr. An der Schifferkirche, die nach rechts ausgeschildert ist, fährt man Richtung Bodden weiter und kann entweder dem Weg im Binnenland nach Nordosten Richtung Born folgen oder bis zum Boddenufer vorfahren und dort nach links entlang des Ufers Born erreichen. Zweitens, man fährt vom Hafen aus ziemlich genau nach Norden und bleibt in der Nähe von Ahrenshoop am Ostrand des Ortes unterwegs. Oder drittens, man fährt am Hafen nach Nordosten direkt auf den Bodden zu und erreicht über den Boddenuferweg Born.

Wem eine Tagesetappe von knapp über 40 Kilometern genug ist, kann am westlichen Ortsrand von Born auf dem Regenbogen-Campingplatz sein Zelt aufschlagen oder an der Kreuzung vor dem Gut Darß (erkennbar durch überdimensionierte Stühle und einen ebensolchen Tisch) auf den Darßwald zufahren und sich in der Jugendherberge Ibenhorst einquartieren.

In Born folgt man der Südstraße und der Schulstraße ins Zentrum und daraufhin der Chausseestraße bis zum östlichen Ortsende, wo rund 200 Meter vor der Bäderstraße der Weg nach Bliesenrade nach rechts (Osten) abgeht. Vor Bliesenrade zweigt man nach Norden (links) ab und erreicht entlang des Boddenufers das Zentrum von Wieck mit der Darßer Arche. Über die Straßen Müggenberg und Bauernreihe gelangt man durch den Ort ans östliche Ende. Über Wiesenwege vorbei am Aussichtspunkt mit Blick auf den Lychensee, auf dem sich gerne Vogelschwärme aufhalten, erreicht man den Hafen von Prerow.

Wer nicht über den Ort fahren möchte, überquert an der Fußgängerampel die Bäderstraße und gelangt auf dem Weg an ihrer linken Seite zum Aussichtspunkt auf der Hohen Düne. Dort kann man sowohl den großartigen Strand von Prerow als auch das Binnenland entlang des Prerowstroms überblicken. Entlang der Bäderstraße auf hohem Deich geht es nun nach Osten zum Ortsanfang von Zingst. Am **Campingplatz Freesen-**

Röhricht an der Meiningenbrücke

bruch (Am Bahndamm 1, Tel. 038232-15786, www.camping-zingst.de) kann man entscheiden, ob man weiter geradeaus in den Ort zur Seebrücke fahren will oder ob man hier nach rechts (Süden) abbiegt, die Straße quert, entlang des Freesenbruchs Richtung Meiningenbrücke und auf die Südseite des Boddens radeln möchte.

Auf dem Deichweg fährt man am Freesenbruch entlang nach Süden und folgt nach zwei Kilometern seinem Waldrand nach rechts zur Bäderstraße, die man vorsichtig wegen der schnell und zahlreich nahenden Autos überquert. An der Meiningenbrücke muss man morgens und abends mit kurzen Wartezeiten rechnen, weil bei Bedarf die Fahrbahn hochgezogen wird, um den Schiffsverkehr durchzulassen. Gut für eine Fotopause. Nun geht es rund vier Kilometer gerade nach Süden entlang der alten Bahnlinie weiter. In Tannenheim begleitet der Radweg die Bäderstraße nach Osten (links) in Richtung Barth über die Barthe. Der Fahrradweg wechselt auf die linke Seite und führt geradewegs auf die Innenstadt mit dem Dammtor zu. Man kann auch die Altstadtumfahrung nach links nutzen und kommt am Hafen an. Am anderen Ende der Altstadt folgt man auf der Straße »Trebin« dem Wegweiser zur Jugendherberge, die man nach drei Kilometern erreicht. Wer hier übernachten möchte, kann den Fahrradsattel mit dem Reitsattel vertauschen, denn die **Jugendherberge Barth** (Glöwitz 1, Tel. 038231-2843, jh-barth@jugendherberge.de) verfügt als einzige in Deutschland über einen Reiterhof. In unmittelbarer Nähe kann man auch im Bodden baden.

In Glöwitz fährt man nach rechts (Süden) die höchste Erhebung der Tour hinauf, den Glöwitzer Berg mit 35 Metern, um oben nach links (Osten) Richtung Dabitz zum Bodden abzubiegen. Man hält sich nun kilometerlang in Boddennähe auf, passiert eine museal erhaltene Wasserschöpfanlage und verlässt hinter Nisdorf in Kinnbackenhagen das Boddenufer Richtung Bisdorf und Hohendorf. In Hohendorf befindet sich ein von Schinkel entworfenes Schloss aus dem 19. Jahrhundert. Auf dem Gelände steht ein neu errichtetes Hotel mit einem Café. Nach Hohendorf nähert man sich bei Klausdorf dem Ausläufer des Strelasunds. Hier wäre ein Abstecher nach Norden, nach Barhöft, angezeigt, um dort einen Aussichtsturm auf der Steilküste zu besteigen.

Das Schloss in Hohendorf

Wieder in Klausdorf geht es nach Süden über den Deich des Prohner Stausees nach Parow, nach der Mitte dieses Ortes auf den Strelasund zu, weiter an ihm entlang bis zum Klinikum in Stralsund, wo man auf die Strandpromenade wechselt und schließlich im Hafengebiet mit der weithin sichtbaren Gorch Fock und dem Ozeaneum anlangt.

Radeln und Wandern auf Fischland

Von Wustrow nach Ahrenshoop und an der Steilküste zurück

Wustrow Hafen – Barnstorf – Niehagen – Althagen – Ahrenshoop – The Grand – Strand – Buhne 12 – Bakelberg – Wustrow Seebrücke – Wustrow Hafen – rund 15 km

Ausgangspunkt für diese rund 15 Kilometer lange Rundtour ist die Kirche von Wustrow bzw. der Hafen von Wustrow. Die Kirche ist deshalb gut geeignet, weil man vorher noch einen Blick vom Turm auf die Strecke und die Umgebung werfen kann. Der Hafen eignet sich für Autobesitzer wegen seines großen (gebührenpflichtigen) Parkplatzes. Fahrradfahrer müssen wissen, dass die Strecke auf der Hälfte zwischen Barnstorf und Niehagen stellenweise so sandig ist, dass man je nach Fahrradtyp ab und an absteigen muss. Den Strandabschnitt zwischen The Grand und der Buhne 12 muss man mit dem Fahrrad naturgemäß parallel dazu auf der Dorfstraße überbrücken. Die Buhne 12 erreicht man über den Grenzweg nach Westen.

Barnstorf ist nicht nur wegen seiner Kunstscheune besonders attraktiv, sondern auch weil hier die nach allgemeiner Meinung vier schönsten alten Bauernhäuser von Wustrow stehen. Am Weg markiert ein Findling am »Feuerherd« einen ehemaligen Zeesenbootankerplatz. Bevor man der Biegung des Weges nach Norden Richtung Niehagen folgt, passiert man eine ehemalige Fischräucherei, die zeitweise als Atelier dem Künstler Johann Jaenichen diente und nun zum Ferienhaus umgestaltet wurde. Bei Niehagen muss man kurz der Bäderstraße folgen, bevor man in den Ort eintaucht und bald auf dem Boddenweg zum Hafen von Althagen gelangt. Am Hafen geht es geradeaus nach Norden weiter bis zum linker Hand sich erhebenden Schifferberg. Vorher kann man im Rückblick noch eine restaurierte Windmühle sehen. An der Schifferkirche vorbei gelangt man zur Dorfstraße. Dort geht es nach rechts bis zum Café Namenlos und dem ehemaligen

Blick von der ungeschützten Steilküste

Ostsee
N→
Ostseebad Wustrow
Barnstorf
L21
Niehagen
Althagen
Ahrenshoop
Saaler Bodden
N↑
Zur Glüpe
Rönnboom
An der Seenotstation
Lärchenweg
Am Norderfeld
Am Norderfeld
Strandstraße
Strandstraße
Strandstraße
Ostseebad Wustrow
Direktor-Schütz-Weg
Norderstraße
Schmiedestraße
Ernst-Thälmann-Straße
Lindenstraße
Birkenweg
Neue Straße
Fischlandhaus
Schulweg
Feldstraße
Osterstraße
Kurverwaltung
Lindenstraße
Karl-Marx-Straße
Sackgasse
Neue Str.
L21
L21
Ernst-Thälmann-Straße
Neue Straße
Osterstraße
Hafenstraße
Wustrower Kirche
Wustrower Hafen
Dorfstraße
Schifferberg
Doris-Oberländer-Weg
Schifferkirche Ahrenshoop
Kunstkaten
Dorfstraße
Bunte Stube
Kurverwaltung Ahrenshoop
Dorfstraße
Am Strom
Buhne 12
Grenzweg
Dorfstraße
Feldweg
Ahrenshoop
Steilufer
Hans-Kinder-Weg
Paul-Müller-Kaempff-Weg
Edmund-Kesting-Weg
Hohes Ufer
Dora-Koch-Stetter-Weg
Heinrich-Schlotermann-Weg
Althäger Straße
Weg zum Hohen Ufer
Bernhard-Seitz-Weg
Kunstmuseum Ahrenshoop
M
Steilufer
N↑
Althäger Straße
Töpferweg

Kurhaus, dem Hotel The Grand, mit der schwarz-gelben hölzernen Männergruppe vor dem Eingang. Hier benutzt man den Strandübergang und wandert Richtung Süden bis zu dem tausendfach abgelichteten Rohrdachhaus unter den Pappeln. (Zur Erinnerung, die Radfahrer fahren auf der Dorfstraße nach Süden zum Grenzweg!)

Man nutzt den Strandaufgang und könnte in der Buhne 12 eine gemütliche Pause einlegen. Anschließend bewegt man sich bergan, bleibt in der Nähe der Küstenlinie und begibt sich auf der Steilküste weiter in Richtung Süden. Am Bakelberg kann man die literarisch mehrfach gewürdigte Aussicht auf Meer und Bodden genießen. Die Warnschilder vor dem Abgrund sind ernst gemeint und sollte man befolgen. Die im Meer umspülten Bunkerteile legen Zeugnis ab vom jederzeit möglichen Absturz. Schließlich erreicht man die Seebrücke in Wustrow. Über die Strandstraße und die Ernst-Thälmann-Straße nach Süden erreicht man wieder Kirche und Hafen.

Von Wustrow ins Ribnitzer Moor

Seebrücke Wustrow – Dierhagen Ost – (Dierhagen Strand) – Dierhagen Dorf – Dändorf – Moorkaten – Neuheide – Graal-Müritz – Neuhaus – Dierhagen Strand – Dierhagen Ost – Seebrücke Wustrow – rund 40 km

Die Abschnitte von Wustrow nach Dierhagen Ost und von Graal-Müritz zurück nach Wustrow sind identisch mit Strecken des großen Ostseeküsten-Radwegs. Die Strecke dazwischen, also von Dierhagen Ost über Dändorf nach Graal-Müritz, führt zu zwei Ortschaften mit Häfen am Bodden und in Neuheide zu zwei Institutionen, die eine schöne Unterbrechung der Tour bedeuten. Für Wanderer ist die Tour insgesamt möglicherweise zu lang. Aber von Dierhagen Ost oder Dierhagen Strand aus und dorthin zurück wären es rund 15 km weniger.

Von Wustrow kommend kann man in Dierhagen Ost nach Südosten (halb links) den Wiesenweg einschlagen, der zur Bäderstraße führt. Man überquert vorsichtig die Bäderstraße und gelangt in den Nordteil von Dierhagen Dorf. Man wendet sich nach links und gleich an der nächsten Ecke wieder nach rechts und ist auf der Wallstraße. Für einen Abstecher zum Hafen biegt man nach links (Osten) ein. (Man kann sich von Wustrow auch bis Dierhagen Strand zum Haus des Gastes begeben und kann dann von dort auf der Ernst-Moritz-Arndt-Straße nach Osten (links) bis nach Dierhagen Dorf und zum Hafen bzw. zur Wallstraße gelangen.) In der Verlängerung der Wallstraße nach Süden gelangt man parallel zum Boddenufer nach knapp drei Kilometern nach Dändorf. Die ehemalige Salzstraße mit ihrer denkmalgeschützten Pflasterung erlaubt nach links (Osten) einen Abstecher zum Hafen. Nach rechts (Westen) gelangt man durch den Ort hindurch nach 500 Metern zur Bäderstraße.

Diese viel befahrene Straße überquert man und hält sich weiterhin geradeaus (Westsüdwest), bis dieser Feldweg auf die Bollhäger Straße trifft. Diese überquert man in der bisherigen Richtung und bewegt sich weiter bis zum fast zwei Kilometer entfernten Moorkaten. Am Moorkaten biegt man nach links (Süden) ab. Nach etwa 1,5 km biegt man am Exkursionsweg abermals

N
Dierhagen Strand
Ostseebad Dierhagen
L21
Neuhaus
Dierhäger Moor
Dierhagen Dändorf
Moorkaten
Ribnitzer Großes Moor
Müritz
L22
Neuheide
Ostseeheilbad Graal-Müritz
L21

Im Neuhäuser Moor

Skulpturen im Abendlicht

nach links (Osten) ab. (Wenn man nach rechts (Westen) abbiegt, kann man in einer etwa 1200 m langen Schleife des westlichen Exkursionswegs einen Bogen durchs Moor machen und kommt wieder an den Ausgangspunkt zurück.) Der Exkursionsweg nach Osten führt zum Ribnitzer Landweg mit dem Schulungs- und Infozentrum »Wald und Moor« und dem **Ausstellungsgelände »Naturschatzkammer & Paradiesgarten – Pilzmuseum«** (Ribnitzer Landweg 2, Tel. 038206-79921, www.naturschatzkammer.de, tägl. 9–18 Uhr). In der Naturschatzkammer kann man rund 250 Pilzarten, Bernstein in allen Varianten, Minerale, einen Paradiesgarten, in dem sich zu bestimmten Zeiten bis zu 2000 Schmetterlinge tummeln, und vieles mehr sehen.

Auf dem Ribnitzer Landweg nach Westen gelangt man auf die Ribnitzer Straße, die nach Graal-Müritz direkt auf die Straße »Zur Seebrücke« führt. An der Seebrücke geht es nach rechts (Nordosten) entlang der Ostseeküste zurück nach Wustrow.

Der Darß per Rad und zu Fuß

Eine kleine Runde auf dem südlichen Darß

Born – Wieck – Born – knapp 10 km

Der kleine Ausflug beginnt an der Chausseestraße in Born, genau dort, wo die gelbe Telefonzelle mit der Maske darin steht und dahinter die ehemalige Schule mit weiteren Verkleidungen. In der Nähe ist die Wiese vor dem Sommertheater mit modernen Plastiken. Auch diese Tour ist für beide, Wanderer und Radfahrer, geeignet. Die Radfahrer sollten allerdings auf den letzten Metern vor Wieck den äußerst sandigen Weg meiden und besser auf einen engen, kurvigen und hügeligen Seitenpfad parallel dazu ausweichen. Ein angehängtes Wägelchen könnte hierbei allerdings stören. In diesem Fall heißt es dann doch ein paar Meter schieben.

An der Chausseestraße geht es nach Nordosten los, vorbei am Ferdinand-

N
Wieck am Darß
Kurverwaltung
Darßer Arche
Sportboothafen
Wieck
Wiecker Postweg
L21
L21
Nationalparkamt
Einkaufszentrum
Bliesenrade
Chausseestraße
Kurverwaltung
Fischerkirche
M
Forst- und
Jagdmuseum
Born am Darß
Nordstraße

Es gibt viele Arten von Blau

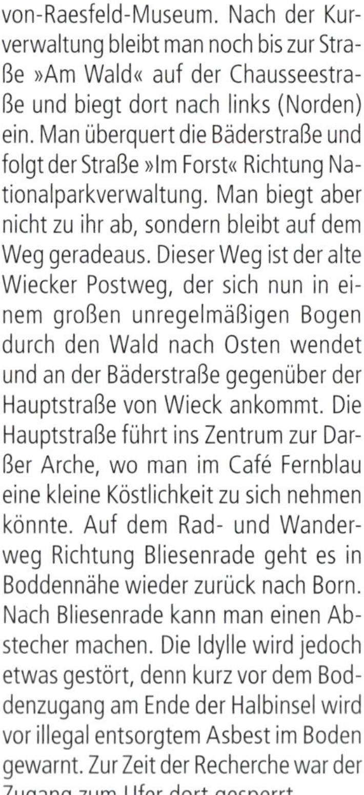

von-Raesfeld-Museum. Nach der Kurverwaltung bleibt man noch bis zur Straße »Am Wald« auf der Chausseestraße und biegt dort nach links (Norden) ein. Man überquert die Bäderstraße und folgt der Straße »Im Forst« Richtung Nationalparkverwaltung. Man biegt aber nicht zu ihr ab, sondern bleibt auf dem Weg geradeaus. Dieser Weg ist der alte Wiecker Postweg, der sich nun in einem großen unregelmäßigen Bogen durch den Wald nach Osten wendet und an der Bäderstraße gegenüber der Hauptstraße von Wieck ankommt. Die Hauptstraße führt ins Zentrum zur Darßer Arche, wo man im Café Fernblau eine kleine Köstlichkeit zu sich nehmen könnte. Auf dem Rad- und Wanderweg Richtung Bliesenrade geht es in Boddennähe wieder zurück nach Born. Nach Bliesenrade kann man einen Abstecher machen. Die Idylle wird jedoch etwas gestört, denn kurz vor dem Boddenzugang am Ende der Halbinsel wird vor illegal entsorgtem Asbest im Boden gewarnt. Zur Zeit der Recherche war der Zugang zum Ufer dort gesperrt.

Ein kleiner Triathlon durch den nördlichen Darßwald

Prerow – Leuchtturm – Weststrand – Naturlehrpfad – Leuchtturm – Prerow – rund 15 km

Treffpunkt ist der Gemeindeplatz an der Kurverwaltung in Prerow. Die Tour kann man, wenn man so will, auch nur zu Fuß machen. Wer baden möchte, denke an ein Handtuch. Es ist aber so gedacht, mit dem Fahrrad bis zum Leuchtturm zu fahren, dort das Rad abzustellen, zum Weststrand zu gehen, dort nach Gusto zu baden oder zu schwimmen (man beachte die nördliche Strömung Richtung Dänemark!), den Lehrpfad zu Fuß zu absolvieren und am Ende vom Leuchtturm aus wieder zurückzuradeln.

Am Gemeindeplatz fährt man bis zum Radweg im Küstenwald am Prerowstrom und wendet sich dann nach links (Westen). Der Radweg führt zur Straße, die nach rechts zum Regenbogencamp führt. Man folgt ihr und passiert das Regenbogencamp an dessen Südseite. Man biegt

N
Ostsee
Lehrpfad am
Darßer Ort
Leuchttum
Darßer Ort
und Natureum
Nothafen
Darßer Ort
Weststrand
Darß
Leuchtturmweg
Seebrücke Prerow
Kulturkaten
Kiek in
Waldstraße
Darß-
Museum
Kurverwaltung
Strandstraße
Seemannskirche
Hafen
L21
Prerow

Junges Grün im Darßwald

Spuren der Rohharzgewinnung

danach nach Süden ab und erreicht die Kreuzung Leuchtturmweg und k-Gestell. Man folgt dem Leuchtturmweg nach rechts (Westen) bis zum Leuchtturm. Hier schließt man das Fahrrad an. Es bleibt natürlich jedem unbenommen, den Leuchtturm zu besteigen, die Exponate des Natureums zu betrachten und eine Kleinigkeit im Leuchtturmcafé zu sich zu nehmen. Jenseits der Düne erstreckt sich der Weststrand. Hier käme die Disziplin Schwimmen (auch Plantschen) oder Abhängen im Sand zum Tragen.

Zum Lehrpfad gelangt man nach Norden bis zu der Stelle, an der der Strand abgesperrt ist und man nach rechts (Osten) über die Düne zu einem Bohlenweg geleitet wird. Unterwegs gibt es mehrere Aussichtspunkte, die ein echter Triathlet vermutlich besteigt. Am Leuchtturm wieder angekommen, kann man den Leuchtturmweg bis ganz zurück nach Prerow auf parallelen, aber gewundenen Seitenpfaden zurückfahren. Spätestens jetzt könnten einem die durch Grätenmuster gezeichneten Nadelbäume auffallen, die in der Vergangenheit um ihr Harz angezapft wurden. Rechter Hand vor Prerow befinden sich die sogenannten Malerbuchen (weil sie gern von Malern, u.a. von Louis Douzette aus Barth, gemalt wurden), aber sie sind stellenweise so zugewachsen, dass der frühere Eindruck nur mit etwas Fantasie vorstellbar ist.

Die Grand Tour in der reinen Natur des Darßwaldes

Parkplatz Drei Eichen – Großer Stern – Mittelweg – g-Gestell – Peters Kreuz – Küsterweg – Parkplatz Drei Eichen – rund 18 km

Dieser Rundweg steuert keine Institution an, sondern zeigt nur eine der vielen Möglichkeiten auf, den Darßwald mit all seinen Facetten in Augenschein zu nehmen und zu genießen. Er eignet sich für Radfahrer und Wanderer gleichermaßen. Radfahrer müssen wissen, dass die Wege streckenweise mit holprigen Betonplatten befestigt sind, was nicht jedem Hintern zuträglich ist. Bei trockenem Wetter

N
Weststrand
Neudarß
Leuchtturmweg
k-Gestell
Mittelweg
Sternsenweg
Esper Ort
Darß
Langseer Weg
g-Gestell
Buchhorster Maase
Grabmal Ferdinand
von Raesfeld
Mecklenburger Weg
Großer Stern
Peterskreuz
Küsterweg
Drei Eichen
Jugendherberge
Born-Ibenhorst
Altdarß
Lindener Weg
L21
Born am Darß

Ein Riegenbiotop

kann man des Öfteren neben der Spur Fahrmöglichkeiten finden.

Als Ausgangspunkt wurde der gebührenpflichtige Parkplatz Drei Eichen am Südwestrand des Darßwaldes gewählt. Im Prinzip kann man aber ohne große Mühe auf dem Deich aus Ahrenshoop kommend genauso gut einsteigen. Das gilt übrigens auch für die anderen Orte rund um den Darßwald, indem man z.B. von Born kommend auf dem Linder Weg sich dem Großen Stern nähert.

Vom Parkplatz geht es zunächst geradeaus nach Norden. Nach 1,5 km führt der Weg, der sich nun an der gewundenen ehemaligen Küste der Insel Darß ausrichtet, nach rechts (Nordosten) auf den Großen Stern zu. Von dort geht es wieder geradeaus nach Norden auf dem k-Gestell genannten Weg. Vorbei an der Trennlinie von Alt- und Neudarß und am Grabmal des Ferdinand von Raesfeld bewegt man sich in einer Landschaft, die im Laufe der Jahrhunderte angelandet wurde und dabei rund 120 Dünenzüge (Reffe) und Dünentäler (Riegen) hinterlassen hat. Sie sind ziemlich genau in ostwestlicher Richtung angeordnet, sodass der Weg sie im rechten Winkel schneidet. Die Riegen sind häufig sumpfige Erlenbrüche.

Am Mittelweg biegt man nach Osten (rechts) ab und bewegt sich nun in etwa parallel zu den Riegen. Vor Prerow stößt man auf den g-Gestell genannten Weg. Hier biegt man nach Süden (rechts) ab, überquert bald den Langseer Weg und erreicht den Mecklenburger Weg. Hier kann der Radfahrer das Fahrrad abschließen und auf dem nur für Fußgänger zugelassenen Weg einen Abstecher zur Buchhorster Maase unternehmen. Je nach Tageszeit gibt es dort mit etwas Geduld immer Tiere zu sehen, besonders Wildschweinrotten sind dort häufig unterwegs.

Zurück am g-Gestell geht es weiter nach Süden zu Peters Kreuz. Der Weg nach Südwesten (halb rechts), Küsters Weg, führt umsäumt von Adlerfarn und manchen Beerenstäuchern quer durch den Altdarß direkt zurück zum Parkplatz Drei Eichen.

Zu den zwölf Apostelsteinen

Saal/Hessenburg – Kolonie Kückenshagen – Apostelsteine – Hessenburg/Saal – rund 12/14 km

Die Rundwanderung, die man auch per Fahrrad unternehmen kann, beginnt an der Alten Schmiede in Hessenburg und führt auch dorthin wieder zurück. (Man kann natürlich auch von Saal aus einsteigen.)

Von Hessenburg geht es nach Westen Richtung Saal auf der wenig befahrenen Hessenburger Straße. An einem Teich führt ein breiter Plattenweg nach Süden und macht eine Kurve auf die von

N
Saal
Hessenburger Straße
NVP2
NVP2
NVP2
Hessenburg
Ackerweg
Schmiedweg
Alte Schmiede
Kranich-museum
Dorfstraße
Dorfstraße
Parkweg
NVP3
Nikolaus-Dierling-Straße
Große Bauernreihe
Kolonie
Kolonie
Apostelsteine
Kolonie Kückenshagen

Einer der Apostelsteine

Saal kommende Landstraße zu. Bis zur Kolonie Kückenshagen muss man sich auf dieser Landstraße nach Süden bewegen. Während die Landstraße einen Bogen nach rechts macht, folgt man in der südlichen Richtung dem Weg in die Kolonie. Nach etlichen verstreut liegenden Häusern gelangt man in einen Wald. Der Weg geht nach links (Osten) und man kommt nach rund 400 Metern an einer Kreuzung an mit einem Hinweisschild auf die Apostelsteine. Von hier führt ein nach Regentagen etwas aufgeweichter Weg nach links (Norden). Nach rund 450 Metern kommt man zu einer kleinen Brücke, an deren Geländer ein Hinweis auf die Apostelsteine angebracht ist. Nach rund 120 Metern auf einem kaum erkennbaren Weg in das rechts (Osten) gelegene Waldareal hinein findet man teilweise umgefallene oder bereits tief in den Boden eingesunkene Findlingssteine. Sie bilden einen Kreis, der im Durchmesser rund zwölf Meter misst. Wenn man nachzählt, sind es nicht nur zwölf, sondern mindestens 13 Steine. Auch der Name Apostelsteine ist eine im Mittelalter nachgelieferte christliche Benennung, denn ihre Anordnung stammt aus einer Zeit vermutlich weit vor 600 v.Chr. Im Zentrum hat man eine eiserne Urne gefunden, die jedoch auch später dorthin gebracht worden sein könnte. Vieles bleibt Spekulation. Auch ob die Steine Steinzeitmenschen als Kalendarium gedient haben mögen.

Man geht zurück zum Brücklein und auch den Weg zurück zur Kreuzung mit dem ersten Hinweisschild. Dort folgt man dem Weg nach links (Osten) mit seinen Windungen, bis man nach gut einem Kilometer zu einer Y-Kreuzung kommt. Hier wählt man den linken Weg. Nach etwa einem weiteren Kilometer zweigt ein Weg nach links in Richtung Nordnordwesten ab. Schon bald geht er genau nach Norden auf den Ort und das Gut Hessenburg zu. Linker Hand jenseits des Parks befindet sich die Alte Schmiede, wo es sich gut einkehren lässt.

Im Barther Stadtholz unterwegs

Zingst Seebrücke – Freesenbruch – Meiningenbrücke – Tannenheim/Barth – Wundereiche – Gäthkenhagen – Kronsberg – Beughorst – Andrijan-Nikolajew-Siedlung – Drei Katen – Tannenheim/Barth – Meiningenbrücke – Zingst Hafen – Zingst Seebrücke – rund 35 km

Die Strecke bis Tannenheim und am Schluss von Tannenheim zurück nach Zingst sind identisch mit der Ostseeküstenradtour. Für Wanderer vor allem ist wichtig zu wissen, dass auf der Hauptstrecke durch den Barther Stadtwald weder ein Lokal noch ein Laden verfügbar sind und man ausreichend mit Essen und Getränken versorgt losziehen muss. Manche Wege sind nach Regentagen stellenweise aufgeweicht.

L21
NVP25
Am Bahndamm
Kurhaus
Campingplatz Freesenbruch
Klosterstraße
Strandstraße
Zingst
Prerower Strom
Große Kirr
Meinigenbrücke
Zur Oie
Bahnhofstraße
Bresewitz
Hauptstraße
Kloerbrücke
N
Dorfstraße
Zeltplatzstraße
L211
Barth
Tannenheim
Zingster Straße
Drei Katen
Planitz
Andrijan-Nikolajew-Siedlung
Wundereiche
ghorst
Gäthkenhagen
Waldstraße
Kronsberg

Wundereiche mit arg engem Durchlass

Von Zingst aus bewegt man sich am Freesenbruch entlang zur Meiningenbrücke und folgt der alten Eisenbahnstrecke nach Tannenheim, einem Ortsteil von Barth. Statt nach Barth abzubiegen, folgt man einer Ausschilderung nach Planitz in den Wald hinein. Auf dem Hauptweg in südöstlicher Richtung erreicht man bald die einzige noch ungefällte Wundereiche Mecklenburg-Vorpommerns. Bis zur Mitte des 19. Jahrhunderts wurde sie von mit Gehleiden, Rheuma und Gicht behafteten Menschen aufgesucht. Die Heilung erfolgte, sobald die Leidenden sich durch eine Öffnung, die ein mit dem Stamm verwachsener Ast mit diesem bildet, gezwängt hatten. Die Öffnung ist mittlerweile so eng geworden, dass selbst Gesunde Probleme hätten, sie zu durchklettern.

Der Weg geht weiter in südöstlicher Richtung nach Gäthkenhagen. Im August sind dort die Wiesen mit rotem Mohn gesprenkelt. Es geht nun in westlicher Richtung (rechts) auf Kronsberg zu. Ein Schild **»Schiffsausstellung«** weist auf das Atelier von Roland Wolff (Beughorst 1, 18314 Kronsberg, 0173-4453321, www.rolandwolff-schiffe.de) hin. Man biegt nach rechts (Norden) ab, um zum Atelier zu gelangen. Wer das Atelier besuchen will, sollte rechtzeitig

Mohnblumenwiese frei nach Monet

vorher angerufen haben. Einige seiner Schöpfungen sieht man aber auch vom Gartenzaun aus. Er hat Fundstücke fantasievoll zu Schiffen verarbeitet.

Man bleibt auf dem Weg, der am Atelier vorbeiführt, und erreicht den Wald. Am ersten breiteren Weg geht es nach rechts (Osten), danach nach Nordosten auf die Andrijan-Nikolajew-Siedlung zu. Die Siedlung mit den Garagentoren in den unterschiedlichsten Farben steht an der Stelle, an der im Dritten Reich eine Munitionsfabrik ausgelagert war, mit einer entsprechend befestigten Zufahrtsstraße aus Autobahnplatten. Am Ostende der Siedlung geht es nach Norden zu den Drei Katen. Dort ist ein größeres Areal mit Wacholderheide zu entdecken. Wacholder heißt mit einem anderen Wort ähnlich schön: Machandel. Von den Drei Katen führt der Weg nach Osten zur Landstraße, neben der man auf einem Radweg zur Rechten nach Tannenhain gelangt. Von dort geht es nach links (Norden) auf dem Herweg wieder zurück nach Zingst.

Mobil und agil auf Zingst

Einmal rund um Zingst

Seebrücke Zingst – Dreiländereck – (Wiecker Weg oder Grenzgraben) – Schlösschen – Nationalparkinformation – Kleine Wieck – Müggenburg – Hafen – Freesenbruch – Seebrücke Zingst – rund 25 km

Diese Rundtour führt großzügig einmal um den Ort Zingst herum. Sie kann aber an manchen Stellen leicht spontan geändert werden, zumal für die Fußgän-

Die Schiffsausstellung eines Künstlers

ger, die für die längste Alternative gut zu Fuß sein sollten.

Ausgangspunkt ist das Gebäude der Kurverwaltung an der Seebrücke in Zingst. Die Wanderer gehen von dort am Strand nach Osten, bis dieser aus Naturschutzgründen abgesperrt ist. Die Radfahrer fahren parallel dazu auf dem asphaltierten Deichweg bis zum Dreiländereck. Die Fußgänger gehen an der Strandabsperrung nach rechts (Süden) vom Strand weg und erreichen ebenfalls das Dreiländereck, an dem sich eine Unterstellmöglichkeit befindet.

Hier tun sich für Wanderer und Radfahrer gleichermaßen drei Alternativen auf. a) Die kürzeste Strecke führt auf dem breiten Weg nach Südwesten am Grenzgraben entlang durch den Osterwald. Nach knapp 100 Metern sieht man jenseits des links verlaufenden Grenzgrabens einen Grenzstein mit einem Stralsunder Symbol. Nach rund 2,5 km biegt man nach links (Südosten) und vor dem Reiterhof nach rechts (Südwesten) ab und erreicht die Landstraße in Müggenburg. In Müggenburg geht man auf der Landstraße kurz nach links (Südosten) und biegt dann nach rechts (Westsüdwesten) ab zum Bodden. Am Bodden folgt man dem Deichweg nach rechts (Nordwesten) und ist auf der Wegstrecke, die unter Alternative c) zu Ende geführt wird.

b) Die mittlere Variante führt vom Dreiländereck geradewegs nach Süden durch den Osterwald. Wer hier weit vorausschaut, entdeckt manchmal den Weg kreuzendes, sonst scheues Wild, bevor es einen selbst entdeckt hat. Am Ende des Waldes kommt man an einem Parkplatz an. Auf dem Deich dahinter geht es nach rechts (Westen) entlang des Boddens nach Müggenburg. Im Weiteren wie c).

c) Die längste Alternative führt entlang des Waldsaumes nach Osten zum Schlösschen. Hier kann man gut eine Rast einlegen. Von dort geht es weiter bis zum Gebäude der Nationalparkinformation. Der Eintritt ist kostenlos und jeder Naturinteressierte kann sich hier einen kleinen Wissensschatz über die Besonderheiten des Nationalparks mitnehmen. Auf dem Deich geht es im spitzen Winkel stark nach rechts (Südwesten) Richtung Bodden. Am jenseitigen Ufer erkennt man den Kirchturm von St. Marien in Barth. Bei Müggenburg verengt sich der Bodden zum Zingststrom und man hat einen nahen Blick auf die Große Kirr, eine Salzgrasinsel, die durch dorthin im Frühjahr verbrachte Rinder als solche erhalten bleiben soll.

Am Hafen kann man nach rechts (Norden) in den Ort wieder eintauchen oder man bleibt auf dem Boddenteich und fährt oder geht entlang des Zingster Stroms weiter. Keine zwei Kilometer vom Hafen entfernt wendet man sich nach rechts (Nordwesten), überquert die gut befahrene Landstraße und erreicht entlang des Freesenbruchs den Deich an der Ostsee. Nach rechts (Osten) auf dem Deich kommt man zurück zum Ausgangspunkt an der Seebrücke und kann wieder in das wildbewegte Strandleben à la »Die Ferien des Monsieur Hulot« eingreifen.

Begegnung am Boddendeich

Ostsee
N
Tauchgondel
Seebrücke
Kurhaus
Experimentarium
Ostseeheilbad Zingst
Max Hünten Haus
Heimatmuseum Zingst
Ferienpark im Freesenbruch
reesen-
ruch
Hafen
NVP25
Große Kirr
Oie
Landstraße
Dreiländereck
Grenzgraben
Grenzstein
Nationalpark-information
Schlößchen Sundische Wiese
Osterwald
Wiecker Weg
Landstraße
Kleine Weick

Von A bis Z

Aktuelle Infos
Essen und Trinken
Unterkünfte
Nachtleben
… und vieles mehr

Von A bis Z

Institutionen, die im Haupt- und Tourenteil mit näheren Angaben versehen sind, werden hier nicht noch einmal aufgeführt. Wer sich per Brief an diese wenden will, findet hier die Postleitzahlen:
18055 für Rostock (außer Zoo: 18059 und Kunsthalle: 18069), 18119 für Warnemünde, 18181 für Graal-Müritz, 18311 für Ribnitz-Damgarten, Neuheide und Pütnitz, 18317 für Saal/Hessenburg, 18347 für Ahrenshoop, Dierhagen und Wustrow, 18356 für Barth und Bresewitz, 18374 für Zingst, 18375 für Born, Prerow und Wieck, 18439 für Stralsund, 18445 für Groß Mohrdorf.

Adressen der regionalen Tourismusverbände

Tourismusverband Mecklenburg-Vorpommern, Konrad-Zuse-Str. 2 18057 **Rostock**, Tel. 0381-4030-550, www.auf-nach-mv.de.

Tourismusverband Fischland-Darß-Zingst, Barther Str. 31, 18314 **Löbnitz**, Tel. 038324-6400, www.fischland-darss-zingst.de. Dieser Verband gibt alljährlich ein Ferienmagazin heraus, in dem u.a. nahezu alle verfügbaren **Unterkünfte** der Region aufgelistet sind.

Anreise

Mit der Bahn kommt man (noch) nicht unmittelbar auf die Halbinsel. Die nächstgelegenen Bahnhöfe sind in

Graal-Müritz (vorher umsteigen in Rövershagen), in Ribnitz-Damgarten (mit dem IC von Stralsund oder Rostock oder RE von Rostock) und in Barth (mit der Usedomer Bäderbahn direkt von Stralsund oder mit dem IC und dann umsteigen in Velgast). An den Bahnhöfen in Ribnitz-Damgarten und Barth sind Haltestellen der Buslinie 210 (mehr dazu s.u. unter Personennahverkehr). Informationen zu den einzelnen Verbindungen unter www.bahn.de und www.ubb-online.de.

Mit dem **Fernbus** kann man die Städte Rostock und Stralsund aus verschiedenen Richtungen, z.B. aus Berlin oder Hamburg, mehrmals in der Woche erreichen. Da einige Fernbusunternehmen aufgegeben haben, darunter auch der Fischland-Darß-Express, der bis nach Born und Zingst fuhr, bleiben im Moment nur die Angebote von Flixbus (www.flixbus.de) und der IC Bus der Deutschen Bundesbahn (www.bahn.de). Dort erfährt man auch, von welchen Haltestellen es los geht und wo man in der jeweiligen Stadt ankommt.

Mit dem Schiff (s.u. unter Fahrgastschifffahrt) gibt es die Möglichkeit, die Fährverbindungen von den Häfen des südlichen Boddenlandes zu benutzen oder mit Ausflugsschiffen von Stralsund und Hiddensee die Halbinsel zu erreichen.

Der **Flughafen Rostock-Laage** (Infos unter www.rostock-airport.de) wird je nach Saison 1x, 3x oder mehrmals wöchentlich aus München und Stuttgart, im Sommer auch aus Wien und Zürich angeflogen. Ein Transfer vom Flughafen auf die Halbinsel (Ahrenshoop) mit dem Taxi (www.wetzel.de) beispielsweise kostet pro Fahrzeug mit bis zu drei Personen rund 85 Euro.

Apotheken (Auswahl)

Adler Apotheke, Strandstr. 17, 18375 **Prerow**, Tel. 038233-60192.

Apotheke Ahrenshoop, Grenzweg 17a, 18347 **Ahrenshoop**, Tel. 038220-669991.

Fischland-Apotheke, Ernst-Thälmann-Str. 30, 18347 **Wustrow**, Tel. 038220-266.

Ein Souvenir nicht nur für Radler

Strandapotheke, Strandstr. 44, 18347 **Zingst**, Tel. 038232-15201.

Bibliotheken und Buchläden

Bibliothek im Borner Hof, Schulstr. 9, 18375 **Born**, Tel. 038234-50421.
Bücherstube Fischland, Ernst-Thälmann-Str. 10, 18347 **Wustrow**, Tel. 038220-407.
Buchhandlung »Läsen & Schriben«, Klosterstr. 4, 18374 **Zingst**, Tel. 038232-80867.
Buchhandlung Lesezeit, Strandstr. 43a, 18374 **Zingst**, Tel. 038232-16690.
Käthe-Miethe-Bibliothek, Bernhard-Seitz-Weg 3, 18347 **Ahrenshoop**, Tel. 038220-337.

Campingplätze

Meißner's Sonnencamp, Villenweg 3, 18375 **Prerow**, Tel. 038233-60198, www.meissners-sonnencamp.de.
Wellness-Camp Düne 6, Inselweg 9, 18374 **Zingst**, Tel. 038232-17617, www.wellness-camp.de. Der Platz ist nicht weit vom Strand entfernt. Im Angebot sind auch Apartments und Mietwohnwagen. Außerdem Schwimmbad, Sauna und Fitnessbereich.

Einkaufen

Bio- und Sommerfrische-Märkte

Von Mai–Okt. in **Wustrow** (Mi 9–18 Uhr) am westlichen Ende der Strandstraße, in **Born** (Do 9–14 Uhr) auf dem Gut Darß und in **Prerow** (Mo 9–13 Uhr) auf dem Areal des Kulturkatens »Kiek in«. Von April–Okt. in **Zingst** (Do 10–14 Uhr) auf dem Museumshof an der Strandstr. 1.

Bernsteinschmuck

Bernsteingalerie E, Neue Klosterstr. 8, 18311 **Ribnitz**-Damgarten, Tel. 03821-815261.
Goldschmiede Gottschalk, Hauptstr. 7, 18357 **Wieck**, Tel. 038233-70311, www.goldschmiede-gottschalk.de.
Goldschmiede Kupfer, Schulstr. 14, 18375 **Prerow**, Tel. 038233-60149.

Keramik

(s.a. unter Essen und Trinken: Café Ton-Art):
Boddenkeramik im Töpperhus, Bauernreihe 8a, 18347 Ahrenshoop-**Niehagen**, Tel. 038220-80116, www.bodden-keramik.de.
Keramik Werkhof Barth, Sundische Str. 57, 18356 **Barth**, Tel. 038231-772366, www.keramik-werkhof.de.
Klünder Keramik, Fulge 3, 18347 **Ahrenshoop**, Tel. 038220-264,
Pödderie Zingst, Hafenstr. 43, 18374 **Zingst**, Tel. 038232-209278, www.zingster-keramik.de.
Töpferei am Müggenberg, Am Müggenberg 9, 18375 **Wieck**, Tel. 038233-69716, www.muschelkeramik.de.
Töpfer- und Maleratelier Müller-Schoenefeld, Schifferberg 22, 18437 **Ahrenshoop**, Tel. 038220-660319, www.ahrenshooper-keramik.de.
Uta Löber Keramik, Althäger Str. 70, 18347 **Ahrenshoop**, Tel. 038220-295, www.utaloeber-keramik.de.
Werkstatt Lisa Konow, Töpferweg 2, 18347 **Ahrenshoop**, Tel. 038220-80429.

Metallarbeiten

Kunstvolle Wetterfahnen, **Wind- und Lichtspiele** aus Edelstahl, darunter Kraniche und Seeadler (siehe unter Galerien: Windspiele).

Essen und Trinken

Bei den Unterkünften finden Sie weitere Hinweise auf besondere Restaurants in diesen Häusern.

Binnen & Buten, Hauptübergang 2a 18375 **Prerow**, Tel. 038233-60188, www.binnen-un-buten.de, Di-So 12–21 Uhr. Das zwischen Ostsee und Prerowstrom gelegene Lokal gehört in Service und Angebot zu den beliebtesten Lokalen des Ortes.

Café TonArt, Chausseestr. 58, 18375 **Born**, Tel. 038234-55957, www.cafe-tonart.de, tägl. außer Mo 10–18 Uhr. Hier unterbricht man gern seine Radtour, um ofenwarmen Kuchen mit gutem Kaffee (oder Tee) auf der Vorterrasse zu genießen. Im Innern sind Keramikgefäße à la TonArt ausgestellt, zum Anschauen und zum Kaufen.

Café Reise Reise, Ernst-Thälmann-Str. 22, 18347 **Wustrow**, Tel. 038220-82137, www.reisereise.cafe, tägl. 10–17:30 Uhr. Unter Apfel- und Walnussbäumen lässt sich gut bei Kaffee und hausgemachtem Kuchen wohl sein.

Cocktailbar & Steakhaus Kon Tiki, Seestr. 32, 18374 **Zingst**, Tel. 038232-15544, www.kon-tiki-bar.de, Mo–Mi 17–1, Do–So 12–1 Uhr. Mexikanisches und argentinisches Essen. Abends häufig Livemusik.

Eichenstübchen, Postreihe 1, 18375 **Wieck**, Tel. 038233-60370, www.eichenstuebchen.de, tägl. 12–15 und 17–21 Uhr. Das Lokal unter einer fast 100-jährigen Eiche bietet sehr gute regionale und ukrainische Küche. Ohne Platzreservierungen geht während der Saison gar nichts.

Eiscafé & Restaurant Lange, Müggenberg 33, 18375 **Wieck**, Tel. 038233-60258, www.eiscafelange.de, tägl. ab 11 Uhr. Hier im Zentrum des Ortes gibt es nicht nur gutes Eis, sondern auch leckeren Fisch. Falls man vergessen hat zu reservieren, ist meist auf der Terrasse oder innen ein Tischchen frei.

Ostseelounge im Strandhotel Fischland, Ernst-Moritz-Arndt-Str. 6, 18347 **Dierhagen**, Tel. 038226-520, www.strandhotel-fischland.de, Di–Sa ab 18:30 Uhr. Guide Michelin (einziger Stern auf der Halbinsel) und Gault-Millau (16 Punkte) loben das Lokal als eines der besten MVs.

Schimmel's, Parkstr. 1, 18347 **Wustrow**, Tel. 038220-66500, www.schimmels.de, Fr–Mi ab 14, So ab 12 Uhr. Exzellente Küche bietet für jeden Geschmack Feinstes, inklusive gebratene Kalbsleber oder Darßer Reh. Das Haus ist auch eine kleine Pension.

Zum Deichgrafen, Am Bahndamm 1, 18374 **Zingst**, Tel. 038232-80186, www.camping-zingst.de. Ein Restaurant auf einem Campingplatz kann gute Küche bieten, zum Beispiel Spanferkelbäckchen.

Fahrgastschifffahrt (Auswahl)

Informationen zu allen Reedereien der Region finden Sie unter www.fahrgastschifffahrt-fischland-darss-zingst.de.

Fahrgastbetrieb Kruse & Voß, Hafenstr. 7, 18347 **Wustrow**, Tel. 038220-588, www.boddenschifffahrt.de. Die MS »Boddenkieker« (Saison: Ende April- Anfg. Okt.) verkehrt täglich 6x zwischen Ribnitz und Wustrow und macht 3x in Dierhagen Station. Die MS »Ostseebad Wustrow« (Saison: April-Okt.) fährt täglich 2x eine Rundtour durch den Saaler Bodden zu den Borner und Neuendorfer Bülten. Bei Bedarf wird in Born Station gemacht. Außerdem werden Abend- und zur Kranichzeit Kranichtouren angeboten. Fahrradtransport.

Die **Reederei Oswald**, Mühlenstr. 13, 18374 **Zingst**, Tel. 038232-16677, firmiert im Verbund mit der Reederei Hiddensee als **Reederei Zingst** und bietet je nach Saison 3-5x wöchentlich von Zingst aus einen Ausflug nach Vitte auf Hiddensee und ebenfalls von Zingst aus saisonbedingt 1-2x wöchentlich eine Exkursion nach Stralsund (nach Wunsch mit Hafenrundfahrt oder Besuch des Ozeaneums) an. Die Reederei hat außerdem je nach Saison die Route Barth-Zingst-Born-Althagen-Ribnitz-Althagen-Zingst 3x wöchentlich bis Mo-Sa 1x täglich im Programm (mit Fahrradtransport).

Reederei Poschke, Pumpeneck 5b, 18375 **Born**, Tel. 038234-239, www.reederei-poschke.de. Die originalgetreuen Nachbauten der Mississippi-Raddampfer MS »Baltic Star« und MS »River Star« starten ab Mitte März 2 – 5x täglich, je nach Saison, von Prerow oder Zingst zu einer Boddenrundfahrt. Es sind weitere Schiffe im Fährverkehr zwischen Zingst und Barth und für Ausflüge nach Hiddensee im Einsatz.

Reederei Rasche, Auf dem Ende 8, 18375 **Born**, Tel. 038234-210, www.fahrgastschiff-darss.de. Auf der MS »Ostseebad Prerow« (Saison: April – 25.10.) beginnt eine Boddentour 3x bzw. 4x täglich zur Meiningenbrücke und zurück. Die MS „Heidi" (Saison: April-Okt.) verkehrt täglich 2x zwischen Born und Wieck (über Bodstedt) hin und zurück; einschließlich Fahrradtransport. Beide Schiffe sind behindertengerecht ausgestattet. Außerdem werden Sonderfahrten mit Grillfest und zur Kranichzeit und bei Zeesenbootregatten angeboten.

Freizeitaktivitäten

BOMIGO-Freizeitanlage, Boddenweg 13 – 15, 18374 **Zingst**, Tel. 038232-12200, www.bomigo.de. In der Freizeitanlage kann man bowlen, an einer Kletterwand klettern und Tennis, TT, Badminton und Minigolf spielen.

Bootsverleih (Auswahl)

Bootsverleih Am Strom, Werftstr. 6, 18374 **Zingst**, Tel. 038232-17959. Im Verleih sind kleine Segelboote, Kanadier, Ruder-, Tret- und führerscheinfreie Motorboote (5 PS).

Darß Tour, Buchenstr. 11a, 18375 **Prerow**, Tel. 0178-1886680, www.darss-tour.de. Vermietet werden neben zwei Kajaktypen u.a. auch Kajakwagen und Neoprenhosen.

Holzboot-Verleih, Althäger Str. 40, 18347 Ahrenshoop-**Althagen**, Tel. 038220-80619, www.alteboote.de. Traditionelle Holzboote zum Segeln und Rudern.

Fahrradverleih (Auswahl)

Fahrrad Schröder, Lindenstr. 17, 18347 **Wustrow**, Tel. 038220-80905, fahrrad-schroeder@web.de.

Fahrradverleih Kowalewski, Borner Weg 1, 18375 **Wieck,** Tel. 038233-60271.

Fahrradverleih Schlickeisen, Seestr. 21, 18374 **Zingst**, Tel. 038232-15565.

Fahrradverleih Shop 8, Bäderstr. 1, 18375 **Born**, Tel. 038234-5599-45, www.fahrrad-shop-8.de. Shop 8 hat noch 8 weitere Verleihstationen in **Ahrenshoop**, **Prerow** und **Zingst**, sodass man die Räder auch an diesen Stationen warten bzw. abgeben kann.

Fahrradverleih Wiedner, Grüne Str. 20a, 18375 **Prerow**, Tel. 038233-60187.

Kiten & Surfen (Auswahl)

Kiteschule Darß, Strandübergang 34, 18375 **Prerow**, Tel. 0395-3672343, www.kiteschule-darss.de.

Kitesurf & Kanu Born, Nordstr.86 (Regenbogencamp), 18375 **Born**, 038234-55582, www.kiten-lernen.de.

Surfcenter Wustrow, Fischländer Weg 1, 18347 **Wustrow**, Tel. 038220-80250, www.surfcenter-wustrow.de. Auf dem Gelände ist auch ein Wohnmobilstellplatz.

UniSurfTeam, Auf dem Regenbogencamp, 18375 **Prerow**, Tel. 038233-69494, www.wassersportschule-darss.de.

Wassersportzentrum Zingst, Straminke Strandübergang 6, 18374 **Zingst**, Tel. 038232-20869, www.die-surfschule.com.

Klettern

(siehe Minigolf und den ersten Eintrag nach dem Titel »Freizeitaktivitäten«)

Kletterwald Hohe Düne, Warnemünder Str. 20, 18146 Rostock-**Markgrafenheide**, Tel. 0162-4109349, www.kletterwald.de.

Minigolf

(s.a. unter Wasserskianlage)

Gut Darß, Am Wald 26, 18375 **Born**, Tel. 038234-5060, www.gut-darss.de. Abenteuer-Minigolf mit 18-Loch-Gelände und Kunstrasenbahnen. Außerdem gibt es hier einen Kletterwald (s.a. S. 106).

Minigolfanlage Hoehler, Rämel 21, 18374 **Zingst**, Tel. 038232-15733.

Reiten (Auswahl)

(Siehe auch Seite 159 im Tourenteil)

Islandpferdehof Fischland, Weg zum Kiel 12, 18347 Ahrenshoop OT **Niehagen**, Tel. 038220-69328, www.islandpferdehof-fischland.de.

Reiterhof Andreas Völkner, Althäger Str. 60, 18347 **Ahrenshoop**, Tel. 038220-212, www.reiterhof-andreas-voelkner.de.

Reiterhof Guido Lange, Zur Bockwiese 3, 18347 **Dierhagen**, Tel. 038226-80679, www.reiterhof-lange.de.

Reiterhof Illner, Landstraße, Zingst OT **Müggenburg**, Tel. 038232-15628.

Reiterhof Kafka, Im Moor 17, Reiterhof: Grüne Hufe 6, 18375 **Born**, Tel. 038234-249, Mobil: 0170-7569495, www.reiterhof-kafka.de.

Schwimmbäder

Ostsee-Kurklinik Fischland, An der Seenotstation 1, 18347 **Wustrow**, Tel. 038220-62-0, www.ostseekurklinik-fischland.de. Neben einem öffentlichen Hallenbad (25-m-Becken) gibt es einen Sauna- und Fitnessbereich.

Wandern

Der Europa-Wanderweg 9 zwischen Portugal und Estland führt von Wismar kommend über Warnemünde, die Rostocker Heide, Wustrow, Prerow, Zingst nach Barth und weiter nach Stralsund. Zwischen Zingst und Barth ist eine Fahrt mit der Fähre vorgesehen. Der E9 ist mit einem blauen Balken auf weißem Spiegel markiert.

Wasserskianlage

KÖRKS Strandarena, Am Bernsteinsee 1, 18311 **Ribnitz**-Damgarten, Tel. 03821-7094300, www.koerks.de. Wer nicht gerade Wasserski fährt, kann auf dem Gelände Minigolf oder Beachvolleyball spielen. Ein Lokal mit Sonnenterrasse bietet Burger, Salate und Kaffee und Kuchen an.

Fundämter

Amt Darß-Fischland-Ordnungsamt, Chausseestr. 68a, 18375 **Born**, Tel. 138220-503-0. Öffnungszeiten: Mo, Di, Do 9–12, Di auch 13–18 und Do 13–16 Uhr. Fundsachen können auch bei den jeweiligen Kurverwaltungen abgegeben werden.

Galerien (Auswahl)

Darß-Antik-Galerie, Strandstr. 20, 18375 **Prerow**, Tel. 038233-749660, www.darss-antik.de.

Galerie Alte Schule, Dorfstraße 16, 18347 **Ahrenshoop**, Tel. 038220-66330.

Galerie am Hafen, Hafenstr. 7a, 18374 **Zingst**, Tel. 038232-81656.

Galerie Villa Ruh, Strandstr. 11, 18374 **Zingst**, Tel. 038232-84673.

Kunstkaten, Strandweg 1, 18347 **Ahrenshoop**, Tel. 038220-80308, www.kunstkaten.de.

Neues Kunsthaus, Bernd-Seitz-Weg 3a, 18347 **Ahrenshoop**, Tel. 038220-80726, www.neues-kunsthaus-ahrenshoop.de.

Windspielausstellung, Lange Str. 64, 18375 **Prerow**, Tel. 038233-60123, www.metallbau-goltings.de.

Jugendherbergen

Jugendherberge Ribnitz-Damgarten, Am Wasserwerk 1, 18311 **Ribnitz**-Damgarten, Tel. 03821-812311, www.jugendherbergen-mv.de. Für Musikgruppen gibt es einen gut ausgestatteten Proben- und Musikraum mit Klavier. Zeltplatz für 40 Zelte.

Jugendherberge Warnemünde, Parkstr. 47, 18119 Rostock-**Warnemünde**, Tel. 0381-548170, www.jugendherbergen-mv.de. Für Musikgruppen gibt es drei variierbare Räume mit E-Piano. Das Haus ist barrierefrei.

Jugendherberge Zingst, Glebbe 57, 18347 **Zingst**, Tel. 038232-15465, www.jugendherbergen-mv.de. Die große Juhe (172 Betten in 3 Häusern und 2 Bungalows) hat auch einen Mehrzweckraum mit TT und Kicker und einen Fahrradverleih.

Kinderaktivitäten

Neben den unter Museen und Freizeitaktivitäten genannten Möglichkeiten:

Experimentarium (s.S. 135) in **Zingst**

Vogelpark Marlow, Kölzower Chaussee 1, 18337 **Marlow**, Tel. 038221-265, www.vogel-marlow.de.

Karls Erlebnisdorf, Purkshof 2, 18182 **Rövershagen**, Tel. 038202-4050, www.karls-erlebnis-dorf.de.

Hauptsache bunt

Krankenhäuser und Rehazentren (Auswahl)

Barmer Ostseeklinik, Kirchenort 5, 18375 **Prerow**, Tel. 038233-650.

Haus am Meer, Birkenstr. 4, 18374 **Zingst**, Tel. 038232-820-0.

Helios Ostseeklinik Ahrenshoop, Dorfstr. 55, 18347 **Ahrenshoop**, Tel. 038220-630.

Kurmittelcentrum Zingst, Rämel, 18374 **Zingst**, Tel. 038232-83101/05.

Ostsee-Kurklinik Fischland, An der Seenotstation 1, 18347 **Wustrow**, Tel. 038220-62-0.

Kurtaxe

Die Orte auf der Halbinsel lassen in der Hauptsaison – meist durch den Vermieter – eine Kurtaxe von pro Person täglich 2 oder mehr € einziehen. Für manche Personengruppen wie Behinderte, Rentner oder Kinder kann die Kurtaxe reduziert werden. Man bekommt eine Kurkarte, die bei ihrer Vorlage bei vielen Einrichtungen und Veranstaltungen zu Ermäßigungen führt. Südlich des Boddens gibt es eine solche Kurtaxe nicht.

Museen

Darßer Bernsteinmuseum, Waldstr. 54, 18375 **Prerow**, Tel. 038233-462.

Nachtleben

Bars und Diskotheken

Cocktailbar Kon Tiki in **Zingst** (siehe Essen und Trinken)

Das Aschers, Boddenweg 4, 18374 **Zingst**. Während der Saison Do–So ab 22 Uhr. Cocktails, Livemusik und Partys ohne Ende.

Dünenbar im Dünenhaus, Hauptübergang 15, 18375 **Prerow**, Tel. 038233-744404. Tanzen und Cocktails. Nicht nur ganz junges Publikum.

Tute Cocktailbar, Dorfstr. 47e, 18347 **Ahrenshoop**, im Hotel »Der Fischländer«, Tel. 038220-6950, www.hotelderfischlaender.de. Bar mit Kultstatus. Während der Saison tägl. ab 21 Uhr.

Kinos

Darß-Lichtspiele Prerow, Waldstr. 5, Tel. 038233-60141.

Sommerkino »Blinkfeuer«, Dierhagen Strand, Ernst-Moritz-Arndt-Str. 1b, Tel. 038226-80470.

Clubkino Zingst, Boddenweg 8, Tel. 01520-6963621

Sommerkino Prerow, Bernsteinweg.

Sommerkino Wustrow, Strandstraße, Tel. 138220-80196.

Notrufnummern

Ohne Vorwahl: **Polizei**: 110; **ärztlicher Notruf** bei akuter Lebensgefahr und **Feuerwehr**: 112; kassenärztlicher **Bereitschaftsdienst** außerhalb der üblichen Praxissprechzeiten: 116117; **Sperrung** elektronischer Medien und von EC- und Kreditkarten: 116116.

Mit Vorwahl: **Polizeiwachen**: Barth, Baustr. 16, Tel. 038231-6720; Ribnitz-Damgarten, Damgartener Chaussee 41, Tel. 03821-8750; Prerow, Hafenstr. 21a, Tel. 038233-70930.

Giftnotruf: Giftinformationszentrum Erfurt (für Mecklenburg-Vorpommern, Sachsen, Sachsen-Anhalt und Thüringen): 0361-730730.

Personennahverkehr

Mehrfach am Tag fährt ein Bus der Linie 210 von Ribnitz über die Halbinsel nach Barth und von dort ebenso oft zurück. Der aktuelle Fahrplan für beide Richtungen steht unter www.nvp-bus.de im

Netz. Es ist zu beachten, dass nicht jeder Bus an allen möglichen Haltestellen vorbeikommt. Während der Saison verkehren 6x täglich auf dieser Strecke mit »B« gekennzeichnete Busse mit Fahrradanhängern, die bis zu 18 Fahrräder befördern können. Gruppen müssen bei der KVG in Ribnitz-Damgarten unter Tel. 0381-886565 (www.kvg-ribnitz.de) nachfragen und sich anmelden. Aus sicherheits- und verkehrstechnischen Gründen dürfen nur an etwa der Hälfte der Haltestellen Fahrräder be- und entladen werden. Die Liste dieser Stationen kann man sich unter www.nvp-bus.de runterladen bzw. ausdrucken.

Regionale Romane

Wolfgang Schreyer: Wendetrilogie, bestehend aus den Romanen »Unabwendbar«, »Nebel« und »Das Quartett«. Anspruchsvolle Krimis, die um Cumin alias Ahrenshoop zentriert sind.

Corinna Kastner: Eine Serie von bisher vier unterhaltsam geschriebenen Krimis (»Fischland-Mord«, »Fischland-Rache«, »Fischland-Feuer« und »Fischland-Verrat«), die weitgehend in Wustrow spielen.

Tanken

Auf der Halbinsel gibt es jeweils an der Bäderstraße in **Born** und an der Barther Straße in **Zingst** eine Tankstelle.

Unterkünfte (Hotels, Pensionen und Apartments) (Auswahl)

Barbara's Ferienwohnungen, Buchenstr. 9c, 18375 **Prerow**, Tel. 038233-60965 (Barbara Klein), www.prerow-barbarasferienwohnungen.de. Sechs Ferienwohnungen für 1–4 Personen in Strandnähe unter Bäumen.

Haus am Schilf, Jagdhaus 7b, 18375 **Wieck**, Tel. 038233-6250, www.haus-am-schilf.de, sieben Ferienwohnungen am ruhigen Ostrand des Ortes.

Haus Seeblick, Südstr. 5, 18375 **Born**, Tel. 038234-55413, www.darss-haus-seeblick.de, mehrere Ferienwohnungen für 2–4 Personen mit Blick auf den Bodden.

Hotel Elisabeth von Eicken, Dorfstr. 39, 18347 **Ahrenshoop**, Tel. 038220-6797-0, www.elisabeth-voneicken.de. Kleines Hotel mit exquisitem Restaurant im ehemaligen Domizil der namengebenden Malerin.

Hotel Gode Tied, Friedenstr. 35, 18374 **Zingst**, Tel. 038232-15639, www.hote-gode-tied.eu. Das Hotel verfügt über Apartments, Ferienwohnungen und mehrere Doppelzimmer mit Balkon bzw. Terrasse, darunter behindertengerechte Räumlichkeiten.

Ostseehotel Dierhagen, Wiesenweg 1, 18347 **Dierhagen Strand**, Tel. 038226-51-0, www.ostseehotel-dierhagen.de. Großes 3-Sterne-Hotel mit Fitness- und Wellnessbereich, Saunen, Innenpool und Sporthalle. Fahrrad- und Strandkorbverleih.

Pension Schifferwiege, Karl-Marx-Str. 30, 18347 **Wustrow**, Tel. 038220-80336, www.pension-schifferwiege.de. Nicht zu verwechseln mit dem Gebäude gegenüber der Kirche, handelt es sich hier um eine Pension in einem 130 Jahre alten, restaurierten und erweiterten Backsteinhaus mit Apartments und Gästezimmern zum Garten hin und einem vorzüglichen Restaurant.

Strandhotel Charlottenhof, Grenzweg 3, 18347 **Ahrenshoop**, Tel.

038220-302, www.charlottenhof-ahrenshoop.de. Das kleine, feine Hotel mit 12 unterschiedlich gestalteten Zimmern liegt inmitten der ehemaligen Künstlerkolonie. Das Café mit Terrasse ist auch für außerhäusige Gäste geöffnet.

Zeesenbootfahrten (Auswahl)

Bernstein und **Charlotte**, Tel. 0174-4421750, martin.rurik@outlook.de, nach telefonischer Absprache mit dem Skipper Martin Rurik ab den Häfen in **Bodstedt** oder **Born**.

Butt und **Bill**, Barnstorf 1, 18347 **Wustrow**, Tel. 0170-2017816, Mai–Okt. nach telefonischer Absprache in der Regel tägl. um 11, 13, 15 und 17 Uhr ab Hafen Wustrow mit dem Skipper Peter Eymael.

Marie-Luise, Nordseite 4, 18375 **Wieck**, Tel. 0171-6240973, zeesboot-marie-luise@gmx.net, Mai–Okt. nach telefonischer Absprache in der Regel tägl. um 11, 14 und 16 Uhr ab Hafen Wieck mit Skipper Rudolf Hinrich.

Zimmervermittlungen (Auswahl)

Alle Kurverwaltungen, Touristeninformationen bzw. Häuser des Gastes, die im Hauptteil erwähnt sind, vermitteln auch Unterkünfte. Hinzu kommt eine Vielzahl von privaten Vermittlungen.

Fremdenverkehrsverein Wustrow, Lindenstr. 10, 18347 **Wustrow**, Tel. 038220-82763, www.fremdenverkehrsverein-wustrow.de, tägl. 9/10–12 und 13/14–17/18 Uhr.

HD Feriendomizile, Jordanstr. 22, 18374 **Zingst**, Tel. 038232-80704, www.feriendomizile-zingst.de.

Mare Ferienhausvermittlung, Kirchstr. 4c, 18347 **Dierhagen Dorf**, Tel. 038226-559940, www.mare-mv.de.

Zimmerbörse Prerow, Strandstr. 16, 18375 **Prerow**, Tel. 038233-69201, www.zimmerboerse-prerow.de.

Sonnenuntergang an der Zingster Seebrücke

Register

R

S

T

V

W

Z

Die Deutsche Bibliothek verzeichnet diese Publikation in der Deutschen Nationalbibliografie; detaillierte bibliografische Daten sind im Internet unter http://dnb.ddb.de abrufbar.

Bildnachweis:
Alle Abbildungen: Bernd F. Gruschwitz

Titelabbildung:
© dieter76 / Fotolia.com

Kartografie:
Christopher Klerings

Der Autor war monatelang auf der Halbinsel und ihrer Umgebung unterwegs und hat für seine Recherchen alle allgemein zugänglichen Quellen und Medien genutzt. Besonders hilfreich waren die drei Bände von Wolfgang Reif (»Land im silbernen Licht«, »Ankernd am Rande der großen Flut« und »Die Entdeckung einer Landschaft«; erschienen beim Verlag im Bauernhaus, Fischerhude), der Band »Bildende Kunst in Mecklenburg 1900–1945« (herausgegeben von Heike Lorenzen und Volker Probst, erschienen im Hinstorff Verlag, Rostock), der Band »Stalag Luft I in Barth« von Martin Albrecht und Helga Radau (erschienen im Thomas Helms Verlag, Schwerin) und das Heimatbuch »Das Fischland« von Käthe Miethe (erschienen im Hinstorff Verlag, Rostock).
Der Dank des Autors und des Verlags geht an alle, die in Kurverwaltungen, Museen, Galerien und anderen Einrichtungen den Autor bereitwillig und engagiert mit Rat und Tat unterstützt haben.

3. Auflage 2020

Hohenlohestr. 21 – 28209 Bremen — Tel.: 0421-34843-0 – Fax 0421-348094
info@edition-temmen.de — www.edition-temmen.de

Printed in the EU

ISBN 978-3-8378-3008-8